"创意+"传统产业融合发展研究系列丛书 第一辑

秀彦 主编

"文化创意+"
国际贸易融合发展

李嘉珊 著

知识产权出版社
全国百佳图书出版单位
——北京——

图书在版编目（CIP）数据

"文化创意+"国际贸易融合发展 / 李嘉珊著.
—北京：知识产权出版社，2019.11
（"文化创意+"传统产业融合发展研究系列丛书 / 牛宏宝，耿秀彦主编. 第一辑）

ISBN 978-7-5130-6494-1

Ⅰ. ①文… Ⅱ. ①李… Ⅲ. ①文化产业—国际贸易—产业发展—研究—中国 Ⅳ. ① G124

中国版本图书馆 CIP 数据核字（2019）第 214069 号

内容提要

"创意使人快乐，交易使人幸福"，"文化创意+"国际贸易，即国际文化贸易，是能够真正实现文化创意经济价值及社会价值的有效路径，是文化软实力中的硬指标。本书从文化创意产业和国际文化贸易概念及特征出发，诠释国际文化贸易的内涵与外延，以文化贸易的供给与需求、主体、模式、平台与渠道等要素为研究对象，同时精选我国文化贸易经典案例，理论与实践相结合，多角度、全方位对国际文化贸易进行深入阐释。

责任编辑：李石华　　　　　　责任印制：刘译文

"文化创意+"传统产业融合发展研究系列丛书（第一辑）
牛宏宝　耿秀彦　主编

"文化创意+"国际贸易融合发展
"WENHUA CHUANGYI+" GUOJI MAOYI RONGHE FAZHAN

李嘉珊　著

出版发行：知识产权出版社 有限责任公司	网　　址：http://www.ipph.cn
电　　话：010-82004826	http://www.laichushu.com
社　　址：北京市海淀区气象路50号院	邮　　编：100081
责编电话：010-82000860转8072	责编邮箱：lishihua@cnipr.com
发行电话：010-82000860转8101	发行传真：010-82000893
印　　刷：三河市国英印务有限公司	经　　销：各大网上书店、新华书店及相关书店
开　　本：720mm×1000mm　1/16	印　　张：17.5
版　　次：2019年11月第1版	印　　次：2019年11月第1次印刷
字　　数：300千字	定　　价：58.00元

ISBN 978-7-5130-6494-1

出版权专有　侵权必究
如有印装质量问题，本社负责调换。

序言

未来的竞争，不仅仅是文化、科技和自主创新能力的竞争，更将是哲学意识和审美能力的竞争。文化创意产业作为"美学经济"，作为国家经济环节中的重要一环，其未来走势备受关注。

党的十八大提出"美丽中国"建设。党的十九大报告提出"推动新型工业化、信息化、城镇化、农业现代化同步发展""推动中华优秀传统文化创造性转化、创新性发展""不忘本来、吸收外来、面向未来、更好构筑中国精神、中国价值、中国力量，为人民提供精神指引"。毋庸置疑，未来，提高"国家内涵与颜值"，文化创意产业责无旁贷。

2014年1月22日，国务院总理李克强主持召开国务院常务会议部署推进文化创意和设计服务与相关产业融合发展。会议指出，文化创意和设计服务具有高知识性、高增值性和低消耗、低污染等特征。依靠创新，推进文化创意和设计服务等新型、高端服务业发展，促进与相关产业深度融合，是调整经济结构的重要内容，有利于改善产品和服务品质、满足群众多样化需求，也可以催生新业态、带动就业、推动产业转型升级。之后，"跨界""融合"就成了我国国民经济发展，推动传统产业转型升级的热词。但是，如何使文化更好地发挥引擎作用？文化如何才能够跨领域、跨行业地同生产、生活、生态有机衔接？如何才能引领第一产业、第二产业、第三产业转型升级？这些都成了我国经济结构调整关键期的重要且迫在眉睫的研究课题。

开展"'文化创意+'传统产业融合发展研究",首先要以大文化观、大产业观梳理出我国十几年来文化创意产业发展中存在的问题,再以问题为导向,找到问题的症结,给出解决问题的思路和办法。

我国发展文化创意产业至今已有十几个年头,十几年来,文化创意产业的发展虽然取得了非常显著的成就,但也存在一些发展中的困难和前进中的问题,制约了文化创意产业的更大、更好发展。习近平总书记的"美丽中国""文化自信""核心价值观"以及"培育新型文化业态和文化消费模式"的提出,无不体现党和国家对文化、文化产业以及文化创意产业的高度重视。2017年8月,北京市提出"把北京打造成全国文化创意产业引领区,打造成全国公共文化服务体系示范区"的发展思路,建设全国文化中心。这可以说再一次隆重地拉开了文化创意产业大发展的序幕,同时也为全国的城市发展和产业转型升级释放出发展的信号,指明了一个清晰的发展方向——建设文化引领下的城市与发展文化引领下的产业。

现在,到了认真回顾发展历程与展望未来的一个重要时间节点。当前,我们应该沉下心来,冷静地思考,回顾过去、展望未来。回顾过去是为了总结经验,发现不足,梳理思路,少走弯路,找出问题的症结;展望未来会使我们更有信心。回顾过去的十几年,大致可分为五个阶段。

第一阶段:798阶段。自2002年2月,美国人罗伯特租下了798的120平方米的回民食堂,改造成前店后公司的模样。罗伯特是做中国艺术网站的,一些经常与他交往的人也先后看中了这里宽敞的空间和低廉的租金,纷纷租下一些厂房作为工作室或展示空间,798艺术家群体的"雪球"就这样滚了起来。由于部分厂房属于典型的现代主义包豪斯风格,整个厂区规划有序,建筑风格独特,吸引了许多艺术家前来工作、定居,慢慢形成了今天的798艺术区。2007年,随着党的十七大"文化大发展、大繁荣"战略目标的提出,全国各地的文化创意产业项目开始跃跃欲试,纷纷上马。

在这个阶段,人们一旦提起文化创意产业就会想起798艺术区;提起什么才是好的文化创意产业项目,人们也会认为798艺术区是个很好的范例。于是,全国各地负责文化产业的党政干部、企事业相关人员纷纷组成考察团到798艺术区参观、学习、考察,一一效仿,纷纷利用闲置的厂区、空置的车间、仓库引进艺术家,开始发展各自的文化创意产业。然而,几年下来,很多省市的"类798艺术区"不但产业发展效果不明显,有的甚至连艺术家也没有了。总之,大同小异,存活下来的很少。总体来说，这个阶段的优点是工业遗存得到了保护；缺点是盈利模式单一，产业发展效果不尽人意。

第二阶段：动漫游戏阶段。这个阶段涵盖时间最长，基本上可以涵盖 2005—2013 年，覆盖面最广，范围最大，造成一些负面影响。在这个阶段，文化创意产业领域又出现了一种普遍现象，人们一旦提起文化创意产业就一定会提到动漫游戏；一旦问到如何才能很好地发展文化创意产业，大多数人都认为打造文化创意产业项目就是打造动漫产业项目。于是，全国各省市纷纷举办"国际动漫节"，争先恐后建设动漫产业园，好像谁不建动漫产业园谁就不懂得发展文化创意产业，谁不建动漫产业园谁就跟不上时代的步伐。建设动漫产业园之势可谓是浩浩荡荡、势不可当。浙江建，江苏也建；河北建，河南也建；广东建，广西也建；山东建，山西也建。一时间，全国各省市恨不得都做同样的事，也就是人们都在做同样的生意，因此形成了严重的同质化竞争。几年下来，全国建了一批又一批动漫产业园，大多数动漫产业园基本上又是一个模式、大同小异：很多房地产开发商纷纷打着文化的牌子，利用国家政策，借助政策的支持，跑马圈地。其结果是不但动漫产业没发展起来，甚至是连个像样的产品都没有，结果导致很多动漫产业园又成了一个个空城。归纳一下，这个阶段的优点是游戏得到了很好的发展，尤其是网络游戏；缺点是动漫产业发展不尽人意，动漫产业园更是现状惨淡，可谓是一塌糊涂。

第三阶段：文艺演出、影视阶段。随着文化创意产业发展的不断深入，我国文化创意产业又开始进入文艺演出热阶段，在这个阶段一旦提起文化创意产业，人们又开始认为是文艺演出、文艺节目下乡、文艺演出出国、文艺演出走出去等，可谓是你方唱罢我登场，热闹非凡。在这个阶段，人们都又开始把目光投到文艺演出上，具体表现在传统旅游景点都要搞一台大型的文艺演出、各省市借助传统民俗节庆名义大搞文艺演出活动，甚至不惜巨资。2010 年 1 月，随着《国务院办公厅关于促进电影产业繁荣发展的指导意见》的出台，我国又开始掀起电影电视产业发展新高潮。有一项调查表明：2009 年、2010 年、2011 年连续三年每年都拍 1000 多部影视剧，但是 20% 盈利、30% 持平、50% 赔钱，这还不包括那些没有被批准上映的影视剧。在全国各省市轰轰烈烈开拍各种各样题材的影视片的同时，一些对国家政策较为敏感的企业，尤其是房地产企业，也把目标瞄向了影视产业，开始建立影视产业园，于是影视产业园如雨后春笋般地出现在全国各省市。其形式同动漫产业园基本类同，不外乎利用政策的支持，变相跑马圈地。

这个阶段的优点是文艺演出、影视得到了相应的发展；缺点是大多数影视产业园名不副实。

第四阶段：无所适从阶段。2013年，经过前几个阶段后，可以说是直接把文化创意产业推入了一个尴尬的境地，其结果是导致文化创意产业直接进入第四个阶段。可以说，几乎是全国各地各级管理部门、各企事业单位、甚至是整个市场都进入了一个无所适从阶段。在这个阶段，人们认为什么都是文化创意产业，什么都得跟文化、创意挂钩，恨不得每个人都想从文化创意产业支持政策中分得一杯羹。总之，在这个阶段，政府犹豫了，不知道该引进什么项目了；企业犹豫了，不知道该向哪个方向投资了；更多的人想参与到文化创意产业中来，又不知道什么是文化、什么是创意、什么是文化创意产业，真可谓是全国上下无所适从。

第五阶段：跨界·融合阶段。2014年2月26日，《国务院关于推进文化创意和设计服务与相关产业融合发展的若干意见》的发布，真正把我国文化创意产业引向了一个正确的发展方向，真正把我国文化创意产业发展引入了一个正确发展轨道——跨界·融合的发展之路。如何跨界、如何融合？跨界就是指让文化通过创造性的想法，跨领域、跨行业与人们的生产、生活、生态有机衔接。融合就是让文化创意同第一产业、第二产业、第三产业有机、有序、有效融合发展。可以这么说，2014年是我国文化创意产业发展的一个新的里程碑，也是一个分水岭，对我国文化创意产业的良性发展产生了积极的促进作用。

回顾过去五个阶段，我们深深意识到，中国经济进入发展新阶段处在产业转型期，如何平稳转型落地、解决经济运行中的突出问题是改革的重点。现在，虽然经济从高速增长转为中高速增长，但是进入经济发展新常态，必须增加有效供给。文化产业、文化创意产业作为融合精神与物质、横跨实物与服务的新兴产业，推动供给侧结构性改革责无旁贷。

在经济新常态下，文化的产业化发展也进入了一个新常态，在产业发展新常态下，文化产业的发展也逐步趋于理性，文化、文化产业、文化创意产业的本质也逐渐清晰。随之而来的是文化产业的边界被逐渐打破，不再有局限，范围被逐渐升级和放大。因此，促使文化加快了跨领域、跨行业和第一产业、第二产业、第三产业有机、有序、有效融合发展的步伐。

在产业互联互通的背景下，文化创意产业并不局限于文化产业内部的跨界融合，而正在和农业、工业、科技、金融、数字内容产业、城乡规划、城市规划、建筑设计、国际贸易等传统行业跨界融合。文化资源的供应链、文化生产的价值链、文化服务的品牌链，推动了文化生产力的高速成长。

在产业大融合的背景下，文化创意产业以其强大的精神属性渐趋与其他产业融合，产业之间的跨界融合将能更好地满足人们日益增长的个性化需求。打通文化创意产业的上下游链条，提升企业市场化、产业化、集约化程度，是有效推动我国经济结构调整，产业结构转型升级的必然选择。

基于此，我们整合了来自政府部门、高等院校、科研机构、领军行业等的相关领导、学者、专家在内的百余人的研究团队，就"'文化创意+'传统产业融合发展"进行了为期三年的调查研究和论证，形成了一个较为完善的研究框架。调研期间，我们组成26个课题组，以问题为导向，有的放矢地针对国内外各大传统产业及相关行业进行实地调研，深入了解"文化创意+"在传统产业发展中的定位、作用、重点发展领域以及相关项目。在调研成果基础上，我们从"农业""电力工业""旅游业""金融业""健康业""广告业""会展业""服饰业""动漫游戏""生态环境产业""产城融合""国际贸易"等26个角度，全方位剖析"文化创意+"与传统产业融合发展的路径与模式，力图厘清"文化创意+"与传统产业融合发展的当下与未来，找到我国经济结构调整、传统产业转型升级的重要突破口。

同时，在每个子课题内容上，从案例解析、专家对话与行业报告等多个层面进行叙述，研究根植于"文化创意+"传统产业融合发展的实践过程，研究结果也将反作用于"文化创意+"传统产业融合发展的实践，从提出问题入手，全面分析问题，对趋势进行研判。研究成果将能够为文化建设、文化产业转型升级、传统产业可持续发展的实际提供借鉴，最终探索出"文化创意+"与传统产业融合发展的现实路径。

截至今日，已完成系列丛书的第一辑，共12分册，即《"文化创意+"农业融合发展》《"文化创意+"电力工业融合发展》《"文化创意+"旅游业融合发展》《"文化创意+"健康业融合发展》《"文化创意+"金融业融合发展》《"文化创意+"服饰业融合发展》《"文化创意+"动漫游戏融合发展》《"文化创意+"广告业融合发展》《"文化创意+"会展业融合发展》《"文化创意+"产城融合发展》《"文化创意+"生态环境产业融合发展》《"文化创意+"国际贸易融合发展》。其余的课题，将会陆续完成。

本套丛书紧紧围绕如何服务于党和国家工作大局，如何使文化产生更高生产力，如何使文化发挥引擎作用，引领第一产业、第二产业、第三产业转型升级展开，以问题为导向，本着去繁就简的原则，从文化创意产业的本质问题和26个相关行业融合发展两方面展开。

第一方面以大文化观、大产业观深刻剖析文化创意产业的本质。2016年3月，此课题被列入"十三五"国家重点出版物出版规划项目后，我们即组织专家学者，重新对文化创意产业的本质问题就以下几个核心方面进行了系统梳理。

1. 文化创意产业的相关概念与定义

文化是人类社会历史发展过程中所创造的物质财富及精神财富的总和。是国家的符号，是民族的灵魂，是国家和民族的哲学思想，是城市与产业发展的引擎，更是供给侧的源头。

创意是指原创之意、首创之意。是智慧，是能量，是文化发展的放大器，是文化产业发展的灵魂，是传统产业转型升级的强心剂，更是新时代生产、生活、生态文明发展的核心生产力。

产业是指行业集群。是国家的支柱，是命脉，是人们赖以生存的根本，更是文化发展、国家经济结构调整的关键所在。

文化创意产业是把文化转化为更高生产力的行业集群。是文化产业与第一产业、第二产业、第三产业的整体升级和放大，是新时代最高级别的产业形态。

2. 我国发展文化创意产业的意义

文化创意产业项目的规模和水平，体现了一个国家的核心竞争力，我国发展文化创意产业，对于调整优化我国产业结构，提高我国经济运行质量；传承我国优质文化，弘扬民族先进文化；丰富人民群众文化生活，提升人民群众文化品位，增强广大民众的历史使命感与社会责任感；培育新型文化业态和文化消费模式，引领一种全新而美好的品质生活方式；提升国家整体形象，提升我国在国际上的话语权，增强我国综合竞争力，促进传统产业的转型升级与可持续发展都具有重大战略意义。

3. 我国发展文化创意产业的目的

我国发展文化创意产业的目的是使原有的文化产业更具智慧，更具内涵，更具魅力，更具生命力，更具国际竞争力，更能顺应时代发展需要；能够使文化发挥引擎作用，激活传统产业，引领其转型升级。

我国发展文化创意产业，从宏观上讲，是赶超世界先进发达国家水平，提升国家整体形象；从微观上讲，是缓解我国产业转型升级压力，弥补城市精神缺失，解决大城市病的问题；从主观上讲，是丰富人民群众文化生活，提升人民群众文化品位，使人民群众充分享受文化红利，缩小城乡居民待遇差距；从客观上讲，是全国人民自愿地接受新时代发展需要的产城融合，配合文化体制、城乡统筹一体化的改革。

总之，我国发展文化创意产业的最终目的是，把文化转化为更高生产力；把我国丰富、优质而正确的文化内容通过创造性的想法融入产品、产业发展的审美之中，融入人们的生产、生活、生态的审美之中，然后按照市场经济的规律，把它传播、植入、渗透到世界各地。

4. 文化创意产业的经济属性、原则和规律

文化创意产业，说到底还是经济行为，既然是经济行为，就应该有经济属性，文化创意产业的经济属性是美学经济，因为文化创意产业的所有板块均涉及如何将丰富的文化内容创造性地融入其产品的审美之中。

美学经济是文化创意产业发展的规律和原则，也就是说原有产业由于美之文化的介入，会增加内涵、提升魅力并形成正确而强大的精神指引，以此促使产业链的无限延伸与裂变。文化创意产业所指的美是需要设计者、创作者等能够充分了解美的一般规律和原则，并遵循这个规律和原则。既然是规律就要遵循，既然是原则就不可违背，所以说文化创意产品必须是美的，不但表现形式美，更要内容美，也就是说一个好的文化创意产品必须是从内到外都是美的，因为美就是生产力。

5. 文化创意的产品特点、产业特征、产业特性

产品特点：原创性，具有丰富、优质、正确、正能量的文化内涵，有一定的艺术欣赏价值和精神体验价值，低成本、高附加值，可以产生衍生品且其衍生品可大量复制、大规模生产，有一条完整的产业链。

产业特征：以文化为本源，以科技为后盾，以艺术体验为诉求，以市场为导向，以产业发展为出发点，以产业可持续发展为落脚点，以创意成果为核心价值，以美学经济为发展原则。对资源占用少，对环境污染小，对经济贡献大。

产业特性：以文化为价值链的基础，进行产业链的延伸与扩展，文化通过创意与相关产业融合使其产业链无限延伸并形成生物性裂变，从而使文化创意产业形成几何式增长。

第二方面了解文化创意与传统产业融合发展的方向、方式和方法。关于这方面内容，在各个分册中有详细阐述。

总之，我国文化创意产业的兴起，标志着生活艺术化、艺术生活化，产业文化化、文化产业化，产业城市化、城市产业化，文化城市化、城市文化化时期的到来；意味着文史哲应用化时期的开始；预示着一种全新而美好的品质消费时代的降临。基于此，在这样一个全新的历史时期，文化创意产业应如何发展？文化创意应如何引领传统产业转型升级？文化创意产业重点项目应如何打造？又如何把它合理规划并形成可持续发展产业？是我国经济发展的迫切需要；是直接关系到能否实现我国经济结构调整、传统产业转型升级并跨越式发展的需要；是我们如何顺应时代潮流，由"文化大国"向"文化强国"迈进的重大战略的需要；是我们有效践行"道路自信、理论自信、制度自信、文化自信"的需要。

在我国经济结构调整、传统产业转型升级的关键时期，要发展我国文化创意产业，就必须加快推进文化创意与传统优质产业融合发展的国际化进程，在生产方式和商业模式上与国际接轨；必须做到理论先行，尽快了解文化创意产业的本质，确立适合自身发展的商业模式；必须尽快提高文化创意产业项目的原创能力、管理水平、产业规模和国际竞争力，在国内与国际两个市场互动中，逐步向产业链上游迈进；在产业布局上，与国际、国内其他文化创意产业项目避免同质竞争，依托我国深厚而多元的文化优势、强大而充满活力的内需市场加之党和国家的高度重视、大力支持以及社会各界的积极参与。可以预见，一定会涌现出越来越多的属于我国自身的、优秀的独立品牌；必将会形成对我国经济结构调整、传统产业转型升级的巨大推动效应；必将会成为国际、国内一流的战略性新兴产业集聚效应的成功典范；也必将成为国际关注的焦点。

本套丛书的出版，将是新时代理论研究的一项破冰之举，是实现文化大发展、经济大融合、产业大联动、成果大共享的文化复兴的创新与实践。当然，一项伟大的工程还需要一个伟大的开端，更需要有一群敢为天下先的有志之士。纵观中国历史上的文化与产业复兴，没有先秦诸子百家争鸣，就没有两汉农业文明的灿烂；没有魏晋思想自由解放，就没有唐明经济的繁荣；没有宋明理学深刻思辨，就没有康乾盛世的生机盎然。基于此，才有了我们敢于破冰的勇气。

由于本人才疏学浅，其中不乏存在这样或那样的问题，还望各位同人多提宝贵意见和建议；希望能够得到更多有志之士的关注与支持；更希望"'文化创意+'

传统产业融合发展研究"这项研究成果，能够成为我国经济结构调整、产业结构转型升级最为实际的理论支撑与决策依据，能够成为行业较为实用的指导手册，为实现我国经济增长方式转变找到突破口。

最后，我谨代表"十三五"国家重点出版物出版规划项目"'文化创意+'传统产业融合发展研究系列丛书"课题组全体成员、本套丛书的主编向支持这项工作的领导、同人以及丛书责任编辑的辛勤付出表示衷心感谢！由衷地感谢支持我们这项工作的每一位朋友。

是为序！

耿秀彦
2019 年 3 月

前言

"创意使人快乐,交易使人幸福","文化创意+"国际贸易,即国际文化贸易,是能够真正实现文化创意经济价值及社会价值的有效路径。2014年3月,国务院正式出台了《关于加快发展对外文化贸易的意见》,明确表示要立足当前,着眼长远,改革创新,完善机制,统筹国际国内两个市场、两种资源,加强政策引导,优化市场环境,壮大市场主体,改善贸易结构,加快发展对外文化贸易,在更大范围、更广领域和更高层次上参与国际文化合作和竞争,把更多具有中国特色的优秀文化产品推向世界。

多年来的理论研究和实践表明,发展对外文化贸易是实现中华文化有效"走出去"的重要途径。文化产品与服务作为文化"走出去"的现实载体,易于被海外受众接纳,承载着更鲜明的文化价值因子,具有更为深远的影响力。在中国"一带一路"倡议实施的进程中,创新对外文化传播、对外文化交流和对外文化贸易方式,推动中华文化"走出去"提质增效成为党的十八大以来的一项重要内容。

本书共分为十章,以国际文化贸易理论研究与实践经验总结为两大特色。第一章"创意使人快乐 交易使人幸福",从文化创意产业及国际文化贸易的概念及特征出发,在诠释国际文化贸易的内涵与定义的同时,详细描述了"十二五"以来作为我国文化贸易基础的文化创意产业的发展概况。第二章从世界文化贸易的发展概况及趋势着手,追溯我国改革开放以来文化贸易发展之路,展现了全球文化贸易的发展格局。第三章主要包含文化产品和服务的创作动因与创意设计以及文化产品和服务的生产制作两大部分内容，阐述了国际文化贸易产品及服务供给的整体情况。第四章细致划分了目前国际文化贸易的市场，主要依据是文化圈及经济区，同时详细分析了目前文化需求市场的特点。第五章则是从国际文化贸易的主体出发，这里主要是指微观主体，为读者呈现了不同类型的国际文化贸易微观主体，并深入剖析其发展路径。第六章从世界及中国两个视角对国际贸易中的传统模式及以"开放"为特色的中国模式进行了深入探究。第七章"国际文化贸易平台与渠道"，全面展现当前国际知名的各类型与文化贸易相关的展会平台，以及作为中国国际文化贸易重要平台及渠道的文化保税区及国家文化出口基地。本书最后三章深入分析当前世界、区域性及中国文化贸易的规则及政策，国际文化贸易交叉学科建设及人才培养，以及新时代文化贸易的研究与发展，归纳总结当下国际文化贸易研究现状及面临的挑战，从而为今后国际文化贸易的发展及学术研究提供方向。

"以实践为师，为实践服务"，除了细致的理论研究，本书的另一大特色在于国际文化贸易经典案例参考，结合章节内容，精选中国最具代表性的国际文化贸易相关案例，从理论与实践的双重角度进行挖掘和探究，不仅为文化贸易学术研究提供了重要的信息资料来源，同时还对文化企业贸易实践具有重要的借鉴意义。

目录

第一章 创意使人快乐 交易使人幸福

第一节 文化创意产业及国际文化贸易的概念与特征 /2
    一、文化创意产业与文化贸易 /2
    二、国际文化贸易的内涵 /4
    三、国际文化贸易的定义 /6
    四、国际文化贸易的独特性 /7

第二节 "十二五"以来中国文化创意产业的发展概况 /11
    一、"十二五"时期中国新闻和出版业发展情况 /11
    二、"十二五"时期中国广播电影电视行业发展情况 /16
    三、"十二五"时期中国演艺业发展情况 /22
    四、"十二五"时期中国体育产业发展情况 /29

第二章 全球文化贸易的发展格局

第一节 世界文化贸易发展概况及趋势 /42
    一、世界文化贸易发展的概况和特点 /42
    二、世界文化贸易发展趋势 /44

I

第二节　改革开放以来中国文化贸易发展之路 /50
　一、中国对外文化贸易政策从无到有 /50
　二、中国文化贸易消费市场从弱到强 /53
　三、中国对外文化贸易出口规模从小到大 /57
　四、中国对外文化贸易结构从散到优 /59
　五、中国对外文化贸易主体从单一到多元 /62

第三章　国际文化贸易的供给　**71**

第一节　文化产品和服务的创作动因与创意设计 /72
　一、文化产品与服务的创作动因 /72
　二、文化产品与服务的创意设计 /74
第二节　文化产品和服务的生产制作 /80
　一、文化产品和服务的生产 /80
　二、衍生产品的生产联动相关产业 /81

第四章　国际文化贸易的需求　**97**

第一节　文化贸易需求市场的划分 /98
　一、不同文化圈的需求市场 /98
　二、不同经济区域的需求市场 /105
第二节　文化贸易需求市场的特点 /110
　一、以技术进步为依托的新型文化市场 /110
　二、以规模化经营为主的文化产业航母 /110
　三、以发达国家之间贸易为主，分散化特征日益明显 /111
　四、国际规则日益完善，各国国际参与积极性日益提升 /111

123 第五章 国际文化贸易的主体

第一节 文化市场的微观主体 /124
 一、文化企业——直接参与者 /124
 二、非营利机构——创新实践者 /126
 三、文化经纪机构——交易服务者 /127
第二节 国际文化贸易主体的发展路径 /129
 一、建设外向型文化企业 /129
 二、强化非营利机构监管与约束 /132
 三、规范文化经纪机构 /133

145 第六章 国际文化贸易的模式

第一节 国际文化贸易的传统模式 /146
 一、跨境交付 /146
 二、境外消费 /148
 三、商业存在 /149
 四、自然人流动 /150
第二节 国际文化贸易的中国模式 /153
 一、中国对外文化贸易以开放促改革 /153
 二、中国对外文化贸易以开放促发展 /154
 三、中国对外文化贸易以开放促创新 /155
 四、中国对外文化贸易以开放促升级 /156

第七章 国际文化贸易平台与渠道 /165

第一节 国际文化贸易的展会平台 /166
　　一、电影节 /167
　　二、动画节 /168
　　三、演艺节庆 /169
　　四、图书会展 /170
　　五、游戏会展 /171
第二节 中国文化保税区与国家文化出口基地的建设与探索 /173
　　一、中国文化保税区 /173
　　二、国家文化出口基地 /176

第八章 国际文化贸易规则与政策 /189

第一节 文化贸易全球及区域性规则与政策 /190
　　一、世界贸易组织与国际文化贸易 /190
　　二、其他文化贸易国际法律法规 /193
第二节 中国相关文化政策及文化贸易规则制定 /198
　　一、遵循国际规则：对接国际 /198
　　二、灵活有效利用"文化例外"等原则 /199
　　三、强大自己制定规则 /200

第九章 国际文化贸易人才培养与储备 /213

第一节 国际文化贸易交叉学科建设探索 /214
　　一、学科和课程的交叉学科特点 /215

二、交叉学科授课的特点与思考 /216

第二节 "一带一路"倡议与文化贸易人才培养 /220

一、我国文化贸易人才培养现状与实践 /220

二、"一带一路"倡议实施带来的机遇与挑战 /224

三、"一带一路"倡议实施中文化贸易人才培养再思考 /226

第十章 新时代国际文化贸易的研究与发展

第一节 新时代国际文化贸易研究现状及成果 /236

一、国际文化贸易问题的提出 /236

二、发展国际文化贸易与提升中国文化软实力 /238

第二节 新时代国际文化贸易研究创新实践 /240

一、深耕"中国—中东欧国家合作",助推国家"一带一路"倡议 /240

二、工匠精神：在中国文化"走出去"中发挥独特作用 /242

三、新型智库学术外交作用凸显：做文化贸易的倡导者和服务者 /246

主要参考文献

后记

第一章 创意使人快乐 交易使人幸福

正所谓"创意使人快乐,交易使人幸福","文化创意+"国际贸易的基础是文化创意产业的成熟,文化创意产业的主体是类型各异的文化创意企业,其交易对象是各贸易主体所生产的文化创意产品及服务。因此,"文化创意+"国际贸易,即各国文化创意产品及服务的输入与输出,也就是文中所定义的国际文化贸易。吸引外国人消费中国文化创意产品和服务,使优秀的中华文化在全球范围内得到有效传播,这是发展文化贸易的要义所在。

第一节 文化创意产业及国际文化贸易的概念与特征

一、文化创意产业与文化贸易

文化创意，即文化领域的创意或创新，是指在能动性发挥创造力的基础上，以文化为元素，融合多元文化，利用不同载体进行构建、再造与创新的文化现象。文化创意的根源是"文化"，核心在于创造力与创新性。文化创意是非物化的内容，属于文化资源的范畴，在初始形成阶段是看不见摸不着的，一旦转化为具有交易性质的知识产权或者将创意附着在文化产品和文化服务中，则可以被消费。仅处于资源阶段的文化创意，其经济价值及社会价值很难显现，只有通过市场才能真正地被确定。目前，当务之急就是将包括文化创意在内的文化资源转化为可交易的文化产品及服务，在此基础之上形成文化创意产业集群，待其发展成熟才能实现其溢出效应，从而产生跨境交易。

文化创意产业是新兴产业，1998年英国政府为了适应后工业时代的经济形势，保持经济增长，正式出台了《英国创意产业路径文件》，首次提出了创意产业的概念，随着时代的推移，文化创意产业已经成为经济发展的必然路径选择，成为知识经济时代经济转型、结构调整的重要模式抉择。文化创意产业，在中国又称文化产业，联合国教科文组织关于文化产业的定义为：文化产业就是按照工业标准，生产、储存以及分配、消费文化产品。文化产业的发展不仅对于国家的经济增长具有推动作用，更为重要的是，文化产业的繁荣对于传播本国文化和历史，扩大本国文化影响力和辐射力，进而提高本国的国际综合竞争力都具有重大意义。因此，近年来各个国家都不遗余力地扶持和鼓励本地文化产品和服务的出口，其中发达国家和地区最重要的出口产品即文化产品和服务，实际上已经取代了传统的制造业产品。

文化产业就是生产文化产品和提供文化服务的行业，作为新经济的产业类型，国际上也没有一致的定义和分类。文化经济理论家认为，文化创意产业提供给我们宽泛的与文化的、艺术的或仅仅是娱乐的价值相联系的产品和服务。约翰·霍金斯在《创意经济：人们如何从思想中创造金钱》一书中，把创意产业分为版权、专利、商标和设计四类。

尽管不同国家、地区和国际组织对于文化产业的分类与内容有不同的界定，但是都始终没有脱离开文化产品和文化服务生产的范畴（见表1-1）。

表1-1 文化产业的分类

名称	国家或地区或国际组织	分类
创意产业	英国	广告、建筑、艺术和古董市场、手工艺、设计、时尚设计、电影、互动休闲软件、音乐、电视和广播、表演艺术、出版和软件12个部门
版权产业	美国	文化艺术业（含表演艺术、艺术博物馆）、影视业、图书业、音乐唱片业4类
创意产业	澳大利亚	文化遗产和古迹，如博物馆、自然遗产和保护、图书和档案馆等；艺术活动，如文学作品的创作、出版和印刷，表演艺术、音乐创作和出版，广播、电视和电影等；体育和健身娱乐活动；文化产品的制造和销售；其他文化娱乐类5类
版权产业	加拿大	信息和文化产业（出版业、电影和录音业、电视广播、因特网、电信业、信息服务业），艺术、娱乐和消遣（演艺、体育、古迹遗产机构、游乐、赌博和娱乐业）2类
内容产业	欧盟	制造、开发、包装和销售信息产品及其服务的产业，包括各种媒介上所传播的印刷品内容（报纸、杂志、书籍等），音像电子出版物内容（联机数据库、音像制品服务、电子游戏等），音像传播内容（电视、录像、广播和影视），用做消费的各种数字化软件等
文化产业	韩国	与文化商品的生产、流通、消费有关的产业，包括影视、广播、音像、游戏、动画、卡通形象、演出、文物、美术、广告、出版印刷、创意性设计、传统工艺品、传统服装、传统食品、多媒体影像软件、网络及其相关的产业
感性产业	日本	电影、电视、影像、音响、书籍、音乐、艺术等
文化产业	中国	新闻、出版及版权服务、广播电视及电影、文化艺术、网络文化、文化休闲娱乐、文化产品代理、文化用品、设备及相关产品销售9类

续表

创意产业	中国香港	广告、建筑、设计、出版、数码娱乐、电影、古董与工艺品、音乐、表演艺术、软件与咨询服业、电视与电台11类
文化创意产业	中国台湾	视觉艺术、音乐与表演艺术、文化展演设施、工艺、电影、广播电视、出版、广告、设计、品牌时尚设计、建筑设计、创意生活、数字休闲娱乐13类
文化产业	联合国教科文组织	文化遗产、出版印刷业和著作文献、音乐、表演艺术、视觉艺术、音频媒体、视听媒体、社会文化活动、体育和游戏、环境和自然10类
	国际标准产业分类（第三版）	文化内容发源（书籍、音乐、报刊和其他相关资料的出版，软件咨询和供应，广告业，摄影活动，广播电视，戏剧艺术，音乐和其他艺术活动）；文化产品的制造（电子元件制造、电视广播发射器和电话机装置的制造，电视广播接收器、磁带、录像机装备和附件的制造，光学仪器和摄影仪器的制造，乐器的制造）；文化内容的翻印和传播（印刷业、录制媒体的再生产、电影和录像的制造与发行、电影放映）；文化交流（其他娱乐业、图书馆和档案活动、博物馆活动、历史遗迹和建筑物的保护）

在经济全球化的背景下，文化贸易已经成为国际服务贸易的重要组成部分。从总体上看，国际文化贸易涉及货物贸易、服务贸易和知识产权三个方面。贸易结构是由产业结构所决定的，文化产业是国际文化贸易的产业基础，文化贸易的强大，其基础就是文化产业的发展成熟程度。因此，文化贸易的分类也应直接受文化产业及其分类的影响。由以上不同国家、地区和组织的文化产业分类与内容可以看出，在每一具体项下，其内容都无法严格地界定文化产品与文化服务。由此看来，作为国际文化贸易的产业基础，文化产业的概念外延具有不确定性，这就直接导致了国际文化贸易概念外延的不确定性。

二、国际文化贸易的内涵

首先，需要对国际文化贸易的概念进行拆分，然后再行重构。在逻辑学里，定义就是明确概念内涵的逻辑方法，而分类则是明确概念外延的逻辑方法。

1."文化"的释义及特征

关于"文化"，《辞海》的解释是："广义指人类在社会实践过程中所获得的物质、精神的生产能力和创造的物质、精神财富的总和。狭义指精神生产能力和精神产品，包括一切社会意识形式：自然科学、技术科学、社会意识形态。有时又专指教育、科学、文学、艺术、卫生、体育等方面的知识与设施。作为一种历史现象，文化的发展有历史的继承性；在阶级社会中，又具有阶级性，同时也具有民族性、地域性。不同民族、不同地域的文化又形成了人类文化的多样性。作为社会意识形态的文化，是一定社会的政治和经济的反映，同时又给予一定社会的政治和经济以巨大的影响。"[1]

除此之外，文化还有以下多种网络释义。

文化是指人类活动的模式以及给予这些模式重要性的符号化结构。不同的人对"文化"有不同的定义，通常文化包括文字、语言、地域、音乐、文学、绘画、雕塑、戏剧、电影等。还有的解释认为，"文化"就是人们关注、探讨感兴趣事物的现象和氛围，是人类群体创造并共同享有的物质实体、价值观念、意义体系和行为方式，是人类群体的整个生活状态。这从表面上解释了目前广泛存在于发展中国家与发达国家之间的文化贸易逆差现象。

文化在汉语中实际是"人文教化"的简称。前提是"人"，意即文化是讨论人类社会的专属语；"文"是基础和工具包括语言和／或文字；"教化"是真正的重心，"教化"作为名词是指人群精神活动和物质活动的共同规范（同时，这一规范在精神活动和物质活动的对象化成果中得到体现），作为动词的"教化"是共同规范产生、传承、传播及得到认同的过程和手段。

文化主要包含器物、制度和观念三个方面，具体包括语言、文字、习俗、思想、国力等，客观来说，文化就是社会价值系统的总和。历史上的中国在强大时代曾凭借绝对的国力向外输出中华文化，使邻近诸国被深刻影响，致使外国习俗语言与本地严重混淆。

文化的特点主要体现为以下几点。

首先，文化是共有的，它是一系列共有的概念、价值观和行为准则，是使个人行为能力为集体所接受的共同标准。文化与社会是密切相关的，没有社会就不会有文化，但是也存在没有文化的社会。即使在同一社会内部，文化也具有不一致性。例如，在任何社会中，男性的文化和女性的文化就有不同。此外，不同的年龄、职业、阶级等之间也存在亚文化的差异。

---

[1] 辞海［M］.上海：上海辞书出版社，2010：4117.

其次，文化是习得的，而不是通过遗传而天生具有的。生理的满足方式是由文化决定的，每种文化决定这些需求如何得到满足。从这一角度看，非人的灵长目动物也有各种文化行为的能力，但是这些文化行为只是单向的文化表现，如吃白蚁的方式、警戒的呼喊声等。这和人类社会中庞大复杂的文化象征体系相比较显得有些微不足道。

最后，文化的基础是象征。这其中最重要的是语言和文字，但也包含其他表现方式，如图像、肢体动作、行为解读等。几乎可以说整个文化体系是透过庞大无比的象征体系深植在人类的思维之中的，而人们也透过这套象征符号体系理解、解读呈现在眼前的种种事物。因此，如何解读各种象征在该文化中的实质意义便成为人类学和语言学等社会学科诠释人类心智的重要方式之一。此外，文化作为相互关系的整体还呈现出一体化的趋势。

2. "贸易"与"国际贸易"

关于"贸易"，《辞海》对其的定义是："以钱财物资相交易。后通指商业，亦指商品买卖的行为。"[①] 当下网络上更惯用的定义是，"贸易是自愿的货品或服务交换。贸易也被称为商业。现代的贸易普遍以一种媒介作讨价还价，如金钱"。可见，不管标的为何，贸易强调的是交易属性，并要遵从市场法则。

而对于"国际贸易"的概念，《国际贸易》对其的解释是："世界各国之间货物和服务交换的活动，是各国之间分工的表现形式，反映了世界各国在经济上的相互共存。从国家角度可称为对外贸易，从国际或世界角度，可称为国际贸易或世界贸易"[②] 从中可以看出，国际贸易活动源于国际分工，后者是前者的客观基础，前者只是后者的外在表现形式，国际分工决定了国际贸易的流向、结构和差额，且各国对外贸易的发展趋势与经济全球化进程紧密相连。

三、国际文化贸易的定义

1. 国际文化交易

在定义国际文化贸易前，首先了解一个更大的且包含文化贸易的交易

---

① 辞海[M].上海：上海辞书出版社，2010：2657.
② 薛荣久.国际贸易[M].北京：对外经济贸易大学出版社，2003：1.

（Transaction）概念。国际文化交易可以被定义为文化领域的跨国经济流量，它反映了国际上在文化领域里的经济价值产生、转化、交换、转移或消失并涉及相关货物、服务及资本的提供或金融资产所有权的变更，包括国际文化贸易和文化领域的跨国投融资行为。需要理解的是，作为"跨国经济流量"的国际文化交易活动或行为，都应该能为一国的国际收支账户所记载或体现，并且这种流量是全口径的交易概念，即它同时囊括了发生在文化领域的全部国际贸易和国际投资活动。而文化贸易是国际文化交易中的一个贸易（Trade）概念。

2. 国际文化贸易

国际文化贸易是指国家间文化产品与文化服务的输入与输出，或文化产业的对外贸易，即发生国际收支行为的文化产业经营活动，如国家间书籍、报纸、艺术品等货物的流动以及演出、电影、音像等服务的有偿提供和接受。国际文化贸易狭义上包括演出、影视传媒（含新媒体）、出版（含专有权利使用费和特许费）三大领域，广义上还应涵盖体育、教育、旅游等领域。文化产品和服务进出口统计范围的界定包括：一是文化产品的进出口，主要是海关文化产品进出口业务统计；二是文化服务的进出口，主要是演艺、广电等部门的文化服务进出口业务统计。

上述国际文化贸易概念的关键词依次是"文化产业""国际收支""货物的输出和输入"以及"服务的有偿提供和接受"，文化产业构成了国际文化贸易的国内产业基础，且国际文化贸易既有货物贸易的内容，也包含服务贸易的内容，相关交易项目都应该能在国际收支账户中经常账户项下的"货物"和"服务"中找到。

四、国际文化贸易的独特性

国际文化贸易标的的特殊性、贸易市场的高度垄断性、贸易保护方式的隐蔽性、贸易自由化的例外性以及贸易统计的复杂性共同决定了它在一国国际贸易中的敏感性和重要地位。

1. 贸易标的的特殊性

国际文化贸易的标的分为文化产品和文化服务，文化贸易较之一般货物贸易，更加涉及人类的精神领域、意识形态与民族政治等诸多方面，其贸易标的自然也不同一般，甚至可能同质于"生活方式""生活状态"。文化贸易既涉及文化产品，又涉及文化服务，从而兼具国际货物贸易和国际服务贸易的特点。随着现代国际文化贸易中各类知识产权交易的不断增多，知识产权也成为文化贸易标的不容忽视的重要组成部分。

一方面，就货物及服务贸易性质而言，演出与出版分别位于两"极"，影视传媒居中。具体而言，演出业全面实现了服务贸易的属性，传统出版业主要为图书、杂志、报纸等有形货物的贸易，因此，其贸易标的属性为货物贸易，而影视传媒业有形音像制品及衍生品贸易与无形影视服务贸易基本平分秋色，其贸易标的既体现了货物贸易属性，又具有服务贸易属性。另一方面，国际文化贸易不仅在相关行业间交叉渗透，互为"衍生"发展对象，而且在其他产业和行业也具有强烈的交融性，丰富的文化内涵和不同的文化服务融入了几乎所有的产业和贸易领域，品饮文化、居住文化、服饰文化等，在不同的文化背景下都反映出多样的文化价值取向，尤其是与信息网络技术的结合，更加速了文化的传播速度，拓宽了扩展范围，因而更增强了文化产品和文化服务的可贸易性。

2. 贸易市场的高度垄断性

国际文化贸易在发达国家和发展中国家间表现出严重的不平衡性，这与各国在文化生产和文化服务方面的能力、技术和资源差异相关，各国文化市场的文化商品受各国历史特点、区域位置及文化背景等多种因素共同影响。2013 年，北美和欧洲国家文化产品出口份额与所有产品出口份额占比类似，大约占 50%。中亚和东欧地区文化产品出口份额仅占 2.7%，低于产品出口总额的 5.3%。2013 年，拉美地区文化产品出口份额只占 1.2%，这个份额占比是其所有产品出口份额占比 6.1% 的 1/5。其中，新闻传媒业尤以美国为首的西方媒体占据主流地位，全世界每天新闻发稿量的 80% 来自美联社、路透社、法新社、合众社。全球 95% 的传媒市场份额被西方约 50 家媒体跨国公司所占有，美国媒体完成了全球 75% 的电视节目制作量。因此，国际文化贸易市场的垄断性较强，突出表现为少数发达国家对国际文化贸易具有的垄断优势，以及发展中国家的相对劣势。

3. 贸易保护方式的隐蔽性

文化具有独特的渗透力。文化产品和文化服务传达着理念、价值观和生活方式，是极具个性化的产品和服务。文化贸易的价值超过了其商业价值，与其他贸易相比，它会在意识形态等方面对输入国消费者产生潜移默化的影响。因此，文化贸易是各国跨境贸易政策关注的重点领域，一些发达国家纷纷采取各种措施强化本国文化的国际竞争力。日本、韩国、新加坡将发展文化产业提高到国家战略层面进行规划，美国、加拿大、澳大利亚和欧洲等国家和地区一直对最能有效传播价值观并能创造经济价值的广播影视业给予大量的补贴。此外，发达国家还利用世界贸易组织（World Trade Organization，WTO）、自由贸易区、市场开放等多边规则迫使他国开放文化市场，为本国文化产品和服务出口扫清障碍。同时，由于文化贸易标的特殊性，各国无法通过统一的国际标准或关税进行限制，而更多地采用对国内的政策、法令加以修改的方式进行限制，如市场准入制度以及非国民待遇等非关税壁垒形式。

4. 贸易自由化的例外性

世界贸易组织一直致力于寻求国际贸易的自由化，但从文化贸易概念出现之日起，"文化例外"就成为一种不成文的主张，为世界贸易组织各成员方所接受并广泛运用于文化贸易政策中。由于图书出版、演出服务、广播影视、网络服务及教育等文化产业直接关系到国家主权、国家安全和意识形态等敏感领域，因此文化产业的对外贸易会在潜移默化中影响对象国的国家文化安全。国家文化安全是指主权国家的主流文化价值体系以及建立于其上的意识形态、社会基本制度、语言符号系统、知识传统、宗教信仰等主要文化要素免受来自内部或外部力量的侵蚀、破坏和颠覆，从而确保主权国家享有充分完整的文化主权，保证本国文化系统同国家政治经济发展的协调一致、良性互动并合理更新，并在本国国民中保持一种高度的民族文化认同。文化安全能为一个国家的发展提供稳定的国内政治环境和强大的经济与科学技术生产力的精神动力，能够为一国人民的幸福生活营造和谐的文化氛围，提供深厚的和得到广泛认可的价值基础，从整体上增强国家安全。因此，各国在文化贸易的开放程度上都十分谨慎，各国政府对文化贸易的各种限制和保护远远超过货物贸易，在很大限度上阻碍了国际文化贸易的自由化进程。到目前为止，只有美国和中非共和国两个国家完全开放了自己的文化市场。

5. 贸易统计的复杂性

国际文化贸易的上述特点，加之又涉及外国附属机构服务贸易统计（FAT）和国际收支服务贸易统计（BOP）两种统计方法关于"商业存在"的争议，决定了其贸易相关数据统计的复杂性。但是无论如何，要推进国际文化贸易的统计工作，都必须遵循国际可比性、可操作性、经济性和渐进性等基本原则。例如，考虑到可操作性和经济性的要求，可以从现行的BOP统计口径下提取"个人、文化和娱乐服务"与"专有权利使用费和特许费"两项指标数据，再加上海关贸易统计口径下的"书籍、报纸等"与"艺术品、收藏品及古物"两项指标数据,就可以初步合成一个国际文化贸易的概观性数值。2016年联合国教科文组织编撰的《世界各国文化贸易发展报告》以2004—2013年国际文化贸易数据为依据进行分析和研究,旨在探究2008年全球金融和经济危机对文化产品和服务的流动产生的影响。随着新的分类和数据源的引进,例如国外分支机构服务贸易统计(FATS)成为测算文化流动的重要统计方法,使得文化服务国际数据的可获得性增强,然而文化服务的统计数据在发展中国家仍然受到很大的限制。有关国际组织在过去的10年里,在促进和推动国际文化贸易统计的过程中展开了更多的合作。

第二节 "十二五"以来中国文化创意产业的发展概况

一、"十二五"时期中国新闻和出版业发展情况

"十二五"以来，我国先后出台了多项针对新闻出版业的融合发展政策，重点推进了新闻出版业体制改革和行业结构的优化升级，较早启动了新闻出版业的供给侧改革。在文化体制改革和新媒体融合发展的多重推动下，我国新闻出版业整体稳步快速发展。

（一）营业规模

根据国家新闻出版广电总局《新闻出版产业分析报告》，2011年全国出版、印刷和发行服务实现营业收入14568.6亿元，2012年为16635.3亿元，2013年为18246.4亿元，2014年为19967.1亿元，2015年为21655.9亿元，2016年为2359.8亿元（见表1-2）。2017年全国出版、印刷和发行服务（不含数字出版）实现营业收入18119.2亿元，较2016年同口径增长4.5%，数字出版实现营业收入7071.9亿元，增长23.6%。

表1-2 "十二五"以来新闻出版业营业规模

年度		2011	2012	2013	2014	2015	2016	2017
种数（种）	图书	369523	414005	444427	448431	475768	499884	512487
	期刊	9849	9867	9877	9966	10014	10084	10130
	报纸	1928	1918	1915	1912	1906	1894	1884
	音像制品	19408	18485	16972	15355	15372	14384	13552
	电子出版物	11154	11822	11708	11823	10091	9836	9240
	合计	411862	456097	484899	487487	513151	536082	547293

续表

年度		2011	2012	2013	2014	2015	2016	2017
数量（万）	图书	770500	792464	831000	818465	866233	903682	924399
	期刊	328522	335000	327243	309452	287833	269669	249213
	报纸	4674000	4822568	4824000	4638987	4300869	3900666	3624989
	音像制品	46431	39366	40605	32839	29418	27585	25592
	电子出版物	21322	26345	35220	35049	21438	29065	28133
	合计	5840775	6015743	6058068	5834792	5505791	5130667	4852326

资料来源：中国统计出版社《中国文化及相关产业统计年鉴》（2012—2018）。

"十二五"期间，我国新闻出版业营业规模快速发展，各类新闻出版物种数合计呈上升趋势，但数量变化存在一定波动，体现了新闻出版业进入产业结构调整时期的特点。在"十二五"的最后一年，新闻出版物种数达到5年以来最高，数量则降至最低。

回顾"十二五"期间的宏观经济环境，在整体经济增速放缓的大背景下，新闻出版物的消费需求作为非必需消费品，具有远高于其他消费品的收入弹性，对经济周期的反应比较剧烈。此外，由于新闻出版统计指标的调整滞后性，技术进步对新闻出版行业的直接拉动可能并未在数据中具有完整体现，这也在一定程度上说明，传统新闻出版单位对新媒体的应对能力尚未有所表现（见图1-1至图1-6）。

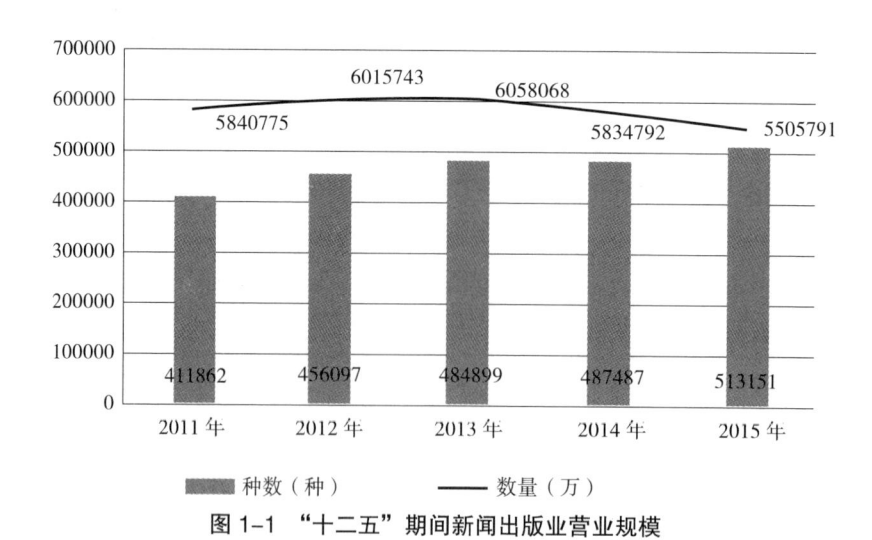

图1-1 "十二五"期间新闻出版业营业规模

图 1-2 "十二五"期间图书出版物营业规模

图 1-3 "十二五"期间期刊出版物营业规模

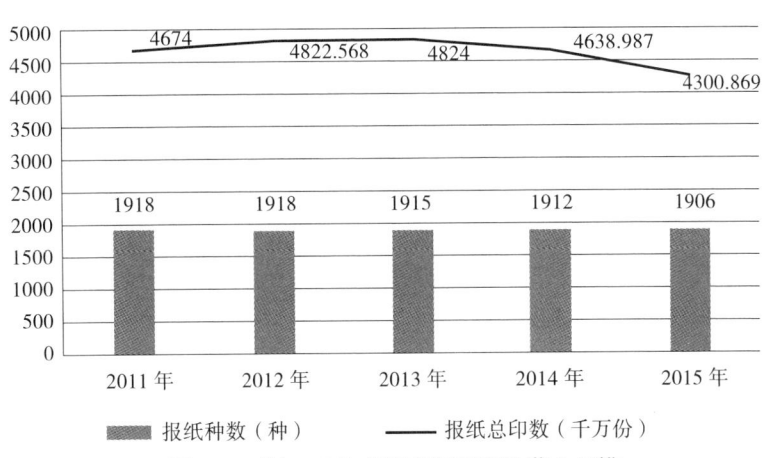

图 1-4 "十二五"期间报纸出版物营业规模

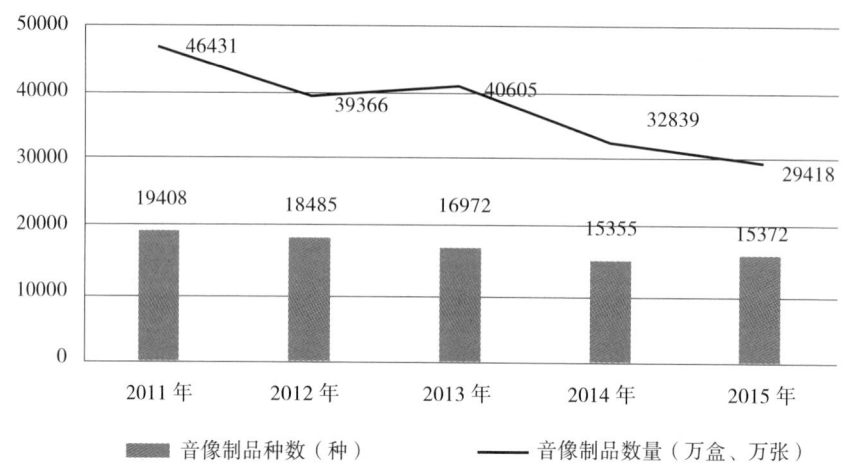

图 1-5 "十二五"期间音像出版物营业规模

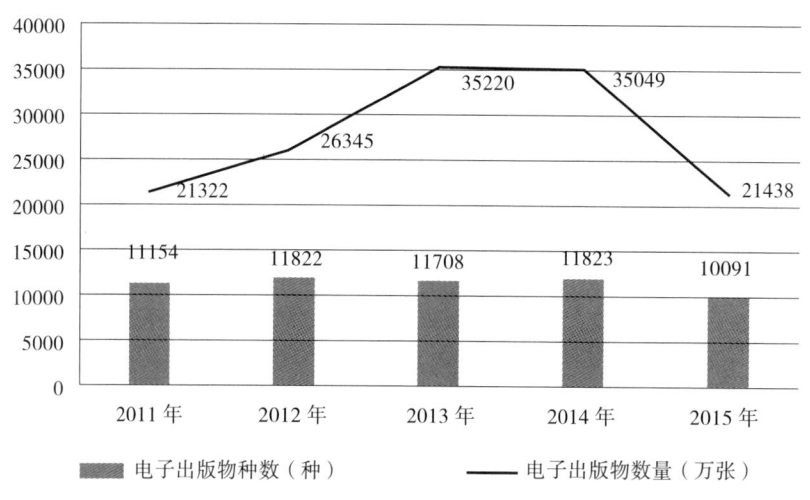

图 1-6 "十二五"期间电子出版物营业规模

（二）资产规模

"十二五"期间，我国新闻出版业资产规模快速发展，总资产规模持续平稳增长。在"十二五"的最后一年，新闻出版业总资产规模达到 5 年以来最高水平（见图 1-7、图 1-8）。

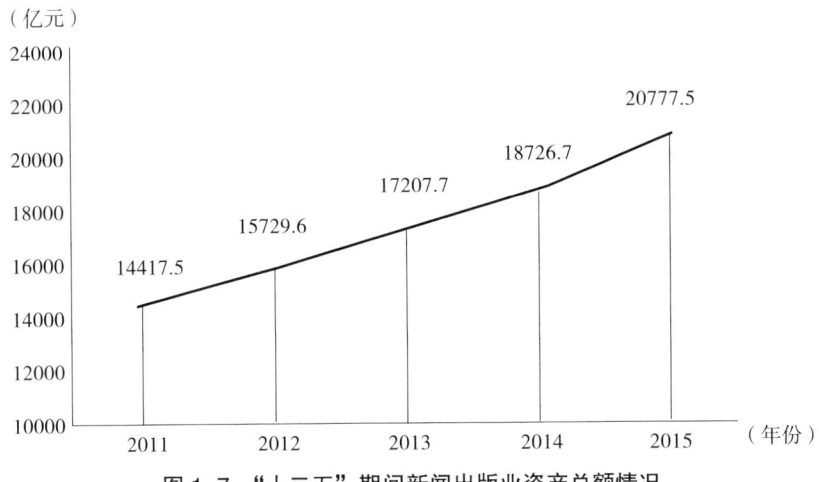

图 1-7 "十二五"期间新闻出版业资产总额情况

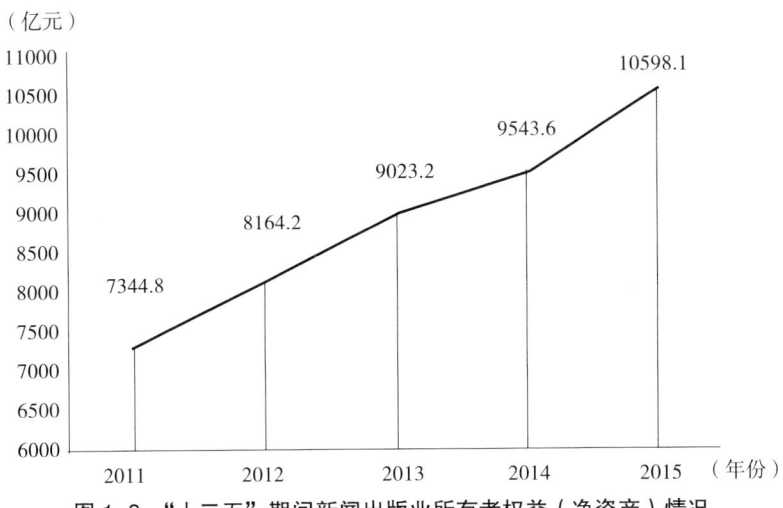

图 1-8 "十二五"期间新闻出版业所有者权益（净资产）情况

（三）利润情况

根据国家新闻出版广电总局《新闻出版产业分析报告》，2011 年全国出版、印刷和发行服务实现利润总额 1128.0 亿元，2012 年为 1317.4 亿元，2013 年为 1440.2 亿元，2014 年为 1563.7 亿元，2015 年为 1662.1 亿元（见表 1-3）。

表 1-3 "十二五"期间新闻出版业重点企业利润总额情况（推算）[①]　　单位：万元

年度	2011	2012	2013	2014	2015
重点印刷机构利润	3134366	3660626	4828373	5383622	5758604
重点发行企业利润	470712	549744	842533	961132	1297309
重点新闻企业利润	17215	20105	24211	6498	29051
重点出版企业利润	795868	929494	1692108	1608322	1668253
合计	4418160	5159969	7387225	7946578	87532

"十二五"期间，我国新闻出版业重点企业利润总额快速增长。新闻服务、出版服务、印刷服务和发行服务产业的重点企业利润总额变化趋势特征明显，体现了新闻出版业进入产业结构调整时期的特点。在"十二五"的最后一年，新闻出版业重点企业的利润总额达到 5 年以来最高水平。

具体而言，新闻出版业重点企业利润总额呈明显增长趋势，由"十二五"初期（2011 年）的 442 亿元增长至"十二五"末（2015 年）的 875 亿元，增长 98%。其中，重点印刷服务企业和重点发行服务企业的利润总额逐年增长；重点出版服务企业的利润总额虽然在 2014 年出现负增长，但 2015 年恢复增长，平均年增长率为 24.40%；重点新闻服务企业的利润总额在初期呈增长态势，但在 2014 年大幅下滑，甚至出现总体亏损，但 2015 年恢复增长，且突破这一阶段利润总额最高点。

二、"十二五"时期中国广播电影电视行业发展情况

"十二五"以来，我国广播电影电视行业发展迅速，广播电影电视作品的制作数量上与上一个 5 年相比有了大幅度的上升。全国广播电影电视作品的受众覆盖面非常广泛。同时，三网融合工作取得了成效。广播电视行业收入有了稳步提升，电影市场也在蓬勃发展。而随着技术的进步，广播电影电视行业也受到了新技术的冲击，数字电视走进了千家万户。全行业收入水平不断上升，也得到了政府和

[①] 以中国统计出版社《中国文化及相关产业统计年鉴》作为基础数据，并根据 2012 年度中国新闻出版研究院《新闻出版产业分析报告》给出的新闻出版产业利润总额增长率进行推算得到。

民间各项资金的大力支持。然而作为文化产业，广播电影电视类作品除了在生产数量上有所增长，同时其内容质量也应有相应的进步。

（一）营业规模

根据《中国第三产业统计年鉴》，2011年广播电影电视行业营业收入为733.6万元，2012年为956.9万元，2013年为1248.2万元，2014年为1422.4万元，2015年为2089.9万元。[①]

1.广播电视综合人口覆盖情况

表1-4 全国广播电视综合人口覆盖情况　　　　单位：%

年份	广播节目综合人口覆盖率	农村广播节目综合人口覆盖率	电视节目综合人口覆盖率	农村电视节目综合人口覆盖率
2011	97.06	96.09	97.82	97.10
2012	97.51	96.60	98.20	97.55
2013	97.79	97.00	98.42	97.86
2014	97.99	97.29	98.60	98.11
2015	98.17	97.53	98.77	98.32
2016	98.37	97.79	98.88	98.49
2017	98.71	98.24	99.07	98.74

资料来源：《中国文化及相关产业统计年鉴》（2012—2018）。

如表1-4所示，从全国广播电视综合人口覆盖情况来看，覆盖率逐年稳步增长。2011年广播节目综合人口覆盖率为97.06%，其中农村地区为96.09%，电视节目综合人口覆盖率为97.82%，其中农村地区电视节目综合人口覆盖率为97.10%。2012年广播节目综合人口覆盖率为97.51%，其中农村地区为96.60%，电视节目综合人口覆盖率为98.20%，其中农村地区电视节目综合人口覆盖率为97.55%。至2015年，广播节目综合人口覆盖率为98.17%，其中农村地区为97.53%，电视节目综合人口覆盖率为98.77%，其中农村地区电视节目综合人口覆盖率为98.32%。"十二五"期间，广播电视的城市及农村人口覆盖率稳步上升且至"十二五"末期基本实现了全面覆盖。

[①] 2011年、2012年为推算数据，依照2013—2015年平均增长率，假设2011年、2012年增长率为平均增长率。

至 2017 年，广播节目综合人口覆盖率已经达到 98.71%，其中农村地区为 98.24%，电视节目综合人口覆盖率更是达到了 99.07%，农村地区达到了 98.74%。

2. 全国有线广播电视实际用户情况

从表 1-5 中可以看出，有线广播电视实际用户数占家庭总户数的比重自 2013 年后上升比较缓慢，2014 年开始所占比率甚至出现下降，但数字电视开始普及并得到了快速发展（见图 1-9）。

表 1-5　全国有线广播电视实际用户情况

年份	有线广播电视实际用户数（万户）	农村有限广播电视实际用户数（万户）	数字电视（万户）	有线广播电视用户数占家庭总户数的比重(%)
2011	20264	8123	11489	49.4
2012	21509	8532	14303	51.5
2013	22894	8911	17160	54.1
2014	23458	7986	19143	54.8
2015	23567	8250	19776	54.6
2016	22830	8093	20157	52.8
2017	21446	7504	19404	48.3

资料来源：《中国文化及相关产业统计年鉴》(2012—2018)。

图 1-9　有线广播电视与数字电视使用情况

资料来源：《中国文化及相关产业统计年鉴》(2012—2018)。

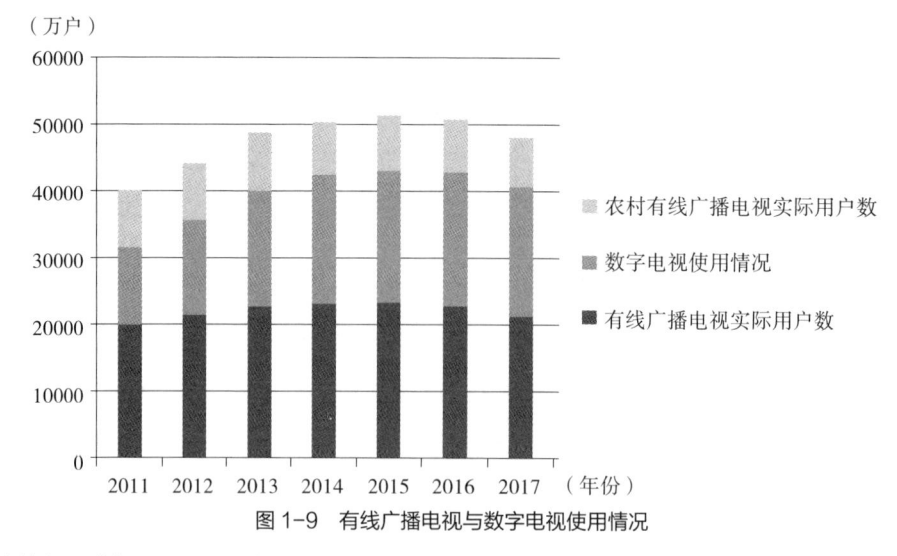

3. 全国广播电视节目制作和播出情况

从表1-6中可以看出,"十二五"以来,广播、电视节目制作和播出总量依然很大,制作时间长度和播出时间长度均在稳步提升但增速缓慢(见图1-10)。

表1-6 全国广播电视节目制作和播出情况　　　　　单位:小时

年份	广播节目制作时间	公共广播节目播出时间	电视节目制作时间	公共电视节目播出时间
2011	6936960	13057496	2950490	16753029
2012	7188245	13383651	3436301	16985291
2013	7391245	13795461	3397834	17057212
2014	7647267	14058328	3277394	17476126
2015	7718163	14218253	3520190	17796010
2016	7820296	14565058	3507217	17924388
2017	7888254	14918863	3651775	18810197

资料来源:《中国文化及相关产业统计年鉴》(2012—2018)。

图1-10 全国广播电视节目制作和播出情况

资料来源:《中国文化及相关产业统计年鉴》(2012—2018)。

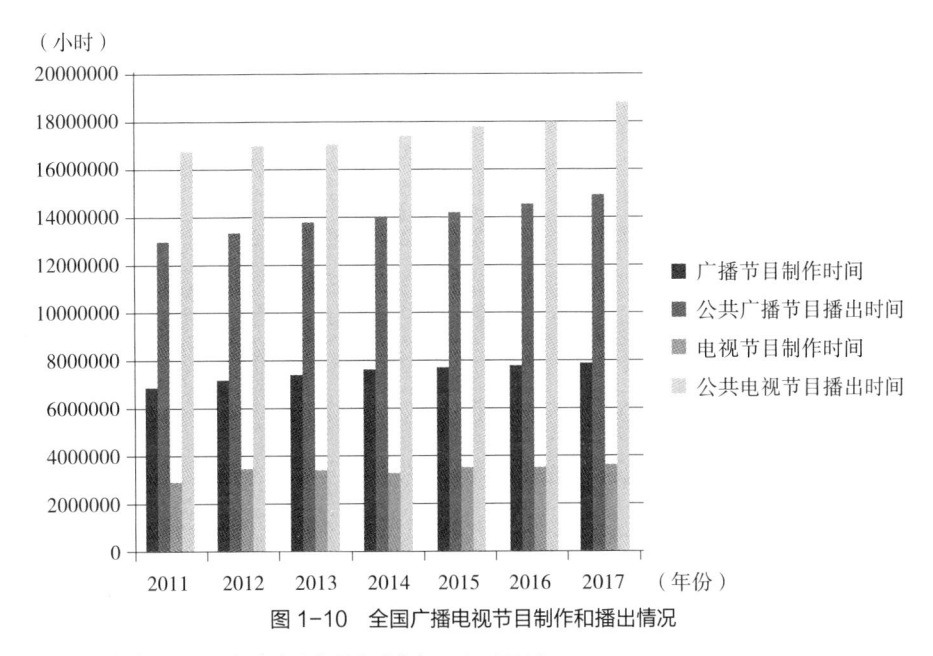

4. 电影行业综合情况

如表1-7所示，电影市场自"十二五"以来得到了迅速的发展，尤其从"十二五"的后两年起，获得了发展的飞跃式进步，无论是影片的产量还是银幕数量或是全国电影票房数，均有了飞速增长（见图1-11）。

表1-7　电影行业综合情况

年份	电影故事片厂（个）	生产故事片（部）	生产动画影片（部）	生产科教影片（部）	生产纪录影片（部）	生产特种影片（部）	电影院线数量（条）	银幕数量(块)	全国电影票房（亿元）
2011	31	558	24	76	26	5	39	9286	177.5
2012	31	745	33	74	15	26	40	13118	208.2
2013	31	638	29	121	18	18	42	18195	217.7
2014	31	618	40	52	25	23	45	23600	296.4
2015	31	686	51	96	38	17	46	31600	440.7
2016	31	772	49	67	32	24	48	41129	492.8
2017	31	798	32	68	44	28	48	50776	559.1

资料来源：《中国文化及相关产业统计年鉴》(2012—2018)。

图1-11　全国电影票房收入

资料来源：《中国文化及相关产业统计年鉴》(2012—2018)。

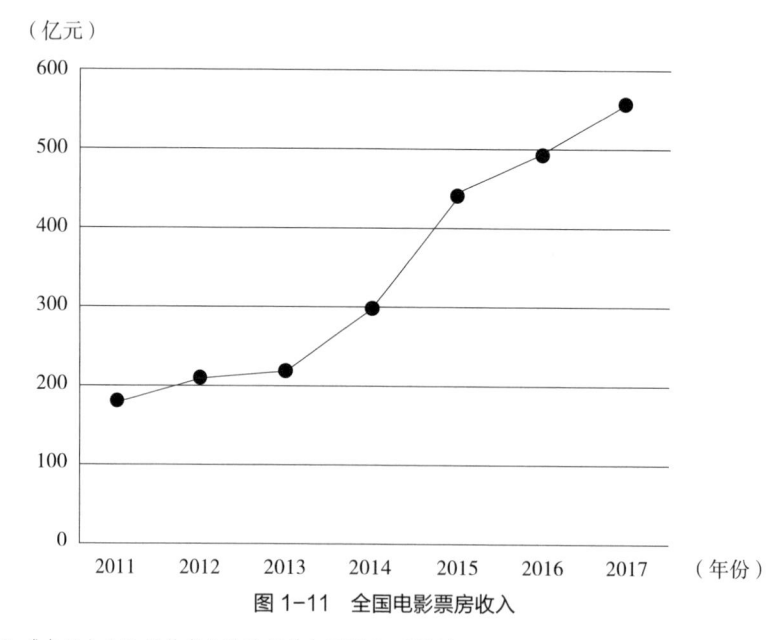

（二）资产规模

如表1-8所示，"十二五"期间，三网融合业务增长迅速，但在整个行业收入中仍体量太小，网络收入已经占据重要收入组成部分之一，说明广播电视行业开始与互联网进行融合。整体广播电视行业创收收入逐年都在增长，行业内资产总额也在逐年增加。

表1-8 全国广播电视实际创收收入及资产情况　　　单位：万元

年份	实际创收收入	广告收入	网络收入	有线电视收视费收入	付费数字电视收入	三网融合业务收入	资产总额
2011	23711782	11228956	5637763	3641728	376876	205841	62633579
2012	28033517	12702465	6609791	4083530	448793	376684	74067132
2013	32427688	13870071	7549089	4378749	585982	501372	89196673
2014	36355079	14644911	8272101	4573905	665108	579657	100794934
2015	39522681	15295391	8660586	4751534	702337	845340	117403201
2016	43224005	15472245	1458277	4579214	764358	1223967	133203107
2017	48417556	16512368	1555599	4140032	655596	1028187	174372424

资料来源：《中国文化及相关产业统计年鉴》（2012—2018）。

（三）企业利润

"十二五"期间，广播电视电影行业整体上企业利润增长迅速（见表1-9）。按照企业主营业务范围分为广播电视电影专用设备的制造、广播电视服务及电影和影视录音服务业。电影和影视录音服务在"十二五"后期发展迅速，这与电影产业在"十二五"后期的蓬勃发展相契合。

表1-9 广播电影电视和录音行业规模以上企业营业利润情况　　　单位：万元

年份	广播电视电影专用设备的制造行业	广播电视服务业	电影和影视录音服务业
2011[①]	584774	170092	403295
2012	704309	278623	573393
2013	863436	701470	903385
2014	965044	759288	1036677
2015	1225243	997824	1598827

资料来源：《中国文化及相关产业统计年鉴》（2012—2018）。

---

① 2011年为推算数据，计算2012—2014年广播电影电视和录音行业规模以上企业营业利润的平均增长率，并假定此平均增长率是2011年增长率，由此推算出2011年的上述各指标数据。

三、"十二五"时期中国演艺业发展情况

"十二五"时期的中国演艺业处于不断发展繁荣又不停前进的状态,作为演艺业主体的艺术表演团体、艺术表演场馆在演艺市场的繁荣发展,也代表了演艺业整体不断向着更加优化、更加稳定的市场结构发展。

(一)营业规模
1. 演艺机构数量

如图 1-12 至图 1-14 所示,"十二五"期间演艺业机构数量有了明显增长。总体而言,无论是艺术表演团体机构还是艺术表演场馆机构数量,都保持了较为稳定的持续增长趋势。"十二五"期间,演艺机构数量整体从 2011 年的 8484 个增加到 2015 年的 12930,年平均增长率达到 11.54%,增长速度最高的 2015 年达到了 27.93%(其中艺术表演场馆机构数量增速高达 60.16%)。[1]

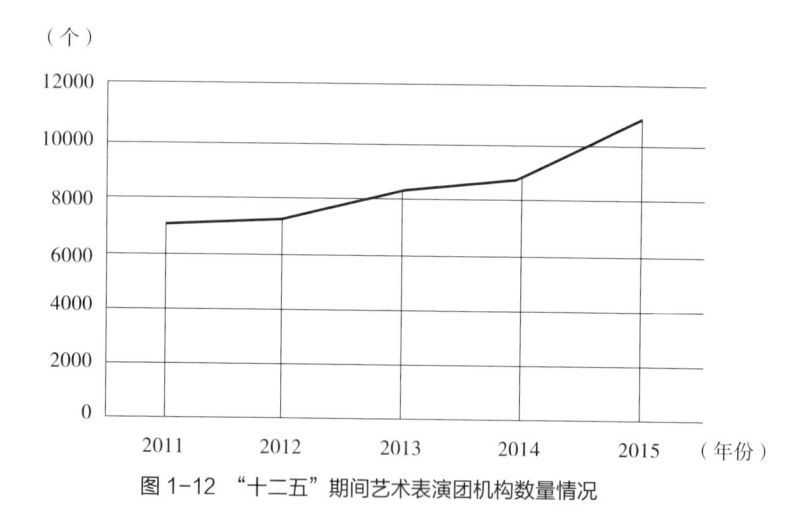

图 1-12 "十二五"期间艺术表演团机构数量情况

---

[1] 国家统计局社会科技和文化产业统计司,中宣部文化体制改革和发展办公室.2016 中国文化及相关产业统计年鉴[M].北京:中国统计出版社,2014.

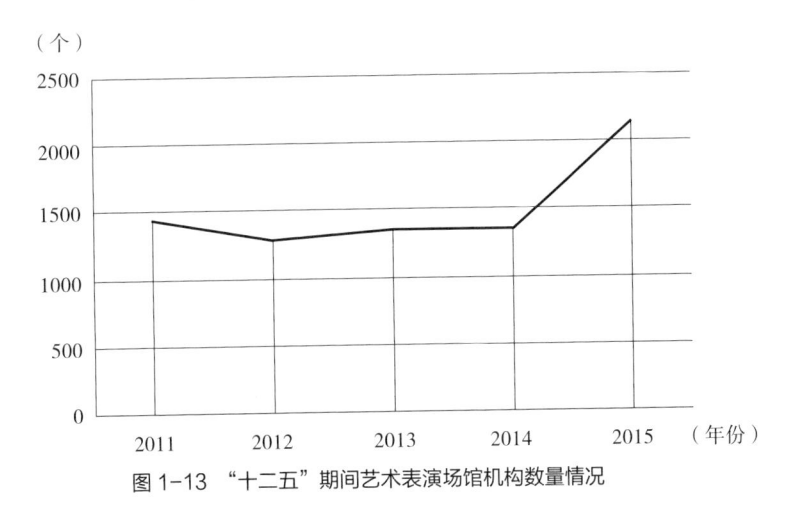

图 1-13 "十二五"期间艺术表演场馆机构数量情况

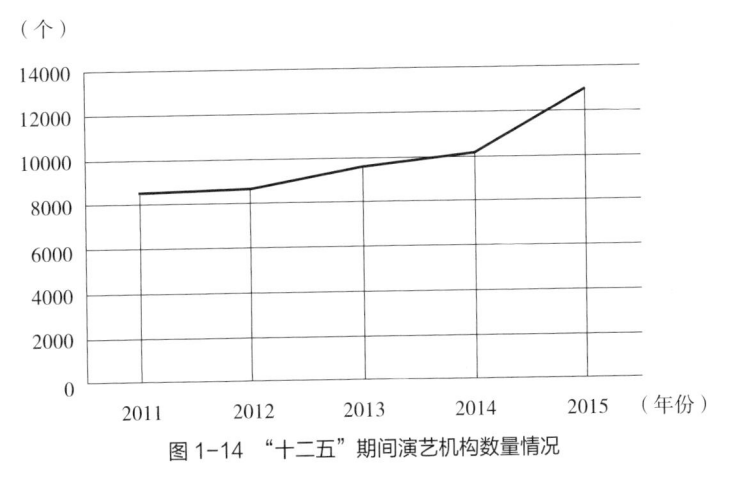

图 1-14 "十二五"期间演艺机构数量情况

2. 演出场次

"十二五"期间，演出场次在波动中增长。艺术表演团体和艺术表演场馆演出场次都存在不同程度的波动，因而也导致了"十二五"期间演出总场次在 2012 年的小幅下降，但总体上仍保持了平稳的增长，从 2011 年的 192.5 万场到 2015 年的 317.5 万场，年平均增长率达到 11.89%，增速最高的 2013 年达到了 28.78%（见图 1-15 至图 1-17）。[①]

---

① 国家统计局社会科技和文化产业统计司，中宣部文化体制改革和发展办公室.2016 中国文化及相关产业统计年鉴[M].北京：中国统计出版社，2014.

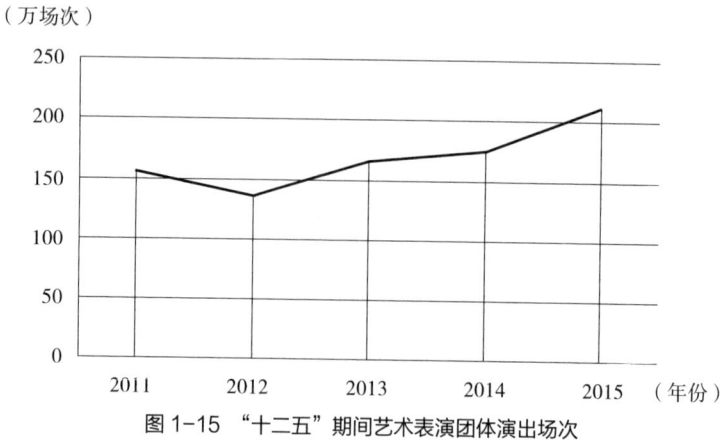

（万场次）

图 1-15 "十二五"期间艺术表演团体演出场次

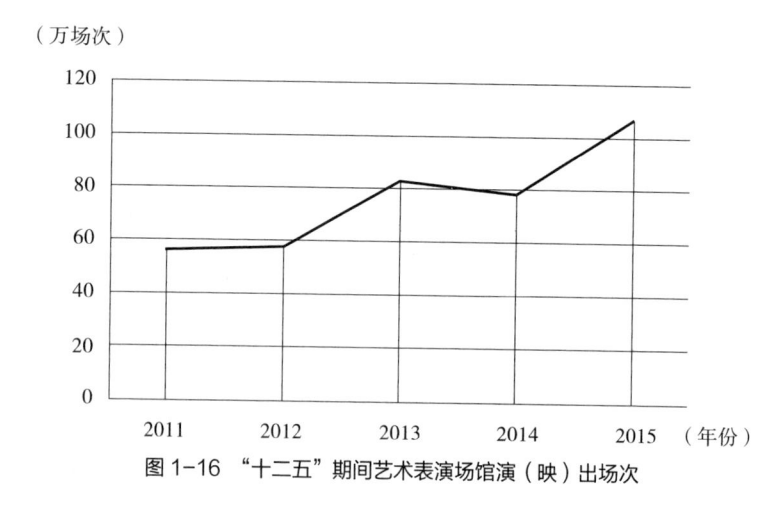

（万场次）

图 1-16 "十二五"期间艺术表演场馆演（映）出场次

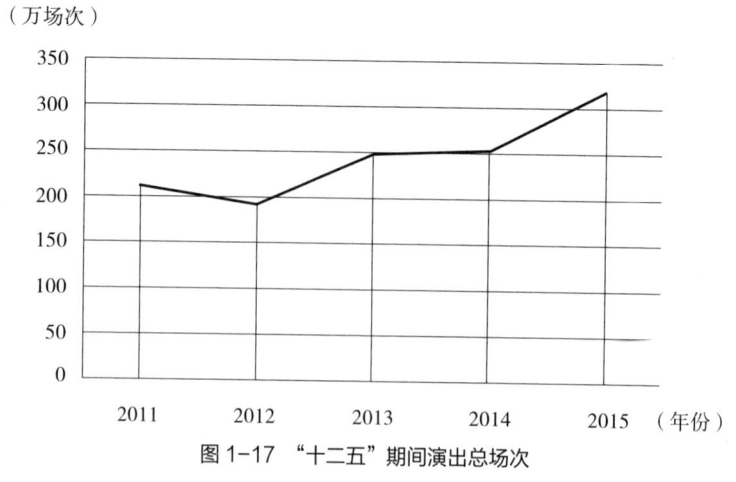

（万场次）

图 1-17 "十二五"期间演出总场次

3. 观众人次

如图 1-18 所示,"十二五"期间演艺观众人次同样逐步攀升。从观众人次的持续增加可以看出,国内越来越多的消费者开始关注、观看演出,市场受众得到不断培育。①

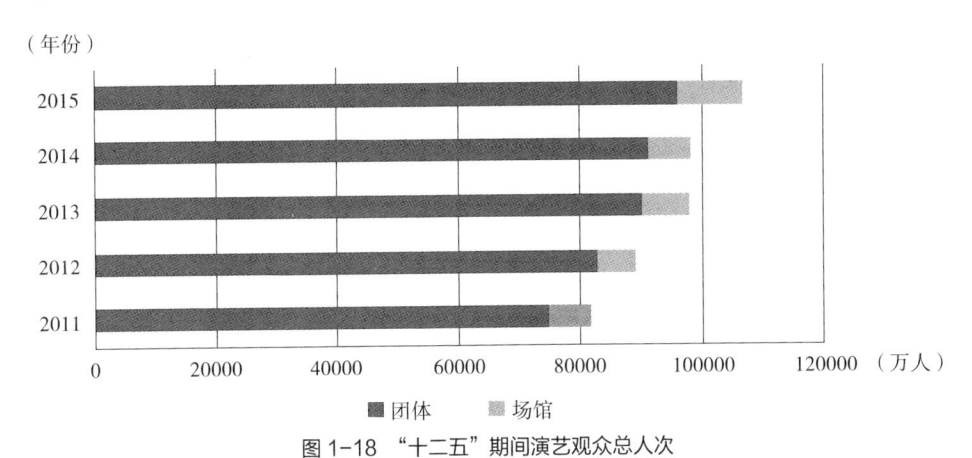

图 1-18 "十二五"期间演艺观众总人次

(二)企业利润

1. 演出市场总体经济规模

"十二五"期间演出市场的总体经济规模情况如图 1-19 所示。

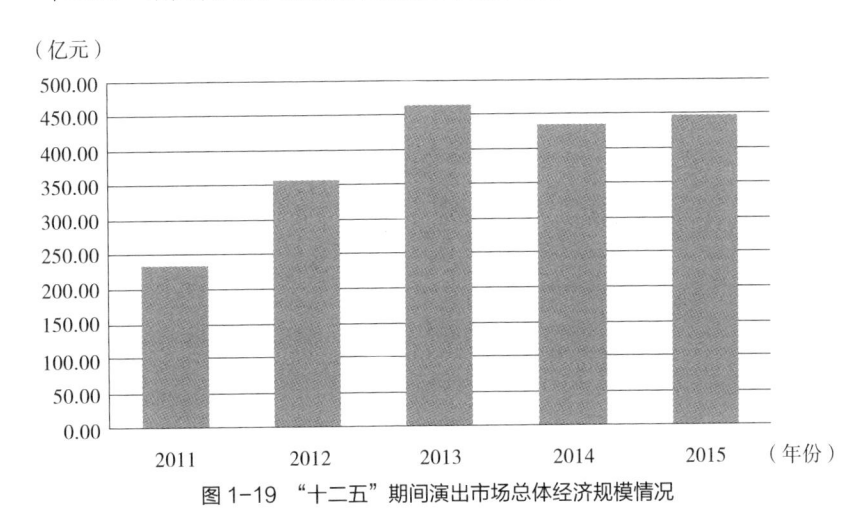

图 1-19 "十二五"期间演出市场总体经济规模情况

---

① 国家统计局社会科技和文化产业统计司,中宣部文化体制改革和发展办公室.2016 中国文化及相关产业统计年鉴[M].北京:中国统计出版社,2014.

2. 演出票房收入

"十二五"期间，全国演出票房收入（含专业剧场演出、大型演唱会、音乐节演出、旅游演出、演艺场馆娱乐演出）总体呈稳步上升趋势（见图1-20）。

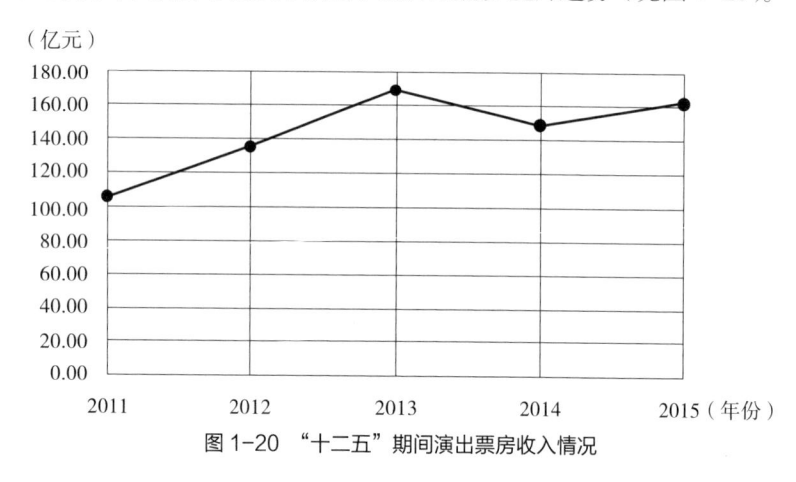

图1-20 "十二五"期间演出票房收入情况

如图1-21及表1-10所示，"十二五"期间演出票房总收入较平稳增长的同时，各类别演出票房收入呈现明显波动。其中增长最平稳同时也是票房收入最高的是专业剧场演出，波动最大的是旅游演出票房收入，分别在2013年和2014年出现较大幅度的增长和下跌。大型演唱会、音乐节票房收入和演艺场馆娱乐演出票房收入此消彼长、规模相当（见图1-22）。

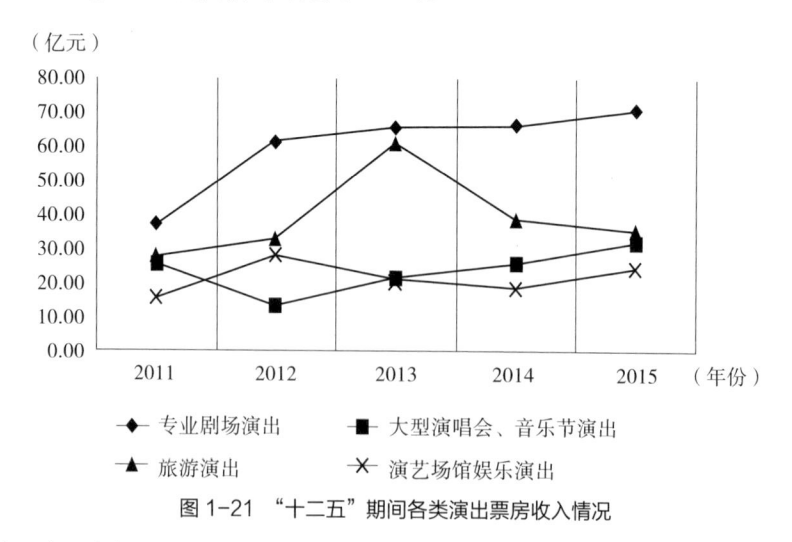

图1-21 "十二五"期间各类演出票房收入情况

数据来源：中国演出行业协会《中国演出市场年度报告》。

表 1-10 "十二五"期间各类演出票房收入分布　　　　　单位：亿元

年份	总收入	专业剧场演出	大型演唱会、音乐节演出	旅游演出	演艺场馆娱乐演出
2011	105.30	36.70	25.50	27.80	15.30
2012	135.00	61.20	13.30	32.70	27.80
2013	168.79	65.37	21.36	61.20	20.86
2014	148.32	66.09	25.69	38.37	18.17
2015	161.72	70.68	31.80	35.17	24.07

数据来源：中国演出行业协会《中国演出市场年度报告》。

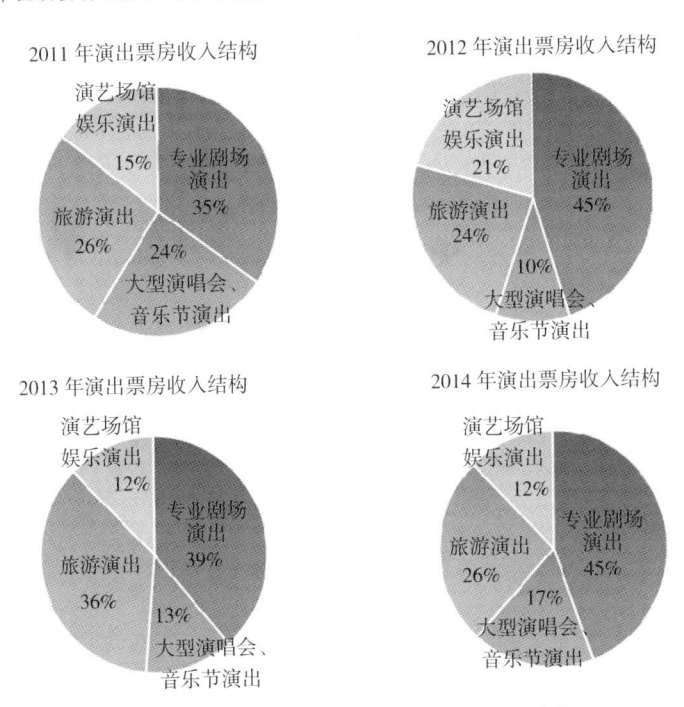

图 1-22 "十二五"期间演出票房收入结构变化

数据来源：中国演出行业协会《中国演出市场年度报告》。

3. 艺术表演团体与剧场收入

如图 1-23 所示，"十二五"期间国内演艺收入大幅增长，年增长率实现 19.84%，艺术表演团体始终是演艺业创收主体，艺术表演团体收入占比均在 75% 以上。"十二五"期间，演艺收入变化与观众人次的变化基本一致。

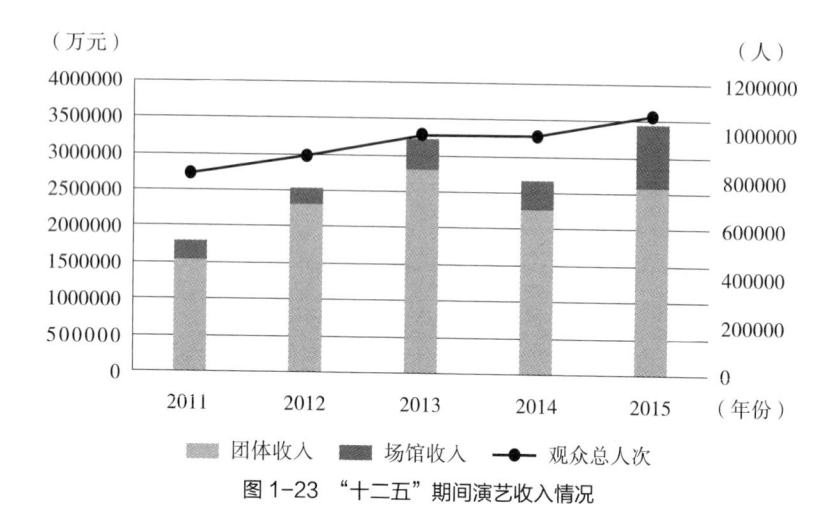

图 1-23 "十二五"期间演艺收入情况

"十二五"期间，演艺团体相比演艺场馆具有更多的活力，剧目的创作生产动力更强，而演艺场馆主要靠出租剧场、承接演艺团体的演出创收，导致了演艺团体收入始终远高于演艺场馆收入；而即使是在演艺收入中占大部分的演艺团体，其利润率也并不高，"十二五"期间演艺团体收入的利润率平均仅为9%（见图1-24）。

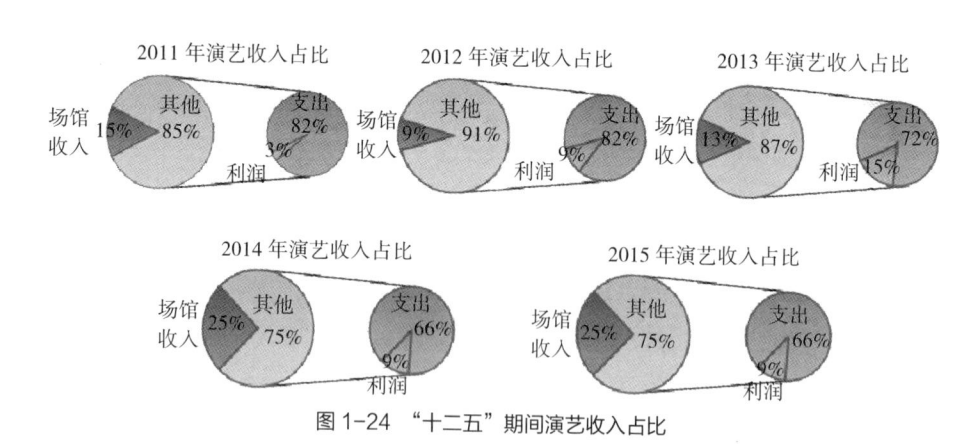

图 1-24 "十二五"期间演艺收入占比

数据来源：国家统计局社会科技和文化产业统计司、中宣部文化体制改革和发展办公室《2016中国文化及相关产业统计年鉴》。

四、"十二五"时期中国体育产业发展情况

体育产业是现代服务业的重要组成部分，是新的经济增长点和促进社会就业的重要载体。体育产业已成为国际公认的 21 世纪最具活力、高渗透性、交叉性、拉动性的朝阳产业、健康产业、绿色产业。"十二五"期间，体育产业逐渐走向社会化、专业化和规范化。2014 年 9 月，国务院常务会议上明确提出，未来体育产业将引入市场化手段，简政放权，扩大体育产业的市场和规模。

"十二五"时期是我国体育产业发展取得较大成绩的 5 年。在党中央、国务院的高度重视和正确领导下，体育产业发展乘势而上，为国民经济发展和全民健康发挥了重要作用。一是产业规模逐步扩大。2015 年，全国体育产业总规模超过 1.71 万亿元，实现增加值 5494.4 亿元，占当年国内生产总值的 0.8%，2011—2015 年，体育产业增加值年均增长率为 20.6%，凸显出作为国民经济新兴产业的巨大潜力。二是产业体系日益健全。体育产业初步形成了以竞赛表演和健身休闲为驱动，体育用品为支撑，体育场馆、体育培训、体育中介、体育传媒等业态共同发展的良好态势。三是产业结构明显优化。体育用品业稳定增长，体育服务业比重逐步提升，体育产业呈现出多种经济成分并存、非公有制经济占据主体的格局。四是产业政策取得重大突破。2014 年 10 月，国务院印发《关于加快发展体育产业促进体育消费的若干意见》(以下简称《意见》)，明确了体育产业的地位，指明了发展方向。各级政府认真贯彻落实《意见》取得积极进展，为体育产业发展营造了良好环境。五是体育产业各项工作稳步推进。大型体育场馆运营管理改革创新取得突破，体育产业统计工作稳步推进，体育市场监管体系初步建立。体育产业"十二五"规划的目标基本实现，我国体育产业总体实力、产业覆盖面、社会参与度、市场认可度又上了一个大台阶。

总体而言，目前我国体育产业发展水平还不高，结构不尽合理；市场主体活力和创造力不强，产品有效供给不足，体育产业供给侧结构性改革亟待推进；公民体育健身意识不强，大众体育消费激发不够；市场在体育资源配置中的决定性作用尚未充分发挥；政策体系还不完善，体育产业公共服务水平有待加强，体育产业距离国民经济转型升级重要力量还有明显差距。

（一）产业规模

我国体育产业虽然起步较晚，但发展很快，产业的领域不断拓展，发展规模不断扩大，产业的质量有所改善，产业的效益也明显增高。体育产业的整体规模和其他产业相比较虽然不是很大，但是在社会主义市场经济发展中，已经构成了一个独具特色的产业门类。近年来，在国家经济社会及体育事业快速发展的大背景下，我国体育产业乘势而上，规模不断扩大，呈现出较快的发展态势。2011—2015年，全国体育及相关产业实现增加值规模不断扩大，这期间体育产业持续保持增加状态，2011年与2015年增长速度比较显著，分别为25%与36%，2012年、2013年、2014年这三年的增长速度比较稳定，始终保持着较高的速度增长。同时，体育产业总产出占GDP比重逐年扩大，由2011年的1.31%上升为2015年的2.5%，从2015年起稳定在2.5%以上（见表1-11）。

表1-11 2011—2017年中国体育产业发展情况

年份	体育产业总规模（亿元）	体育产业增加值（亿元）	体育总产出占GDP百分比（%）	体育产业年增长率（%）
2011	6390	2740	1.31%	25%
2012	9526	3136	1.76%	15%
2013	10913	3575	1.83%	14%
2014	13574	4040	2.11%	13%
2015	17107	5494	2.50%	36%
2016	19011	6475	2.57%	11.1%
2017	21988	7811	2.68%	15.7%

数据来源：国家统计局、国家体育总局《2011—2017年国家体育产业规模及增加值数据公告》。

我国的体育产业在"十二五"期间得到了空前的发展。"十二五"起始之年，我国体育产业占GDP比重远低于同期美国水平（3%）及全球平均水平（2.1%），但在"十二五"截止之年，已超过全球平均水平，并且接近美国水平。由此可见，在国家的高度重视之下，体育产业正逐渐发展成为我国支柱产业之一。

（二）产业状况

如表 1-12 所示，根据国家体育总局、国家统计局联合发布的 2017 年国家体育产业规模及增加值数据的公告，2017 年，全国体育产业总规模（总产出）为 2.2 万亿元，增加值为 7811 亿元。从名义增长看，总产出比 2016 年增长 15.7%，增加值增长了 20.6%。从体育产业内部结构十一大类来看，体育用品及相关产品制造的总产出和增加值最大，分别为 13509.2 亿元和 3264.6 亿元，增长速度分别为 12.9% 和 14.0%。体育服务业（除体育用品及相关产品制造、体育场地设施建设外的九大类）继续保持快速发展势头，增加值在体育产业中所占比重继续上升，从 2016 年的 55% 上升到 2017 年的 57%，其中直接与公众体育消费相关的体育竞赛表演活动、体育健身休闲活动增长突出，增长速度分别达到 39.2% 和 47.5%。此外，我国体育场馆、健身步道、体育公园等全民健身设施建设力度不断加大，增长速度达 94.7%，反映出我国体育场地设施建设快速蓬勃的发展势头。

表 1-12　2017 年国家体育产业分项产能　　　单位：亿元

体育产业类别名称	体育中介服务	体育管理活动	体育竞赛表演活动	体育健身休闲活动	体育场馆服务	体育培训与教育	体育场地设施建设	体育用品及相关产品制造	体育用品及相关产品销售、贸易代理与出租	其他与体育相关服务	体育传媒与信息服务
总量	81	504.9	231.4	581.3	1338.5	341.2	459.6	13509.2	459.6	501.6	143.7

数据来源：国家体育总局、国家统计局。

随着体育企业产业意识的提高，行业竞争的加剧，尤其是体育用品业竞争的加剧，国内的体育企业越来越重视对产业发展的研究，特别是对产业改革和产业运营的深入研究。正因为如此，一大批国内优秀的体育品牌迅速崛起，逐渐成为体育行业中的翘楚。

（三）未来发展趋势

体育市场不再仅仅是传统巨头企业间的竞争，对体育用户价值的不断深挖，促使"互联网+体育"市场不断迎来新的发展机遇，互联网投融资在不断发展

（见表1-13）。在传统体育跨领域联动程度不高的情况下，智能硬件的普及和互联网的大数据运用将构建全新的产业链运营、生态化发展的思路，也为行业发展带来巨大的想象空间。政府鼓励社会资本进入体育行业，这也将进一步激发体育产业潜能释放，尤其是体育服务业的发展。

表1-13　2013—2015年互联网体育行业投融资金额　　　单位：亿元

年份	整体获投金额	创业项目获投金额
2013	0.4	0.4
2014	24.1	4.9
2015	65.5	30.6

数据来源：《中国统计年鉴》（2012—2016）。

随着媒体和体育赛事结合得越来越紧密，体育赛事逐渐成为各种媒体的一个核心资源。传媒业从一个综合的传媒逐渐细分到了专业的体育传媒，比如电视的一个频道或者成为专门的体育电视台。在海外，专业体育电视台价值是非常高的，甚至超过有些新闻电视台，所以说体育和传媒融合成为一个发展趋势。如表1-14所示，2011—2015年，中国网络视频用户数量不断攀升，从3.25亿人上升到4.6亿人。在线视频广告市场规模达到247.9亿元，付费用户比例达到17%。腾讯视频针对NBA直播推出了用户付费服务，乐视体育在英超过去的两个赛季也采用付费推广模式。体育赛事促进了视频网站会员数量的增长，随着网站广告收入和付费用户数量的进一步提升，新媒体的版权之争将愈演愈烈。

表1-14　2011—2015年中国网络视频用户规模　　　单位：万人

年份	2011	2012	2013	2014	2015
中国网络视频用户规模	32531	37183	42820	43298	46121

数据来源：中国产业信息网。

中国体育产业尚处于发展初期，市场化程度相对较低。自2014年以来，中国体育产业市场化改革步入加速前进的快车道，国务院《关于加快发展体育产业促进体育消费的若干意见》从顶层制度设计和产业布局的角度指明了体育产业的市场化发展方向，意在完善市场机制、破除行业行政壁垒，鼓励社会力量和民间资本进入体育产业,促进体育产业在市场机制下蓬勃发展。未来,中国体育产业将向市场化方向纵深发展,体育产业的活力将进一步得到释放。在中国经济不断发展的大背景下,体育产业的高质量发展是符合我国扩大内需、促进消费拉动经济增长,符合促进现代服务业主导的产业结构调整的转型方向的长远战略的。

经典案例

杂技讲述故事　木兰造就传奇

花木兰替父从军的故事千百年来流传于民间，其精神鼓舞了一代又一代的中华儿女为国建功立业，花木兰的英名不但在中国家喻户晓，而且因美国迪士尼公司出巨资制成卡通片在全球放映而享誉全球。2009年重庆演艺集团推出的杂技剧《木兰传奇》即取材于我国的民间传说和古代长诗《木兰辞》，表现的是我国古代巾帼英雄女扮男装替父从军、杀敌报国的感人故事。杂技剧巧妙地将杂技与舞蹈、魔术、变脸和中国功夫等极具中国民族特色的艺术形式融为一体，讲述经典传说故事的同时使古老的杂技艺术焕发出新的艺术魅力。

一、海外巡演磨砺精品

《木兰传奇》这部专为"走出去"打造的剧目，于2010年3月赴美国田纳西州商演，7个月中演出600多场，2010年和2011年春节期间两度赴澳大利亚演出10场，2011年7月赴中国台湾参加重庆"巴山渝水·宝岛情"活动演出2场，2011年8月赴英国参加威尔士"中国·重庆文化周"活动演出6场。

在经过了两年境外文化市场磨砺后，重庆演艺集团创作团队在认真梳理各种反馈意见的基础上，从剧本剧情、表现手法、艺术技巧运用等各个方面对该剧进行了又一番细致揣摩和再度解读，并充分听取法国"凤凰马戏"主席兼法国"明日"世界马戏节主席阿兰·巴士迪先生颇有见地的意见后，对该剧进行了脱胎换骨的"大手术"，并将其在法国的产品定名为《木兰传奇》。

2011年11月，全新面貌的杂技剧《木兰传奇》赴法国演出，产生了轰动效应。海报广告宣传一出，售票就已达到90多场。演出期间，5000个座席的巴黎凤凰马戏城大篷里场场座无虚席，上座率居同期在法国演出的包括加拿大太阳马戏团在内的16个世界顶尖艺术团体之首。每场演出结束时，场上观众都长时间鼓掌欢呼，久久不愿离场，观众与媒体好评如潮。最终，该剧目以连续演出150场的场次，创造了中国杂技团体民族题材杂技剧目在境外商业性演出场次的最高纪录。自2009年推出以来，该剧至今在国内外的演出已突破了1000场，观众达170万人次，从其在国内外演出场次以及观众人次就可以推算《木兰传奇》所获得的丰厚的经济收益。

二、文化精品创多元效益

杂技剧《木兰传奇》经过反复雕琢与打磨，在不断适应市场的演变中，所到之处几乎场场爆满，实现了经济效益与社会效益的双丰收，可谓以精品创效益的典范。

2011年11月至2012年4月，杂技剧《花木兰》改版为《木兰传奇》赴法国、瑞士、比利时巡回商演150场，观众达90万人次，使重庆杂技第一次真正走进了欧洲主流社会，重庆演艺集团也因此成为中国第一个以杂技剧形式赴法国商演的表演团体。

除了有形的经济收入以外，《木兰传奇》带来更多的是无形资产和品牌价值的提升。阿兰先生从事马戏事业45年，与中国做"生意"也近20年，对"中国杂技"在法国以至欧洲的影响力最有发言权。他说，"中国杂技"在中法文化交往中有另外一个响亮的名字，叫"北京马戏"，不管哪家中国杂技团来演出，法国观众认的就是"北京马戏"这个品牌，就像Beijing Opera（京剧）一样有名。他给予项目极高的评价，"重庆杂技团的《木兰传奇》用高超的技艺，给巴黎观众最大的艺术享受"。此外，2010年重庆杂技团在田纳西州塞维维尔市大雾山宫殿剧院演出时，有一位60多岁的老先生几乎每天都穿正装来看演出，散场后还到后台向演员一一祝贺，赠送礼物，说"See you tomorrow"（明天见）。剧场说他可以不用买票了，但他坚持要自己付费，最终，他自费看了150场演出。还有观众在写给剧团的信中表达了对《木兰传奇》的喜爱，信中说："你们的精彩表演已经超出了我语言能表达的范围。"可见，中国演艺的影响力正在不断扩大，而其品牌价值的提升必将在未来带来多方受益。

中央电视台、新华网、腾讯网、中国文化网、《光明日报》《中国文化报》《重庆日报》等国内新闻媒体和澳大利亚、美国、英国、法国等当地主流媒体都对其进行过报道。中国驻墨尔本代理总领事黄凤文对《木兰传奇》赞不绝口，他说："重庆用杂技将花木兰这段中国传统文化展现出来，弘扬了中国传统文化，充分展现出了杂技艺术的魅力和吸引力。"

中国驻法国大使馆文化参赞吕军评价该剧是"真正意义上的文化走出去"。中国驻联合国教科文组织大使兼代表尤少忠赞叹："演出非常棒，给咱们中国争了光！为中法两国人民的友谊增了光添了彩！"圣诞节当天，该剧在法国各大电视台全程播放。澳大利亚经济学家比尔·怀特这样评价《花木兰》："这部杂技剧将花木兰作为一个文化符号与极具中国民族特色的艺术形式融合起来，为杂技注入了新的生命力，通过欣赏这部剧的精彩表演，更加深了我对中国文化的理解。"

杂技剧《木兰传奇》在推动中国杂技乃至中国文化走向世界的过程中扮演了重要的角色，它之所以可以产生如此巨大的国际反响，是因为它既保持了自己独有的民族特色，又适应了外国观众的审美习惯，两者达到完美融合。

三、不断创新缔造国际文化市场品牌

（一）整合多元艺术表现形式，凸显民族特色

《木兰传奇》在艺术创新中，以文化的自觉和改革的自信，大胆探索，将单一的杂技本体艺术与其他综合艺术进行多元化融合，提升了杂技本体艺术的品质，极大地丰富和满足了现代观众求新、求美的审美需求；改变了观众对杂技艺术节目单一、艺术陈旧、档次较低的"杂耍"印象；较好地将杂技演出形式与戏剧叙事、情节铺陈和人物塑造相融相合，把杂技的单一竞技表演改造成以故事贯穿始终的感人戏剧，用板块结构为杂技艺术演出创造时空，巧妙地为一些竞技性强又独具特色的节目提供了与戏剧节目融洽的艺术空间；还以符合现代观众审美需求和市场为目标，将舞蹈、魔术、武术、戏剧表演、时尚音乐熔为一炉。这种以杂技艺术为主，多元艺术的综合，使剧目人物形象生动感人，情节简洁，既好看又具有吸引力。该剧将传统杂技节目逐个解构剖析，对其重新定位，尽力使杂技表

演特技为打造花木兰这一艺术人物服务，在编排上新意迭出，精彩纷呈。

（二）本土化改造适应海外市场需求

《木兰传奇》在数年间反复修改，精心打磨。剧目从2009年创排推出以来，极力在民族题材如何适应海外的市场方面深入探索。不断从剧情、故事的束缚中寻求解脱，寻求杂技技巧本体呈现与文化叙事、情节安排和人物塑造的契合，最终把故事情节集中为《过年了》《招兵了》《打仗了》《相爱了》《凯旋了》五幕戏。为了使杂技剧《木兰传奇》在欧洲演出取得成功，创编人员请阿兰先生到重庆观看演出，阿兰先生看后提出不少海外"本土化"方面的修改意见。他了解中国，更熟悉欧洲市场，熟知欧洲观众的审美要求。在改编中，增添了精彩的艺术表现手法，不仅丰富了杂技的本体表现，还有效地充实了剧目情节的衔接连贯和情节表达。最巧妙的是，将中国人心中的民族女英雄花木兰比拟成法国人心目中的圣女贞德，在宣传广告和音像制品中都印上了圣女贞德的画像。不仅如此，在法国的演出中，还聘请在法国学习戏剧表演的中国女留学生穿着木兰的服饰，在每一幕开始之前以一口流利漂亮的法语讲述故事情节。这种做法有效地拉近了中国故事同法国观众的距离，打开了同法国观众心灵沟通的窗口，得到了法国观众的认可，使得外国观众理解这个中国故事不再成为难题。

杂技剧《木兰传奇》很好地协调了民族题材与国外观众的审美习惯、杂技技巧与塑造剧中人物、传统文化与时代精神的人文关照之间的关系。该剧针对不同的市场，推出了剧场版、巡回演出版、北美演出版、欧洲演出版等多个版本，以适应不同的观众群需求。此外，在剧情剪裁、舞台节奏、人物表现、音乐创作等方面做了大胆的创新。除了大胆采用现场解说，以最容易理解和接受的表达方式让国外的观众看懂剧情以外，在艺术门类的选择上，糅合了川剧变脸、中国功夫、舞蹈、皮影等表现形式，多方位地展示了中国文化。在节目编排上，根据剧情需要创新了一系列高难度的技巧杂技，让整场表演精彩纷呈。在音乐创作上，采用了主题贯穿的手法；在整体交响风格的基础上，亦融合展现民族元素和民族器乐的中国魅力，让国外观众耳目一新。

随着文化产业的科学发展繁荣以及中国文化"走出去"战略的实施，塑造中国特色文化品牌，特别是民族题材的演艺作品进行适合需求市场的海外本土化改造，是赢得海外文化市场的有效方式。

（三）外销模式创新

"一味'等、靠、要'是没有生路的，要转变观念，自寻出路，在市场经济中求生存，求发展。"重庆演艺集团副总裁陈涛表示，"十七届六中全会的召开给了我们更强大的信心和动力，我们将大胆创新，塑造精品，进一步扩大国外演出市场，扩大重庆在世界的影响力和知名度。"

1. "借船出海"，积极对接国际市场

"中国文化产业要真正走进国际市场并站稳脚跟，一个很重要的方面就是熟悉国际文化市场的规则。"重庆杂技艺术团艺术总监、原团长王亚非表示，近年来他们积极寻求与国内外经纪公司合作，试图通过"借船出海"、友好交流等方式，积极与市场对接，探索出一套良性的营销模式，进一步开拓欧洲高端的演出市场。同时，加大人才引进，力争培养一支独立的国际演出经纪人和营销人才队伍。

2. "按单定制"与"主动推介"相结合

按单定制剧目是重要的营销方式，但同时更重视主动推介，他们通过网络、电子邮件等方式发出节目介绍短片，或者邀请演出商到重庆观看剧目的演出。副总裁陈涛介绍说："演出商最终选中我们，归根结底，是因为重庆演艺集团拥有精良的管理、高素质的演员、高水平的技术和国外观众的热情欢迎。"目前，我国演艺产品的出口商业模式以两种形式为主，一是演员参与国外演艺机构和企业的制作，按照演员的劳务收取演出费；二是派出整台或单一节目获取演出费用。只有拥有自主品牌运营的剧目，在进入国际市场后才会拥有可持续的竞争力。

从重庆演艺集团与法国演出商阿兰先生成功的合作中，我们不难看到，与国际团队合作更加有利于剧目本土化改造，避免"水土不服"。这样创新的演出外销模式更加符合市场规律，加大了演艺产品在国外市场落地的成功概率。

整体而言，《木兰传奇》正是靠着不断打磨与创新，逐渐适应国际市场的需求，贴合西方人的审美品位。创新使《木兰传奇》有了自己的灵魂，也使其成为文化市场大潮中难能可贵的中国文化精品。

四、《木兰传奇》成功外销经验

《国家"十二五"时期文化改革发展规划纲要》提出"传承优秀民族文化，创

新文化'走出去'模式,增强中国文化国际竞争力和影响力,提升国家软实力"的战略要求。重庆演艺集团创排的中国民族题材的杂技剧《木兰传奇》是中国演艺真正意义上有尊严的"走出去",这一成功典范为中国文化产品与服务对外贸易提供了宝贵的经验和启示。

(一)以内容为核心接轨国际

在杂技创作中,民族题材如何适应国际市场是业内多年来不可回避的问题。这个问题解决不好,等于艺术产品没有销路。在《木兰传奇》中,主创人员经过多次讨论、修改,终于从原来以交代剧情为主,唯恐观众看不懂的担忧中解放出来,决定以突出表现花木兰的爱国精神为核心,以神带形,以花木兰的人物精神为灵魂贯穿全剧,以杂技技巧为表现形式,纲举目张,既抓住传奇之魂,又尽显杂技之魅力。同时,又从花木兰的精神律动中浓缩出一个"爱"字——花木兰对家乡的爱、对父母亲人的爱、对军中将士们的爱、对生死与共意中人的爱……这些爱的总和便是对国家的爱。爱是全人类的共同情感界。找到了全剧的闪光点,也就找到了通往国际市场的金钥匙。抓住了花木兰的精神内核,也就为舞台上花木兰的行动线索找到了依据,呈现在舞台上的杂技技巧便不是单纯的技巧展示,也不是剧情的图解,而是有本之木,有源之水。

(二)以市场为导向尊重消费者

重视市场就是尊重消费者,尊重文化消费习惯。木兰传奇即是根据观众需求特点,做好本土化改造,依据国际市场需求量身定做。

为此,该剧在剧情设计、舞台节奏、人物表现等方面做了一些适应国外观众欣赏习惯的探索。比如,为让欧洲观众理解和接受《木兰传奇》,剧组把"花木兰"比喻为法国的"圣女贞德",以木兰为第一人称,增加生动传神的法语讲述,赢得了欧洲观众的广泛认同。针对美国市场,则增加了贯穿全剧的小丑表演,为严肃的正剧内容增添了喜剧色彩。创排至今,杂技剧《木兰传奇》根据市场要求不断调整创作思路,剧本已历经50余次修改,编排、服装、音乐、灯光、道具、舞美等更有无数次修改;针对不同的观众群体、演出场地,推出了剧场版、巡回演出版、北美演出版、欧洲演出版等多个版本,成功地实现了让中国的艺术产品从"出去走一走"到真正"走出去"最终"走进去"的美好目标。

此外，《光明日报》高级编辑单三娅曾去法国看过《木兰传奇》的演出，并表示："我最大的感受就是人家特别善待观众。《花木兰》在法国的票价便宜，36欧元。而我们一场演出动辄就是好几百，甚至上千元。还有，中国搞艺术的人在某种程度上没有把观众看得那么的重要。现在网络这么发达了，观众看完了以后，为什么不让观众留下他的意见，你再不断改进呢？"可见，如何适应消费者需求，聆听消费者意见，善待观众是每一个想要在国内外市场长期立足的演出团体必须慎重并且认真考虑的问题。

（三）以创新为动力突破束缚

创新是一部剧目的灵魂，是在国际文化市场上长盛不衰的根本保障。杂技剧《木兰传奇》在全力追求世界一流艺术水准的同时，在继承与创新方面也做出了有益探索。在保持古老杂技艺术特质的同时，该剧与当代中国文化精神相契合，对历来以展示技巧为长项的杂耍进行创新构思、整合兼容，完成了文学叙事及人物塑造。为此，主创人员在剧情剪裁、舞台节奏、人物表现、音乐创作等方面做了大胆的创新。在剧情的呈现上，克服了杂技在文学叙事、情节表现等方面的困难，大胆采用了现场解说，以最易理解和接受的表达方式来淡化情节、浓缩故事，让观众从复杂的故事情节中解放出来。

演出实践证明，这些创新是可取的，不但在艺术门类的选择上突破了以往杂技剧演杂技的模式，把极具中国民族特色的变脸、中国功夫、舞蹈、皮影等有机地融合在一起，展示了中国传统文化的魅力，更让《木兰传奇》的表现力和观赏性达到了最佳。在节目的编排上，把传统的节目打散重组，给节目和道具重新定位和安排，使每组技巧的表现形式、规模大小、时间长短符合剧情需要。同时，还根据剧目情节的需要创新了一系列高难度新技巧，如"荡爬杆""集体男女扔棒""口签顶技""蹬鼓加击鼓"等。这些传统优秀节目和创新节目在剧目中成为强大支撑，展现了巨大的杂技本体力量。在音乐创作上，为使剧情更加连贯和紧凑，音乐创作采用主题贯穿的手法，在整体交响风格的基础上，民族音乐元素和民族器乐不时亮相，取得了很好的艺术效果，得到了欧美主流社会和广大观众的一致认可。

第二章 全球文化贸易的发展格局

  2010年以来,世界文化贸易快速发展,文化产品及服务进出口迅猛增长,文化创意产业正成为全球支柱性产业,以互联网为代表的数字技术持续引领文化消费转变,在发达国家领跑世界文化贸易的同时发展中国家文化贸易的潜力也在被逐步发掘,多元化的区域经济合作推动文化贸易的发展。中国对外文化贸易也在改革开放这40年进程中不断成长起来。无论是图书、演艺、影视剧还是设计、动漫、网络游戏,都逐渐进入了世界人民的视野,有些甚至成为人们生活方式中不可或缺的内容,文化贸易新业态正在蓬勃发展。

第一节　世界文化贸易发展概况及趋势

2010年，联合国大会承认了文化对可持续发展的重要性，除了创造就业机会和增加营业额，文化产品的出口还可以提升当地经济的活力。近年来，尽管面临贸易保护主义和侵权等方面的挑战，世界文化产品和服务贸易仍保持较为强劲的增长势头，文化服务贸易增长尤为迅速。目前，在文化产品出口方面，发达国家和发展中国家各具优势；但在文化服务出口方面，发达国家仍占据主导地位。我国文化产品贸易的国际竞争力较强，但文化服务的国际竞争力不高。鉴于本章节所使用的数据主要来自联合国教科文组织2016年3月发布的《文化贸易全球化：文化消费的转变——2004年到2013年文化产品与服务的国际流动》报告，所以本章也使用联合国教科文组织对文化产品和文化服务的定义及分类来进行分析。

一、世界文化贸易发展的概况和特点

（一）文化产品贸易额持续扩大

联合国教科文组织最新报告数据显示，2013年，全球文化产品进出口总额达到3811亿美元，是2004年的1.7倍。其中文化产品出口额为2128亿美元，进口额为1683亿美元。与2004年的1084亿美元相比，文化产品的出口额几乎翻了一番，占据世界产品总出口的1.22%，达到了这段时期（2004—2013年）的平均水平。与2004年的1108亿美元相比，2013年文化产品进口额是其1.5倍。

（二）文化产品贸易结构变化不大

从产品分类看，分析世界文化产品贸易主要使用了2009年联合国教科文组织的统计框架，包括文化和自然遗产、演出和节庆活动、视觉艺术和工艺品、图书

和新闻、视听和互动媒体、设计和创意服务六大类。

1. 视觉艺术和工艺品领域占据主导世界文化产品进出口主导地位

2004—2013年，视觉艺术和工艺品领域文化出口额（以美元计算）增长了186%，2013年达到1518亿美元，占世界文化产品出口份额的71%，是2004年的1.4倍。与此同时，其进口额增长了101%，2013年达到了991亿美元，占世界文化产品进口份额的59%，是2004年的1.3倍，10年间，视觉艺术和工艺品领域持续占据主导世界文化产品进出口主导地位。

其他五类中，视听和互动媒体领域产品贸易稳定增长，文化产品进出口额均翻了一番多，年增长率最快；图书和出版领域出口额和进口额增长都很小，分别为16%和12%；演出和庆典领域文化产品出口额和进口额分别减少18%；2013年，设计和创意服务及文化和自然遗产领域占了文化产品出口的最小份额，分别为0.09%（193.5亿万美元）和1.75%（37亿美元），其中设计和创意领域出口额减少28%，进口额减少11%。

2. 发达国家依旧占据出口主导地位，发展中国家发展迅速

2013年文化产品出口排名前十的国家包括7个高收入国家（美国、英国、瑞士、德国、意大利、法国和新加坡）、2个中高收入国家（中国和土耳其）以及1个中低收入国家（印度）。其中高收入国家的份额从2004年的77%下降到2013年的55%。同期，中高收入国家出口份额翻了一番多，从2004年的14%上升到2013年的38%。分经济体看，中国自2010年起成为超过美国的世界第一大文化产品出口国。

3. 亚洲国家成为文化产品出口大国

2004年，东南亚国家（中国、印度、新加坡）在文化产品出口前十位的国家中出口份额仅占23%，欧洲和北美国家占据主导地位，至2013年攀升至77%。截至2013年，文化产品出口前十名国家中，亚洲国家与欧洲和北美国家所占比例大致相当，分别为49%和51%，亚洲国家在10年间逐渐发展成为文化产品出口的重要区域。

4. 高收入水平国家支配了文化产品进口

2013年文化产品进口排名前十位的国家和地区分别为美国、中国香港、英国、瑞士、法国、德国、加拿大、中国、日本、新加坡。除中国和中国香港外，其他都是发达国家，它们受经济动荡影响最深。尽管2004年至2013年文化产品出口持续增长，但是文化产品进口排名前十位的国家和地区所占份额却受经济危机影响，对于文化产品的内外部需求相应减少，增长缓慢。文化产品进口前十位的国家和地区文化产品进口增长率为57%，低于出口，从2004年的739亿美元上升至2013年的1162亿美元。文化产品进口排名前十位的国家和地区占世界文化产品进口份额从2004年至2013年缓慢增长，由67%仅上升至69%。

（三）高收入经济体主导文化服务贸易

从2003年到2012年，国际文化服务出口以平均每年10%增长率的速度增加。经济危机对文化服务出口的影响不太严重，但仍有明显下降。发达国家占世界服务贸易的2/3，高收入经济体主导的文化服务贸易甚至更多。从2003年到2012年，高收入经济体文化服务出口占比超过90%，这个数字保持得相当稳定。中等收入的经济体占比不到5%，而其他收入经济体几乎不存在。高收入经济体在全球的文化服务贸易主导地位稳定发展，使其服务业数值在国内生产总值中的份额与国家的收入水平得到显著提升。

二、世界文化贸易发展趋势

（一）文化产业及文化贸易方兴未艾

1. 文化创意产业正成为全球支柱性产业

文化产业无论是在发达国家还是新兴市场经济体，都正在成为国家和地区经济的重要战略性资产。据《文化时代：全球文化创意产业总览》研究报告显示，2013年，全球文化创意产业创收总额2.25万亿美元，占世界各国GDP总量的3%，超过了通信业（1.57万亿美元），其中，文化创意产业收入最高的3个领域分别是电视业（4770亿美元）、视觉艺术（3910亿美元）、报纸杂志业（3540亿美元）。同时，也为世界各国创造了2790万个就业岗位，占世界就业总人口的1%，高于欧洲、日本和美国汽车制造业就业人口的总和（2500万人）。从业人数最多的3个领域分别为视觉艺术（673万人）、音乐制作（398万人）、图书出版（367万人）。

研究报告还允分展示了文化创意产业的多极化，反映了世界文化的多样性。报告分别对亚太、欧洲、北美、拉美、非洲和中东地区的文化创意产业包括广告设计、建筑艺术、图书、电子游戏、音乐、电影、报刊、演出、广播、电视、视觉艺术 11 个领域进行了综合分析研究。数据显示，亚太地区是世界文化创意产业发展最繁荣的地区（总收入 7430 亿美元），其次是欧洲地区（总收入 7090 亿美元）、北美地区（总收入 6200 亿美元）、拉丁美洲地区（总收入 1240 亿美元）以及非洲和中东地区（总收入 580 亿美元）。

2. 政府支持是文化贸易发展的重要驱动力

文化贸易因为其内涵的"文化的可持续发展性"，日益成为世界各国政府重视和支持的重要贸易领域，发达国家通过发展文化贸易，努力促使本国在金融危机后形成新的贸易增长极，发展中国家则通过发展文化贸易，调整本国贸易结构，带动文化贸易领域和其他相关经济领域的互联互通。因此，世界各国文化贸易蓬勃发展的背后都离不开政府的政策支持和资金扶助，如韩国的文化产业振兴院、法国独特的公共资助政策、英国的"创意经济"战略以及以美国为代表的市场引导模式等都对其国家的文化贸易发展起到了极大的助推作用。

（二）发展中国家文化贸易持续发展

1. 发展中国家发展潜力有待挖掘

受经济发展水平、科技实力、居民收入水平和政策等因素的制约，发展中国家文化产业占 GDP 的比重偏低，整体文化产业实力不强，部分发展中国家的文化产业发展甚至处于世界文化产业发展的边缘地位。以文化产品出口占全球市场份额为例，2012 年，北美自由贸易区的美国、加拿大和墨西哥 3 国出口份额占比为 13.72%，而东盟十国仅为 4.56%，南方共同市场的阿根廷、巴西、巴拉圭和乌拉圭 4 国仅为 1.87%，非盟仅为 0.65%，中国和印度分别为 31.9% 和 5.5%。中国和印度可以说是文化产业大国，但核心竞争力不强，因此还称不上是文化产业强国。

应当看到，许多发展中国家拥有丰富多样的文化、历史资源，发展潜力有待进一步挖掘。例如，中国拥有巨大的、快速扩张的国内市场等优势，且政府正逐步将文化产业由政府主导转向市场主导；印度拥有巨大的国内市场和人才储备，其电影等行业历史悠久且竞争优势明显；拉美文化产业历史悠久，且在语言和文化方面与欧美具有相似性，国际市场可开拓性强，拥有巨大的可探索性。

2. 发展中国家领跑世界电影产业

随着电影制作、生产和消费过程的数字化程度不断加深，世界范围的电影行业正面临对统计数据前所未有的需求。联合国教科文组织统计所是唯一提供全球电影产业国际性观察的权威机构。因此，其统计数据也反映着全球电影产业的发展趋势。2017年4月，联合国教科文组织统计所发布了全球电影产业的最新统计结果，此次统计涉及2015年全球93个从事电影生产、展演、发行的国家和地区。统计显示，目前全球电影产业的发展呈现出一个明显趋势，即发展中国家的电影年产量在世界电影总年产量中的比重不断上升。

2015年，印度继续稳坐全球第一大电影生产国之位，年产量达到1907部，比2005年增加了1倍；而中国的电影产业也蓬勃发展，在2015年实现了年产量686部，比2005年的260部增加了近2倍，在全球电影年产量的排名亦连续多年保持在第4位。从不同国家在不同时期的电影年产量数据来看，电影年产量在100部以上的国家已经由2005年的9个，增加到2015年的17个。但同时，不同国家和地区之间的电影年产量差距也持续拉大。在电影年产量100部以上的国家中，欧洲占6个，亚洲占5个，南北美洲共占5个，非洲只占1个。而排在前5位的印度、尼日利亚、美国、中国、日本的电影年产量，更是遥遥领先于世界其他国家。

3. 发展中国家在视觉艺术和手工艺全球市场出口中有着举足轻重的地位

越来越多的发展中国家在文化产品出口中扮演着重要角色。包括中国、印度和土耳其等在内的主要发展中国家，视觉艺术和手工艺领域近10年来一直在世界文化产品贸易领域中占据主导地位，而以中国为引领的发展中国家，凭借资源和劳动力优势更是在其中占据越发独特的竞争优势。据数据显示，截至2013年，视觉艺术和手工艺领域的出口排名前十位国家中，包括中国、印度、泰国、土耳其在内的4个发展中国家共占据世界视觉艺术和手工艺出口额中贸易的45%，中国和印度分别在出口前十名国家中占据第1名和第3名。

（三）文化贸易发展将更具国别文化属性

1. 保护和传播本土文化特色成为发展文化贸易的护航道

文化贸易肩负的功能是双重的，一方面是其经济属性，文化贸易要服务于一国经济发展，为经济增长和就业做出贡献；另一方面是其社会属性，文化贸易也要起到保护和传播本国文化特色和价值观的作用。因此，越来越多的国家注意到发展国际文化贸易，还须抵御外来杂质文化的淤泥入侵，注重挖掘发展本国特色文化，树立文化自信。

2. 各国政府加大文化进出口产品和服务的识别与防护

在维护本民族文化利益，抵制外来文化"入侵"方面，欧洲最为成功。面对美国的文化霸权，法国等欧盟国家公开提出"文化例外"，反对全面开放国内市场，主张将文化贸易与非文化贸易区别开来，掀起了抵御美国文化入侵、捍卫民族文化的保卫战。同时，欧盟还采取各种措施限制从欧盟以外国家进口文化产品和服务。例如，欧盟至今尚未对欧盟成员国以外的国家或地区开放与图书馆、档案馆和博物馆相关的视听类的文化产品和服务进口。此外，欧盟还制定相关政策以扩大欧盟成员国在欧盟范围内的广播电视等行业的市场份额。

为保护本民族文化，一些国家规定在其国内的文化节目中本土制作的节目必须达到一定的比例。例如，美国播放的音乐绝大部分是美国本土制作的音乐，加拿大规定本国音乐年增长率要达到12%，法国、德国、意大利、西班牙和英国强力推行本地音乐，日本75%的音乐是本土的，拉美本土音乐占70%，中东和土耳其有60%左右为本国或阿拉伯国家的音乐，非洲本土音乐占65%。

（四）以互联网为代表的数字技术持续引领文化消费转变

1. 技术进步促使部分文化产品贸易向文化服务贸易形态转换

文化贸易包括有形的文化产品和无形的文化服务，相关技术的进步在促使部分文化从产品的形态向服务贸易形态转化。IT技术在文化产品和服务的制造、分销和营销（如电子书、iPod、iTunes、亚马逊、谷歌等）上的快速变革和全球数字化背景下知识产权的日渐商业化（如数字版权管理），以及媒体与蓬勃发展的数字经济的结合（如互联网和电子商务）使文化产品和服务的载体的转变更加容易，对文化产品和服务的国际贸易产生了较大影响。比如CD产品大量下降，取而代之的是网络下载购买音乐。

2. 发展中国家文化贸易载体随消费需求变化而更富多样性

数字化时代以电子商务的发展为特征，文化领域同样随着电子商务的发展而更富灵活性。据国际电信联盟（ITU）数据显示，2014年，在发展中国家只有1/3的家庭用户能够获取到互联网，而发达国家却有78%的家庭用户能够获取互联网，因此，在全球化时代，发展中国家的互联网普及技术及其发展空间的巨大潜力，将持续为其传统的文化贸易载体带来活力，驱动其因消费需求的改变而更富多样性。

3. 数字经济发展为文化创意产业相关领域发展注入发展活力

根据联合国教科文组织和国际作者和作曲者协会联合会在 2016 年共同推出的文化与创意产业最新研究报告《文化时代：全球文化创意产业总览》，数字经济的发展虽然对某些传统行业如平面媒体、实体书店等造成了影响，但也为更多的相关领域注入了发展活力。2013 年，文化创意产业为世界数字经济创造了 2000 亿美元的利润，大大地提高了数码设备的销量，带动了宽带通信服务需求，其中数字广告创作收入 851 亿美元，数字文化终端设备销售额 263 亿美元，数字化文艺作品网络销售额 660 亿美元，文化媒体网站广告收入 217 亿美元。

（五）多元化区域经济合作推动文化贸易发展

1. 区域经济一体化助推国际文化贸易发展

目前，包括东盟、欧盟、北美等在内的世界主要区域经济一体化组织为了平衡优化国际文化贸易的地理结构，都在有针对性地维护和开发贸易合作伙伴，不断加强对自身知识产权的保护，使本国的文化贸易产业能够在全球产业结构调整中谋得更好的分工位置，具备更强的国际竞争力。近年来，亚洲区域组织继东盟之后，由东盟十国发起了区域全面经济伙伴关系即 RCEP，邀请中国、日本、韩国、澳大利亚、新西兰、印度共同参加（"10+6"），通过削减关税及非关税壁垒，建立 16 国统一市场的自由贸易协定。若 RCEP 谈成，将涵盖约 35 亿人口，GDP 总和将达 23 万亿美元，占全球总量的 1/3，所涵盖区域也将成为世界最大的自贸区，而这将成为区域组织成员发展双边及多边文化贸易的利好机遇，不仅能改善民生，还能带动区域内文化贸易产业的集群与分工，进而增强核心竞争力。

2. "一带一路"新形势下的文化贸易区域合作

由中国发起提出的共建丝绸之路经济带和 21 世纪海上丝绸之路的重要合作倡议，自 2013 年提出之后，历经 3 年多建设，成果丰硕，受到国际社会的广泛欢迎和高度评价。在经济、科技、金融、能源、交通、文化、旅游、环保、公共卫生等领域都有广阔的合作空间。据商务部相关数据统计，2016 年，中国与"一带一路"国家和地区文化产品进出口额达到 149 亿美元，占中国文化产品进出口总额的 16.8%，一大批影视剧出口到哈萨克斯坦、吉尔吉斯斯坦、埃及、阿联酋等国；部分国产动画片成为印尼、土耳其、越南等的热门儿童节目。文化贸易促进民心相通，成为助力"一带一路"建设的重要方式。

（六）文化贸易新业态蓬勃发展

1."文化+"与"互联网+"新业态成为文化贸易发展新引擎

近年来，世界范围内的一批龙头企业、数字文化创意精品和"文化+""互联网+"等新业态集中亮相。以"文化+科技"的形式，通过三维虚拟、多媒体数字化、融合虚拟现实、增强现实等各种高新科技与富有本土特色的文化内涵的结合，能够有效缩小文化距离带来的负面影响，使得各国文化贸易产品及相关服务能够更易被世界范围的消费者所理解和接受。例如，"全国文化企业30强"深圳华强方特文化科技集团于伊朗伊斯法罕建设的"方特欢乐世界"自2014年8月开业后就成为当地旅游热点。目前，华强方特正在重点推进与法国、沙特阿拉伯、哥斯达黎加等国家的主题乐园项目洽谈。华强推出的自主知识产权的主题乐园，在影视仿真科技等多个领域的高科技技术帮助下，结合娱乐机器人、特种车辆、飞行模拟器等高科技设备，以参与、体验、互动的创新展示方式，让游客在体验中潜移默化地感受中国文化，了解中国故事。这些故事承载着的中国文化，不仅有利于乐园品牌输出，深圳华强方特还提供培训和运营管理服务，进行品牌和知识产权授权，此举开拓了主题乐园海外投融资合作、品牌授权的服务新模式。

2. 文化授权方式成为开拓文化贸易的有效途径

包括艺术授权、品牌授权与"IP"授权等在内的文化授权方式正逐步成为国际市场开展文化贸易主体拓展贸易市场的有效途径。国内外的文化授权多通过展会的形式，旨在为国内外原创授权项目提供展示的平台，为中外文化授权产业创造交流和合作的机会，帮助文化企业进行国际市场互动对接，实现企业专业化、市场化、多元化、国际化，同时引进输出国际文化授权项目，协助海外授权商和授权代理商寻找合作伙伴，进而达到扩展文化贸易市场授权网络的目的。

第二节　改革开放以来中国文化贸易发展之路

2018年，走过40年的中国改革开放，为中国发展提供了源源不断的动力，中国的高速发展也为世界前进注入了强大力量。中国的发展离不开世界，世界的发展也离不开中国。伴随中国综合国力的提升和文化的繁荣发展，中国国际贸易快速成长，中国文化产品和文化服务有了更加丰富的呈现。改革开放的40年，正是世界见证中国对外文化贸易从无到有、从浅到深、从弱到强蓬勃发展的40年。中国文化贸易产品层次日益丰富，生产内容逐步创新升级、文化贸易主体从单一的国企向民企、私企、混合经营发展，中国文化企业逐渐成为文化市场的支柱。在中国文化贸易发展的初期，世界舞台为中国对外文化贸易的发展提供了良好契机，全球各国也为其提供了各类经验支持和帮助。在改革开放40年之后的今天，中国人民享受到了中国经济高速发展、文化产业迅速成长所带来的社会福利，同时，中国人民也希望向全世界分享由改革开放带来的文化红利，与世界的文化市场交融互利，让全球各个国家的各族人民也能够感受到中国文化的博大精深。

一、中国对外文化贸易政策从无到有

（一）中国加入世界贸易组织，文化市场准入做出承诺

自改革开放以来，中国对外文化交流进入繁盛发展的阶段。1980—1991年，中外文化交流执行计划共计有253个，范围涉及文化、艺术、教育、科学、新闻、出版、电影、电视、图书、文物等诸多方面。但是这个时期对外文化贸易市场化形式还处于摸索阶段，有关部门的政策法规涉及演出、版权等文化贸易内容，但多以规制为主，对文化贸易的支持和鼓励很薄弱。2000年，党中央明确提出要大力发展文化产业。2001年，中国成为世界贸易组织成员，中国的对外开放从有限

范围、地域、领域内的开放，转变为全方位、多层次、宽领域的开放；从以试点为特征的政策性开放，转变为法律框架下的制度性开放；从单向开放性市场，转化为中国同世界贸易组织各国成员的双向开放。在这一阶段，中国对外贸易政策逐步完善，对外经济发展愈加迅速，为新世纪新阶段中国参与全球文化经济奠定了坚实的基础。

与此同时，伴随中国加入世界贸易组织，服务贸易总协定框架下文化领域的很多项目也意味着要逐渐放开。2001年加入世界贸易组织是中国对外贸易的一个历史性时刻。加入时，中国在文化产品与服务市场准入上就做出部分承诺：①书报刊领域：允许外国公司1年内从事图书、报纸和杂志的零售，3年内允许从事图书、报纸和杂志的批发。②广告领域：允许外国公司两年后在合资公司中占多数股权，4年后，允许设立外资全资子公司。③电影领域：允许每年以分账形式进口20部电影，用于影院放映；允许外国公司建设或改造电影院，但外资不得超过49%。④音像领域：在不干涉乃至妨碍相关部门对音像制品内容审查的前提下，允许外国公司以合资或者合作的形式与中国公司联合从事除电影外的音像制品发行和销售工作。保护期过后，图书、报纸、杂志等零售和批发市场逐渐向外国投资者开放，外国公司纷纷进驻国内市场，国内文化市场逐渐放开。

2003年9月，中国文化部在相关文件中首次明确提出要实施"走出去"战略，通过政策鼓励文化企业走向世界。中国共产党十六届三中全会提出，继续努力培养一批大型文化企业集团，提振中国文化产业的整体实力。这个阶段促进文化产品和服务出口的具体政策还在配套完善中，文化贸易发展较为缓慢。

（二）文化体制改革促进中国文化产业政策完善

自2005年开始，中国政府开始高度重视文化产业的发展，先后通过中宣部、文化部、国家海关总署等部门出台若干政策文件，引导和推动优秀文化产品、优秀文化企业以及知名文化品牌积极国家化，参与国际文化市场，在竞争中寻求合作，在合作中发展，积极地将中华优秀文化向国外市场进行推介和宣传，极大推动了中国文化贸易的发展。

2005年3月，财政部、国家海关总署、国家税务总局发布《关于文化体制改革试点中支持文化产业发展若干税收政策问题的通知》；2006年1月，中共中央、国务院发出《关于深化文化体制改革的若干意见》；2009年9月，文化部发布《文化部文化产业投资指导目录》；2012年5月，文化部发布《文化部"十二五"时期文化改革发展规划》；2012年6月，文化部发布《文化部关于鼓励和引导民间资本进入文化领域的实施意见》。

除此之外，相关部门还制定了很多细化的规定、意见与通知，根据各行业的异质性特征，落实相关政策在具体领域的实施，例如在动漫产业就有《文化部关于扶持我国动漫产业发展的若干意见》《关于扶持动漫产业发展有关税收政策问题的通知》《动漫企业认定管理办法（试行）》《"十二五"时期国家动漫产业发展规划》等促进措施。

（三）十八大以来政策红利释放文化贸易新动能

通过一系列文化产业促进政策的实施，中国文化产品和文化服务进出口总额显著增加。尽管绝对值增长迅速，但是文化产品和文化服务领域逆差明显。特别是中国共产党第十八次全国代表大会以来，以旅游、专有权利使用费和特许费、咨询、广告宣传、电影音像、计算机和信息服务为代表的文化服务贸易净出口总额连年增加，同时旅游、专有权利使用费和特许费、电影和音像领域贸易逆差的状况也在逐步改善。

文化产品贸易和文化服务贸易的发展鼓励政策密集出台，中国对外文化贸易的规模不断扩大，种类持续增加，结构得以优化。为进一步推进文化贸易的发展，2014年3月，国务院颁布《关于加快发展对外文化贸易的意见》，从支持重点、财税支持、金融服务、服务保障4个方面和15个分类予以明确支持对外文化贸易发展的政策措施。《文化部关于贯彻落实〈国务院关于推进文化创意和设计服务与相关产业融合发展的若干意见〉的实施意见》中强调，要提升包括创意设计业、动漫游戏业、演艺娱乐业、艺术品业、工艺美术业等在内的文化产业的创意水平和整体实力，同时发挥文化创意和设计服务对相关产业的支持带动作用，以创意为核心提升文化产品的竞争力，开拓境外市场。同时"鼓励文化创意和设计服务企业通过文化交流、项目合作等方式，积极参与国际交流合作"。

近年来，文化贸易相关的重要的国家级、长期性、综合性政策文件陆续发布与实施。2016年年末国务院发布的《"十三五"国家知识产权保护和运用规划》，提出"以供给侧结构性改革为主线，深入实施国家知识产权战略，深化知识产权领域改革，打通知识产权创造、运用、保护、管理和服务的全链条"；2017年1月文化部印发的《"一带一路"文化发展行动计划（2016—2020年）》，从健全机制建设、促进贸易合作、打造文化品牌等五大方面为"一带一路"文化建设工作的深入开展绘制了路线图；2017年4月文化部发布的《文化部"十三五"时期文化产业发展规划》，指明要"拓展文化产业国际交流合作新空间，建立健全双边、多边政府间文化贸易对话与合作机制。鼓励文化企业与国外有实力的文化机构进行合作，学习先进技术和管理经验"。

同时，全国各地加紧步伐，相继出台文化贸易的相关配套政策文件，如福建省印发《福建省促进闽台文化产业合作发展实施方案》，提出多项举措推动闽台积极开拓对外文化贸易基地，打造两岸文化贸易保税区，为两岸文化生产、传输、贸易机构提供专属保税服务。山东省提出促进外贸回稳向好的若干具体措施。比如，口岸部门加快推进国际贸易"单一窗口"建设，山东电子口岸建成并在全省推广使用；海关、检验检疫落实通关便利化措施，建立收费目录清单制度，免除、取消涉企收费等。这些政策文件有效推动了文化贸易的稳步增长，也为文化贸易方式创新发展提供了广阔空间和机遇。政策红利的进一步释放，为文化贸易高质量发展和可持续发展集聚了更多的能量和动力。

二、中国文化贸易消费市场从弱到强

（一）文化市场繁荣发展激发文化经济溢出效应

中国是文化资源大国，但不是文化贸易强国，文化产业的发展十分年轻，随着改革开放的深入和社会主义市场经济体制的逐步建立，使文化市场得到了新的发展机遇。中国文化市场从20世纪80年代初期开始起步，90年代初具雏形，到2001年，中国成功加入世界贸易组织，经过长达20多年的探索发展阶段，特别是中国共产党第十八次全国代表大会的胜利召开，现已发展成为包括文化娱乐市场、音像市场、图书报刊市场、美术市场、演出市场、电影市场、文物市场、中外文化交流市场、文化艺术培训市场、文化旅游市场、文化经济交流市场、文化经营服务市场等在内的多种门类齐全、文化消费群体众多的综合性文化市场体系。

随着社会主义市场经济的不断发展，纷繁复杂、种类多样的文化产品和文化服务进入市场，文化市场的范围和内容还将随着改革开放的深入及社会经济的发展而不断扩大。特别是党的十八大以来，中国文化市场发展逐渐完善。据中国文化部和旅游部统计，截至2018年年末，纳入统计范围的全国各类文化和旅游单位31.82万个，从业人员375.07万人；共有艺术表演团体17123个，从业人员41.64万人，全年艺术表演团体共演出312.46万场，其中赴农村演出178.82万场，赴农村演出场次占总演出场次的57.2%，总收入366.73亿元。演出、娱乐、艺术品等传统文化行业在转型中获得了新的发展，市场主体和经营模式日益多元化，并在互联网时代背景下不断跨界融合、谋求创新。同时，以网络游戏、影视产业、歌舞喜剧等为代表的文化产业增长势头迅猛，在经济效益、社会效益两方面均取得新的突破。

中国文化产品供给区域与中国区域经济发展水平相一致，据商务部统计，2018年文化产品出口集中在东部地区，是文化产品出口总额的92.9%，比上年增长4.4%；广东、浙江、江苏、山东、福建的出口居前五位，合计占比达89.4%。中西部地区出口增幅较大，较上年增长14.2%，占文化产品出口总额的6.6%，其中，西部地区出口增长22.7%；东北地区出口下降0.1%，占比仅0.5%。民营企业继续保持第一大出口主体地位，始终是文化贸易中的重要力量，文化产品出口512.3亿美元，增长9.3%，占比达55.4%，比上年提升2.2个百分点。外资企业出口增长0.6%，占比达39.4%，比上年下降1.7个百分点。文化服务出口也主要集中在东部地区，且中西部增长迅速。东部地区文化服务出口增长16.6%，占比达94.6%；中西部地区出口增长60.6%，占比提升1.3个百分点至4.8%；东北地区增长22.5%。上海、北京、广东、江苏、浙江排名文化服务出口前五位，合计占中国文化服务出口总额的91.5%。中国东部地区改革开放的时间早，区域经济发展与国际化发展紧密联结，因此改革开放溢出效应明显。

（二）强劲的文化消费需求吸引文化产品进口

随着人均国民生产总值的提高和人民收入水平的增长，中国已经进入消费升级转型之中，逐渐由物质生活资料的满足过渡到对精神文化产品消费需求的增长阶段，经济发展和收入增长总是会推动文化需求的上升。

一方面，人均可支配收入增长，恩格尔系数下降，居民文化消费支出不断提高，文化产品消费需求日益旺盛。如图2-1所示，全年全国居民人均消费支出中，教育文化娱乐支出占比逐年增加，而衣、食、住、行等方面占比逐年降低，2017年，全年人均在教育文化娱乐领域支出超过2000元。

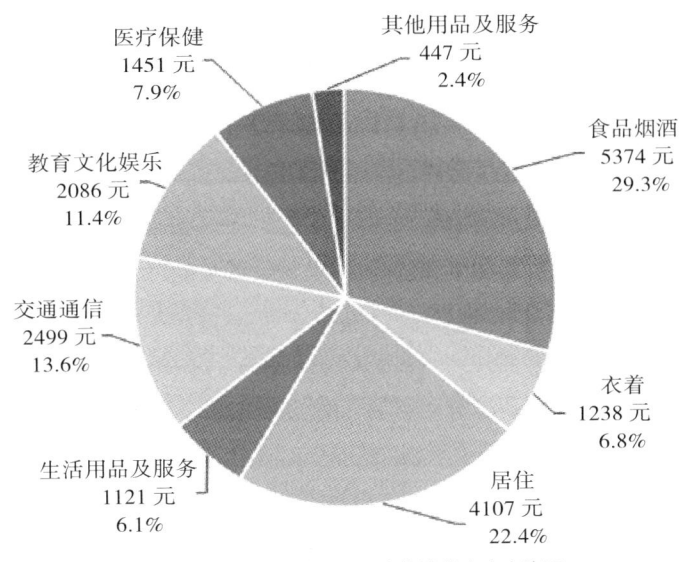

图 2-1　2017 年全国居民人均消费支出占比图

数据来源：国家统计局。

　　另一方面，文化产品贸易逐年刷新纪录，文化贸易迅速发展。从中国主要文化产品的进口情况来看，2002—2017 年，各类文化产品的进口基本上呈增长趋势，近几年的增长达到平稳增长新常态。图书报纸期刊类进口变化不大，音像制品、电子出版物类进口变化比较剧烈，随着互联网的普及和电子出版物的兴起，音像制品和电子出版物进口呈现出逐年快速增长的趋势，中国对音像制品和电子出版物的强大需求吸引了来自国际市场的文化产品和服务的进入。

　　电视节目方面，以 2016 年为例。2016 年中国电视节目进口中，对日本的进口额占全年电视节目进口额的 40.3%，其次是美国，达到中国电视节目进口总额的 22.4%；2016 年中国共引进电视剧 277 部（5070 集），动画电视 7752 时，纪录片 3863 时。2016 年全年电视剧节目进口总额 20.99 亿元，其中动画电视进口节目进口总额最多，共计 105645 万元，占比 50.3%；电视剧进口总额 81500 万元，占比 38.8%；纪录片进口总额 3202 万元，占比 1.5%。

　　图书、期刊、报纸进口方面，从 2006 年到 2016 年，图书、期刊、报纸进口总额保持了持续稳定的增长，从 2006 年不足 2 亿美元上涨到 2017 年近 3.2 亿美元，涨幅超过 50%（如图 2-2 所示）。从图书、期刊、报纸进口结构来看，期刊进口额保持持续优势，但在 2015 年被图书赶超，图书进口额一直保持比较平稳的增长速度；报纸的进口表现比较稳定，相对图书和期刊，它的份额较小，在 2001 年到 2017 年的 17 年进程当中，图书进口贸易额从 2825 万美元上涨到 2017 年接近 1.7 亿美元，增加了 3 倍以上，同样，期刊进口贸易额也增加了超过 3 倍。

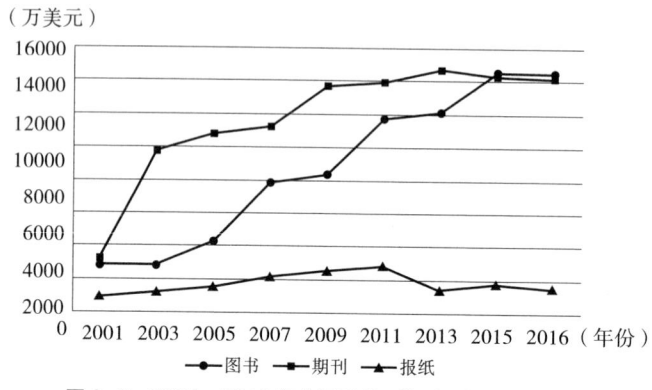

图 2-2 2001—2016 年中国图书、期刊、报纸进口情况

数据来源：《中国统计年鉴》(2001—2017)。

音像制品、电子出版物进口方面，录音制品、录像制品及电子出版物的进口中，最为引人注目的是电子出版物的发展。2000 年，中国对电子出版物的进口只有 383.63 万美元，但是到了 2010 年，这个数据上升为 11152.24 万美元，2015 年超过了 20000 万美元。在录音、录像制品及电子出版物进口中，电子出版物是增长最快的一类产品。此外，音像制品的进口比例相对较小，尤其是录像品，有些年份进口为零（见图 2-3）。

图 2-3 2006—2016 年中国图书报纸期刊、音像制品电子出版物、版权进口情况

数据来源：《中国统计年鉴》(2006—2017)。

三、中国对外文化贸易出口规模从小到大

（一）中国文化产品与文化服务进出口规模不断增长

随着改革开放进程的不断深入，中国的产业结构调整，文化产业有了长足发展，文化产品和文化服务的数量明显增加，中国人民共同建设、共同分享改革开放带来的文化产业发展红利。中国人民更愿意与世界各国人民一起分享这份文化盛宴，中国的文化企业也愿意加入到世界文化的大市场中，与世界范围内的有识之士携手，共同创造出属于这个时代的文化产品与服务。

中国改革开放以来，文化产品和文化服务出口规模不断增长，据商务部统计，2018年，我国文化产品和服务进出口总额达1370.1亿美元，较上年增长8.3%。其中，文化产品进出口总额1023.8亿美元，同比增长5.4%，出口925.3亿美元，增长4.9%，进口98.5亿美元，增长10.3%，顺差826.8亿美元，规模比上年扩大4.3%。文化服务进出口总额346.3亿美元，同比增长17.8%，文化服务出口72.9亿美元，较上年增长18.2%，文化服务进口273.4亿美元，较上年增长17.7%，其中，视听及相关产品许可费、文化和娱乐服务、广告服务进口分别增长37.5%、23.2%和22.4%，占比分别提升1.6个、0.6个和0.4个百分点，文化贸易结构不断优化。中国的文化产品贸易成长顺应了全球发展的大趋势，贸易额逐年增加，同时对世界文化市场的影响也在逐渐增加。联合国教科文组织报告显示，2010年中国已经成为全球文化产品出口第一大国，这是中国改革开放必然带来的巨大成果。随着中国文化产业的升级和国际贸易整体水平的提升，中国的文化产品与文化服务逐渐深入各个国家和地区，极大地促进了各国人民之间的交流与理解，使各国人民都能够感受到中华文化的独特魅力。

（二）中国文化贸易出口流向基本稳定，逐步向"一带一路"沿线国家偏移

在中国文化产品和服务出口的对象国中，发达国家一直占据主要部分，而发展中国家和经济转轨国家所占份额则较小。近年来，发达国家在中国的出口市场中占据了超过50%的份额。2002年发达国家在中国出口市场中占据71.43%，2005年这个数字为65.96%，到2010年达到了62.16%。发达国家在中国的出口市场中所占份额一直较为平稳，稍有下降。相对而言，中国对于其他发展中国家和转轨经济国家的出口比重有所上升，2002年，发展中国家和转轨经济国家占中国出口

的 28.57%，2005 年上升到 34.04%，2010 年达到 37.84%。

2002 年，在中国文化产品出口对象国和地区中，美国位列第一，占到 37.31% 的比重，然后分别是中国香港和日本，分别占比 15.83% 和 9.63%；2005 年美国同样以 32.66% 位列第一，中国香港和日本分别占比 15.13% 和 7.35%；2010 年，在中国文化产品出口对象中，美国、中国香港、日本分别占比 28.37%、10.88%、6.18%，德国、英国、俄罗斯、意大利、法国、加拿大、澳大利亚等国紧随其后（见图 2-4）。

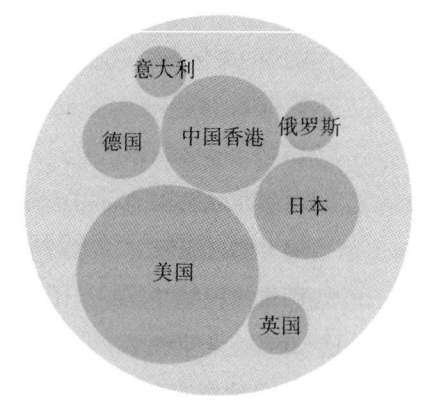

图 2-4 中国文化产品和文化服务出口流向（2002—2015）

相对来说，中国文化产品和服务出口的流向初步达到稳定，主要出口对象是北美、欧洲各国，以及东南亚等国家和地区，出口美国的份额尤为突出，位列前茅的国家均是经济市场相对发达的国家和地区。在改革开放的进程不断深入中，中国文化产品和服务也不断向其他地区的发展中国家流入，一方面，这见证了中国文化产品和服务出口区域的结构愈趋完善；另一方面，这也显示了中国人民愿意将改革开放带来的文化福利分享给全球人民的想法和心愿。

2017 年，"一带一路"建设进入全面务实合作新阶段，国际市场更加多元化。美国、中国香港、荷兰、英国和日本为中国文化产品进出口前五大市场，合计占比为 55.9%，较上年下降 1.8 个百分点。我国与"一带一路"沿线国家进出口额达 176.2 亿美元，增长 18.5%；与"金砖国家"进出口额为 43 亿美元，增长 48%。

商务部数据显示，"一带一路"经贸合作取得明显成效，2017 年中国与沿线国家贸易额达 7.4 万亿元人民币，同比增长 17.8%。其中，对沿线国家出口 4.3 万亿元人民币，增长 12.1%；进口 3.1 万亿元人民币，增长 26.8%。从投资看，2017 年，中国企业对沿线国家直接投资 144 亿美元，在沿线国家新签承包工程合同额达 1443 亿美元，同比增长 14.5%。预计文化贸易机构将进一步得到优化，核心技术和标准出口比例将持续大幅提高。

四、中国对外文化贸易结构从散到优

（一）文化产品贸易保持明显优势，文化服务贸易紧随发展

中国文化贸易长期以来以文化产品为主，近年来，传统文化服务业稳步发展，具有高附加值的文化产品与服务逐渐受到重视。改革开放 40 年来，中国文化产品贸易保持平稳增长，文化服务也成为新的经济增长点，不断实现突破。作为文化领域的跨国经济流量，国际文化贸易实现了中国与世界各国在文化领域里的经济价值产生、转化、交换，并由此促进国内文化产业的稳步发展。作为经济增长的引擎，文化产品和文化服务各部门出口结构持续优化，新闻、出版发行和版权、广播、电视、电影、文化艺术等高附加值的产业部门国际竞争力持续提升。

2013—2017 年的 5 年间，文化产品及服务贸易额不断提升，文化贸易规模不断扩大，文化产品始终占据文化贸易的主体（见图 2-5）。2018 年，我国文化服务出口结构持续优化，文化服务出口 72.9 亿美元，增长 18.2%，增幅比上年提升 22.1 个百分点。其中，处于核心层的文化和娱乐服务、著作权等研发成果使用费、视听及相关产品许可费三项服务出口 18.7 亿美元，增长 21.4%，高出整体增速 3.2 个百分点。

游戏动漫方面，2014 年，中国动漫产业内容生产实力得到大力发展，总产值超过 1000 亿元，2017 年动漫行业总产值达到 1500 亿元，实现了产值新的突破。2017 年，自主研发网络游戏海外市场实际销售收入为 82.8 亿美元，同比增长 14.5%。随着中国游戏市场逐渐走向成熟，立足国内、放眼国际已经成为中国游戏企业的共同选择。中国移动游戏市场逐渐发展成为全球最大的移动游戏市场，这促使游戏企业凭借先发优势参与国际文化市场竞争与合作。

图书、报纸、期刊方面，2017 年，全国累计出口图书、报纸、期刊 2172.02 万册（份）、7831.81 万美元，与上年相比，数量增长 0.1%，金额增长了 0.6%。其

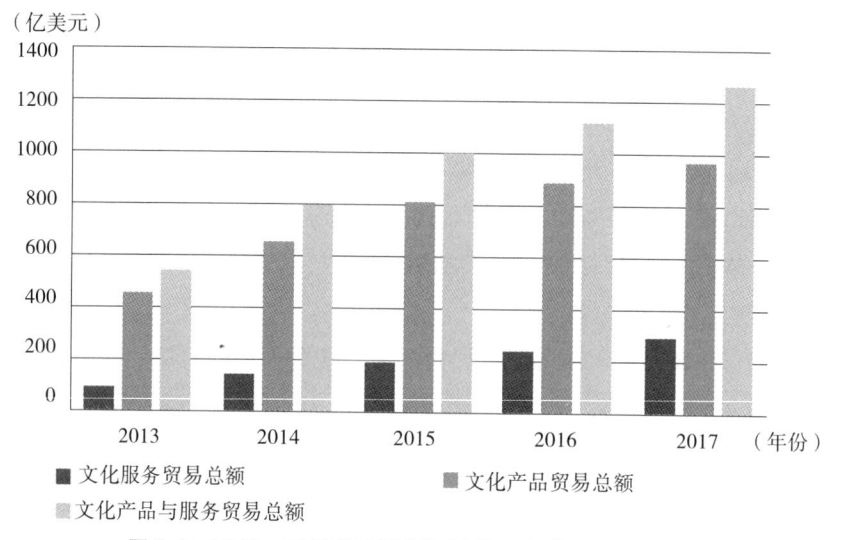

图 2-5　2013—2017 年中国文化产品与服务进出口情况

数据来源：作者依据资料整理。

中，全国出版物进出口经营单位累计出口 1870.72 万册（份）、6024.66 万美元，与上年相比，数量增长 5.96%，金额增长 2.34%。

中国文化产业的稳步发展，为文化贸易出口奠定了产业基础。保持文化产品贸易持续增长的优势，重视发展文化服务贸易，使中国对外文化贸易达到均衡发展。鼓励文化服务新兴业态的成长，培育和不断完善文化市场体系，逐步由重视数量发展转变为重视数量与提升品质共同发展，实现文化贸易新提升。

（二）文化贸易结构不断优化，服务化、数字化成为文化贸易新趋势

在中国文化贸易发展初期，文化产业及贸易结构表现出明显的不合理现象，贸易多集中于传统低附加值领域。文化产品和文化服务的出口主要集中在劳动密集型领域。出口主要集中在手工艺品和设计等项目，但这些项目往往附加值低，例如手工艺品行业。2010 年，中国手工艺品出口贸易额达到 888.9 亿美元，占文化产品出口总额的 84.4%。

随着文化贸易结构的不断优化，中国的文化服务贸易也逐渐改善了贸易逆差的差距，实现文化贸易整体结构升级。2010 年，中国版权转让服务贸易和版权许可服务贸易总额为 138.7 亿美元，广告、市场调查服务之类传统行业的国际市场占有率达到9.6%。2016年，在娱乐业和文化体育业中，对外直接投资增加到39.2亿美元。

服务化、数字化也成为对外文化贸易发展中的新趋势和新特点，文化服务出口占比日益上升。2017年，以影视剧作、网络游戏、动漫动画等为代表的新兴文化产品出口同比增长25%，出口结构趋于优化。文化产品出口的技术含量有所提升，具有较高附加值的游艺器材和娱乐用品、广播电影电视设备出口同比增长突破15%。[①] 文化产业数字化不断提升，网络游戏、数字图书、数字图书等一系列的数字化的文化产品贸易日益发展（见图2-6）。

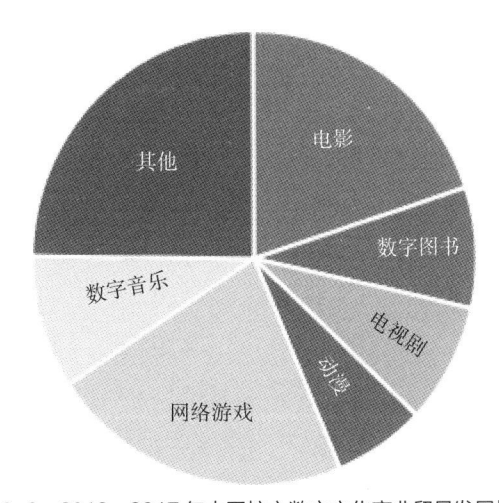

图2-6　2012—2017年中国核心数字文化产业贸易发展情况

同时，在经济下行的压力下，中国当前正在经历着从资源型产业向绿色可持续产业转型升级的时期，文化产业发展逐渐成为国民经济支柱产业。对外文化贸易直接推动中国文化产业的国际化、规模化发展，并带动相关绿色、低耗能产业的发展，促进国家产业进一步升级。同时，对外文化贸易将原来由不同市场主体分工完成的创作、生产、营销等文化产业各个部分统筹在一起，整合文化产业链不同环节，实现了上下游相关产业一体化。对外文化贸易可以在国内和海外市场创造更多的就业岗位，推动中国就业结构的再升级。

---

① 朱文静，顾江，朱婷.我国文化出口贸易结构变迁与产业结构调整的相互影响［J］.经济经纬，2012（6）：52-56.

五、中国对外文化贸易主体从单一到多元

市场主体具有营利性,这是其最本质也是最重要的特征,同时市场主体还保持着产权的独立和经营权的独立,并遵循市场规律对经营战略和策略进行调整。文化企业作为文化市场的主体,在中国市场经济的运行中,作为独立的产权主体,保持着以营利为目标,能够独立决策、自主经营、自负盈亏、自我约束、自行发展等特征不断地发展成熟。在中国,文化企业主要分为国有文化企业和民营文化企业,这两类企业寻求不同的发展目标、发展方向、发展途径,在国际文化市场中发挥着各自独特的风采。

(一)部分文化事业单位转企改制,主体呈现多元化

改革开放40年以来,文化市场的建设、培育和管理均有所突破,文化市场的作用越发明显,文化市场管理体系也逐步完善,文化事业单位一分为二,部分作为公益性文化单位以事业制保留,其余进行企业转制,成为经营性单位。部分国有和民营企业纷纷股改上市,社会资本、国外投资逐渐进入政策许可的文化产业领域,文化产业结构不断优化,整体规模和实力迅速壮大,文化建设开创了新局面。

在文化体制改革的过程中,国有文化企业无论是从经营性文化事业单位转化为企业,还是从全民所有制企业改为公司制企业,都在经历一场"蚌病成珠"式的涅槃。向外开放的进程不断促进文化事业单位和文化企业进行有效的内部再造和系统升级,在内部革新和企业再造的过程之中,又反促文化贸易经营的主体更加开放。实践证明,国有文化企业的竞争实力正在不断增强,国有文化企业也正在努力提升其专业化、集约化、国际化水平。以北京演艺集团为例,2009年5月,北京演艺集团有限公司成立揭牌仪式顺利完成,集团控股参股包括中国杂技团有限公司、北京歌舞剧院有限公司、中国木偶艺术剧院有限责任公司等9家转企改制文化企业,注册资本1.5亿元人民币。北京演艺集团融艺术创作、演出经纪、人才培养以及市场综合开发为一体,旨在打造首都优质文化企业的旗舰单位。

同时,行业组织和政府相关部门作为文化贸易的主体之一,有力地保障了文化贸易产品与服务顺利地由生产领域向消费领域有效转移,实现商品的使用价值和交换价值的统一。行业组织和政府相关部门凭借其在行业动态、学术研究、政府政策等领域的多信息触角的优势,使文化贸易主体整体质量和能力得以提升,

增加了文化贸易市场主体的多样性，激发了文化产业产品创造和运营机制的活力，为中国文化贸易在国际市场的竞争奠定了坚实的产业基础。

（二）民营文化企业成为文化市场最为活跃的主体

随着中国文化产业的不断发展，在影视业、出版业、演出业、互联网新生文化业等文化产业领域涌现出了一批民营文化企业。其中的成功者不仅赢得了国内消费者的青睐，树立了自己的品牌形象，同时也在国际文化市场中披荆斩棘，获得广大海外市场的喜爱。随着民营文化企业数量的增多和经营规模的扩大，其所占市场份额也逐步增多，发展潜力日益提升，中国民营文化企业成为文化市场最为活跃的主体。

2017年，中国文化企业持续强势发力，对外文化投资、贸易往来活动层出不穷，同时，加速抢占技术蓝海、创新投资模式、打造"世界品牌"战略，积极向"高端智能化"转型，成为文化贸易的领头羊。在"中国100大跨国公司"榜单中，腾讯、万达等主要涉及文化产业的企业集团榜上有名，表现不俗。以腾讯为例，2017年，中国社交和游戏巨头腾讯控股有限公司以28起海外投资事件成为最活跃的CVC（企业基金），积极布局海外市场，提升国际竞争力。市值从约2000亿美元猛增到近5万亿美元，实现了中国社交平台的新突破。

民营文化企业成功与否，与其自身经营能力休戚相关，同时也与其经营业务的品质、政府的支持有关。完美世界股份有限公司作为中国最早进行海外运营的网络游戏公司，用户群体覆盖至全球100多个国家和地区。目前，完美世界游戏在北美洲、欧洲和亚洲设有全资子公司，并已成功将旗下游戏授权至亚洲、拉丁美洲、俄罗斯联邦等多个国家和地区进行运营，为全球用户提供优质的互联网娱乐服务内容，也为中国文化在全球传播起到了积极的作用。

文化企业的国际化发展不是简单的某一对外合作环节的放大，也不是单纯的文化产品和服务出口增量的考察，而是文化企业在国际环境内对企业自我定位、发展方向、发展观念、思维方式等方面的全新构建。在国际范围内统筹配置发展资源，打造市场格局，实现人力资源的全球化流动和产业形态与国际接轨，最终将文化企业发展要素的供给、产业链打造、市场的综合布局等纳入国际竞争环境中，以国际视野打造国际平台。

（三）中国文化企业逐渐得到世界的认可

深入文化体制改革的首要目的是造就健康成熟的文化市场主体，让中国文化企业加入世界文化的竞争市场，打造优质的中国文化产品品牌，让世界人民都能感受到中国文化的魅力与精彩。特别是中国共产党第十八次全国代表大会以来，中国文化产业进入高速成长时期，文化体制改革成效明显。

作为推动社会主义文化大发展大繁荣的重要力量，中国大量的文化企业自身经营实力增长的同时，也在积极寻求外向国际化的发展。成长中的中国文化企业不断开拓海外市场，不断创新发展模式，通过对外直接投资建立新公司等。致力于打造中国高级定制珠宝第一品牌的 TTF Haute Joaillerie，创立于中国深圳，是一家具有全球影响力的以原创设计及新技术研发为核心竞争力的中国珠宝厂商。TTF 走出国门，打开国际高端珠宝市场，成为第一个闯入瑞士巴塞尔展 2.0 馆国际顶级品牌馆的中国公司，目前已经成为三大国际珠宝展国际品牌展馆的常驻品牌。而以 TTF 为代表的中国文化企业，促进了民族品牌的突破，传承本民族优秀文化，进行当代性、国际性地创新融合，使得中国外贸整体提升高度的文化附加值。

在 21 世纪的今天，中国文化市场得到快速的成长，强劲的文化消费吸引全球各地的文化产品与服务进入中国；同时，中国的文化产品与服务也正在与世界各国分享。但我们还需要清醒地认识到，即使是高速发展的今天，中国也依然还是发展中国家，还处于社会主义的初级阶段。改革开放 40 年，中国特色社会主义进入新时代，但人民日益增长的美好生活需要和不平衡不充分的发展之间的矛盾亟待解决。与此同时，需要正视这 40 年来中国对外文化贸易所取得的成就，由开放促改革、由开放促发展、由开放促创新，在这不断奋进的 40 年中，中国也在文化贸易发展道路上逐渐总结出属于中国的独特模式，这也是中国对外文化贸易取得高速发展的关键所在。

经典案例

TTF——走进巴黎珠宝箱的东方原创设计

一、TTF：本土设计文化"碰撞"国际舞台

TTF Haute Joaillerie 2002 年 9 月在中国深圳创立，致力于打造中国高级定制珠宝第一品牌，是一家具有全球影响力的以原创设计及新技术研发为核心竞争力的中国珠宝厂商。TTF 走出国门，打开国际高端珠宝市场，成为第一个闯入瑞士巴塞尔展 2.0 馆国际顶级品牌馆的中国公司，目前已经成为三大国际珠宝展（瑞士巴塞尔国际钟表珠宝展、意大利维琴查国际珠宝展和中国香港 9 月国际珠宝展）国际品牌展馆的常驻品牌。TTF 还是中国深圳市首批获得高新技术企业称号的珠宝企业，也是为数不多的打入国际高端珠宝市场的中国大陆品牌之一，已经参加了全球所有的国际大型珠宝展会。2008 年 9 月，TTF 珠宝荣幸地成为百年来第一家进入意大利维琴察珠宝展主展馆的中国企业。中国工艺设计在西方设计界眼中，形象并不是特别美好。作为珠宝设计业走向海外的"急先锋"，TTF 也曾在走出国门之初跌跌撞撞、遭受冷眼，为了与"豪强林立"的世界顶级珠宝比肩而付出了"成长的代价"。

（一）TTF 落户巴黎，比肩世界珠宝"豪强"

巴黎旺多姆广场号称"巴黎珠宝箱"，法国最高级的珠宝品牌都在这里设立专卖店。广场建于 18 世纪，现在这里已经成为知名珠宝商的云集之处，布舍龙（Boucheron）、梵克雅宝（VanCleef&Arpels）、迪奥（Dior）、娇兰（Guerlain）等珠

宝"豪强"聚集至此。世界顶级珠宝聚集地巴黎旺多姆广场迎来了其历史上第一家来自中国，也是继 20 世纪初 MIKIMOTO 御木本后第二家来自亚洲的珠宝品牌——TTF Haute Joaillerie。

巴黎时间 2014 年 3 月 27 日，在国家主席习近平对法国进行国事访问期间，作为庆祝中法建交 50 周年的重要活动，中法投资贸易论坛在法国经济财政部举行。在中外贵宾的共同见证下，巴黎经济发展局与 TTF Haute Joaillerie 总部签署了投资协议——这家来自深圳本土的高级珠宝公司计划在巴黎首期投资 1000 万欧元，设立巴黎国际总部，巴黎经济发展局将全力配合其发展。本次中法共签了超过 180 亿欧元的巨额投资合作项目，TTF 是其中唯一一个文化设计类别的项目。进军巴黎是 TTF 在 2010 年就有的梦想，如今终于梦想成真。在巴黎建设国际总部，不仅是一个里程碑，实现了 TTF 的飞跃发展，而且更大程度地激励 TTF 将自身品牌做大做强，同时也是首次将"中国设计"的标签稳稳印上了国际顶级珠宝行业的舞台。

（二）生肖珠宝文化惊艳亮相巴黎

最近 4 年，源自广东深圳的高级定制珠宝品牌 TTF 先后两次在法国巴黎中国文化交流中心举办设计展，不仅带去了蕴含中国传统文化内涵的系列精美珠宝，展示了中国当代珠宝设计工艺的水准，也展开了一场中法文化的交流互动。

2017 年鸡年春节之际，一场"欢乐春节·中国风格——TTF 中国生肖珠宝设计发布暨展览"亮相巴黎珠宝界。本次珠宝展在丰富"欢乐春节"内容的同时，从时尚的角度展现了中华生肖文化的独特魅力。本次展览将整个展厅分为红、黑、绿三个部分，展示作品以当代的设计语言和艺术形式表现传统生肖视觉图案，以"鸡"为基本造型，却又充满现代设计感，光彩夺目，相映增辉。凑巧的是，今年是中国农历鸡年，而雄鸡又是法国的文化图腾。正因为鸡是中法两国人民共同喜爱的文化象征，所以展览以包括酉鸡在内的中国生肖为主题，以珠宝为载体，以当代性为设计指引，为法国来宾呈现酉鸡、申猴、未羊、午马、巳蛇、辰龙等 200 多件当代珠宝设计作品。极具东方美学风格的高级定制珠宝精品，展现了中国珠宝当代设计及工艺水准，吸引了法国影星苏菲·玛索成为 TTF 的品牌形象大使。形象生动、展现生命不息的"酉鸡"与传递"法兰西雄鸡"精神的胸针在文化上交相辉映，后者俨然成为今年法国政坛的时尚。

在 2017 年的法国展览现场，除了定制的十几件珠宝，现场展览中也有 5 件高级珠宝作品被收藏家收购，单品售价100欧元的《法兰西雄鸡》925银珐琅饰品更是现场卖断了货。其实早在2014年2月，作为中法建交50周年系列活动之一，"欢乐春节·中国风格——TTF2014巴黎马年生肖珠宝设计发布暨展览"就在巴黎中国文化中心举办。在世界艺术与文化之都、顶级奢侈品林立的时尚之都，在追求和挑剔的眼光中把中国传统的生肖文化传递出去，珠宝就是最好的语言。TTF从原来一个普通的珠宝品牌跃升为高级品牌，由原先珠宝饰品层面竞争参与到世界顶级品牌的竞争队列，其中品牌的成长和信心的锤炼远非一朝一夕所能完成，这是在国家搭台支持中国企业参与世界竞争的格局下，中国企业与世界文化由对抗到融合的过程中发生的。

（三）坚持原创，破解文化偏见

在2014年的巴黎展览上，TTF邀请了100余位中法艺术家与设计师，用充满艺术色彩的设计语言创作了120余件珠宝作品，并由TTF高级定制珠宝工坊制作完成。TTF总裁吴峰华先生回忆，这场政府搭台推动的展览，固然存在进一步推动中法两国创意领域的交流与合作的高远立意，于他个人而言，却是"想争一口气"。

2013年7月，TTF参加法国珠宝协会举办的设计展，受到了不公正的对待。那是一场公开的展览，谁都可以参观拍照，唯独TTF却被法国珠宝协会主席当面很不客气地禁止拍照。法国文化有其包容性、开放性、融合性，但不代表他们不会带有固化或偏见，他们无理由认为作品被中国人拍了照，就会有被抄袭的可能。当时相关部门找到TTF，表明"欢乐春节"品牌下的中外设计交流活动邀请TTF参加，TTF接受了邀请。TTF有心要给法国人展示中国设计本色，特意邀请中法设计师同台竞技。法国同行突然认识到中国原创设计不像他们想象的那么差，某种程度上还有一定的突破性。

2014年展览之后，TTF着力进一步国际化，特意把法国珠宝协会主席请到深圳做交流，对方进一步认识到中国珠宝设计界有"抄袭的"，也有"追求原创和致力于本国文化挖掘的"。2017年，TTF再次把生肖展推到巴黎，法兰西学院艺术院院士们给予的评价是：杰出的创意、完美的设计及工艺体现。TTF经历了法国同行由"不接纳"甚至"对抗"到"愿意合作"的过程，入驻旺多姆广场会大大增强了他们的整体竞争力。也许这种挫折感，是中国企业，尤其设计企业在国际化过程中需要付出的代价，但中国企业、本土设计不能因此止步不前，TTF在传承本民族传统雕刻工艺和美学的过程中，也向法国同行就高级珠宝制作工艺进行了系统性学习。

二、企业登上国际舞台的"跳板"

(一)中国对外文化交流直接推动 TTF 实现国际化

近年来,中国进入了生产力高速发展、对外全方位开放、文化百家争鸣的时期,造就了当代对外文化交流崭新的中国主体。通过文化交流,向世界各国弘扬中国的优秀文化,为在国际上树立社会主义中国的正确形象,增进中国人民同世界各国人民之间的友谊和相互了解,发挥独特的作用。当今世界,文化与经济、政治相互交融,在综合国力竞争中的地位和作用越来越突出。国家"十二五"规划提出,要将文化产业发展成为国民经济支柱产业,强调"加快发展文化产业、推动文化产业成为国民经济支柱性产业"。党的十七届六中全会通过的《中共中央关于深化文化体制改革 推动社会主义文化大发展大繁荣若干重大问题的决定》从法律、政策以及财政三个方面提出了具体要求。

我国支持文化产业发展的政策措施陆续出台,为 TTF 的国际化方向发展提供了走向世界舞台、展示东方艺术魅力的机会,直接推动 TTF 携带中国元素走向世界珠宝豪强聚集地。TTF 举办的"欢乐春节·中国风格——TTF2014 巴黎马年生肖珠宝设计发布暨展览"就是依托于中国的"欢乐春节",借助这个文化交流的平台,TTF 促成了巴黎中国文化中心自建立以来最成功的一次珠宝设计文化交流活动,极大地促进了中法艺术家、设计师的对话、交流与合作,对于两国在创意领域的交流沟通具有非常重要的意义。在此基础上,TTF 逐步实现国际化,频繁登上世界珠宝舞台,尽情展现东方艺术文化魅力。

(二)世界级的工艺技术和设计水准

作为玫瑰金技术的全球领导者,TTF 永久解决了玫瑰金易变色和易断裂的世界性难题,被同行喻为"中国玫瑰金技术之父"。其 925 银抗氧化技术、显微悬浮镶嵌工艺、素面彩色宝石密钉镶嵌工艺、浓硫酸代替氰化钾环保炸金技术等十多项卓越专利技术解决了珠宝制作的世界性难题。TTF 拥有由意大利、韩国、日本、中国设计师组成的国际设计团队和一流的制作技师团队,倡导"以现代设计手法,表现东方文化精髓"的设计理念。韩国国宝级艺术大师安尚秀、日本顶尖级设计大师山中一宏、中国当代艺术大师徐冰、中国当代平面设计大师陈绍华、王序、中国建筑大师张永和、工业设计大师张建民、室内设计大师孙继忠、雕塑大师展望等全球大师级艺术家都与 TTF 保持着密切合作。

三、企业效力"辐射"国际舞台

(一) 深圳珠宝钛金属工艺超越意大利同行

2017 年 9 月 15 日,全球最大珠宝展——香港国际珠宝展于香港会展中心启幕。TTF 高级定制珠宝携《水舞间》《蝴蝶梦》《富贵长青》等高级定制珠宝新品亮相香港会展中心国际艺萃馆,引起国际国内设计师、珠宝同行的广泛关注。展览首日,一件陈列在橱窗中的 TTF 高级定制珠宝新品《水舞间》,令国际珠宝同行赞叹不已。媒体和艺术家一眼判断出作品《水舞间》具有浮世绘艺术风格,详细观摩后称赞道,它以珠宝形式完美呈现了著名浮世绘作品《神奈川冲浪里》的艺术风格。早在 2015 年 11 月,《水舞间》便设计完成并收到客户订单。随后,TTF 先后谋求中国香港、中国台湾、欧洲等地的钛金珠宝制作公司进行订单合作。最终,意大利一家顶级钛金属珠宝制作公司于 2016 年年初承接了《水舞间》的成品制作,试图攻克钛合金蓝中带紫掺绿的工艺难题。然而,几次出样后都未能达到预期的效果,历时将近一年,《水舞间》仍然未能如愿做成。

在意大利同行攻克未果的情况下,带着钛合金蓝中去紫、去绿的工艺难题究竟能否突破的困惑,2017 年年初,TTF 组织进行钛金属工艺攻关,并于 9 月中国香港展前夕攻克了钛合金蓝中去紫的工艺难题,《水舞间》得以如愿呈现。就此而言,中国大陆珠宝在钛金属工艺上超越了意大利同行,走在领先之路上。此次 TTF 高级定制珠宝作品《水舞间》在钛金属工艺上取得的重大突破,引起了媒体的广泛关注和报道。深圳各大纸媒诸如《深圳特区报》《深圳商报》《深圳晚报》等,以及网易、ZAKER 等电子媒体纷纷报道了 TTF 高级定制珠宝的最新工艺突破。除了工艺上的重大突破以外,《水舞间》的实物呈现也远远超越了设计效果。在参观嘉宾的佩戴下,《水舞间》以其独特的浮世绘艺术风格,演绎了简朴而华丽的东方之美。

(二) 深入探讨传统中国美学,创造瞩目辉煌

党的十九大报告指出,文化是一个国家、一个民族的灵魂。文化兴国运兴,文化强民族强。没有高度的文化自信,没有文化的繁荣兴盛,就没有中华民族的

伟大复兴。要坚持中国特色社会主义文化发展道路，激发全民族文化创新创造活力，建设社会主义文化强国。东方文化曾创造了令世界瞩目的辉煌，为丰富发展世界文化艺术做出了重大贡献。日本从东方美学体系中发展建立起自己的美学体系，日本美学可以说对全世界都产生了巨大的影响。那么，作为日本文化曾经母体的中华文化能否重建自己的美学体系？作为中华文化核心内容的中国文化能否形成属于自己的中国美学体系？这是艺术家和设计师们需要和值得去思考的重要问题，也是TTF高级定制珠宝举办克拉钻戒国际珠宝设计大赛的初衷。

TTF高级定制珠宝与HRD Antwerp联合举办2016克拉钻戒国际珠宝首饰设计大赛后，继续探索钻戒珠宝设计领域中国美学体系的建设，独家承办以"中国美学风格的钻戒设计"为主题的第二届克拉钻戒国际珠宝首饰设计大赛，历时数月，收到数千份来自全球的艺术家、珠宝设计师、设计院校师生及设计爱好者的优秀作品，甄选出冲破当前钻石珠宝首饰设计的创意藩篱，具有独特中国美学风格，同时兼具商业性与艺术性的创意之作。

（三）汇聚全球设计精品，促进文化贸易发展

文化贸易是最接地气的文化交流，是通过国际惯例和市场规则实施的文化交流，在推动中华文化走出去时效率更高。这要求我国加快发展对外文化贸易，以平等的市场规则为纽带，在交易中潜移默化地使外国友人更愿意接受和亲近中国文化，润滑和有效平缓中国经济快速发展、强势"走出去"带来的撞击力。

TTF通过设计珠宝大赛，吸引了全球高端珠宝设计师，汇聚了全球设计精品，形成了珠宝设计作品的诞生摇篮。另外，肩负中国传统生肖文化当代性、国际化的使命，由TTF举办的生肖首饰设计大赛自2010年启动至今，已成功举办七届。2017年是中国农历丁酉鸡年，TTF特以"鸡"为设计主题，面向全球艺术家、设计师、艺术院校师生及设计爱好者公开征集设计作品，旨在弘扬中华传统文化，彰显东方设计魅力，挖掘中国年轻设计力量，加强中外文化艺术交流，助力优秀设计师走向国际高端舞台。历届TTF生肖首饰设计大赛所呈现的诸多作品，完美诠释了"传统东方文化的当代性演绎"，已然成为"创意中国"和"传统东方文化国际化实践"的项目标杆。各届大赛上，作品及设计师们虽崭露锋芒，但是却总会在文化交流的形式下对文化贸易起着潜移默化的推动作用，使得优秀珠宝设计师的作品变成产品，走向市场。

第三章 国际文化贸易的供给

国际文化贸易的标的是文化产品和服务,兼具国际货物贸易与国际服务贸易的特征。而文化产品与服务中所蕴含的文化创意内容,使其较之传统的国际贸易具有强烈的独特性。党的十九大报告指出,我国社会主要矛盾已经转化为人民日益增长的美好生活需要和不平衡不充分的发展之间的矛盾。人民群众的"美好生活需求"就包括享受高质量的文化产品与服务,而"不平衡不充分"其实就包含目前我国文化产品及服务供给的短缺。在新时代背景下,中国文化产品及服务的供给必须紧跟时代步伐,迫切需要提升文化产品及服务供给质量,满足人民群众对美好文化生活的向往,从而增强中国文化国际影响力。

第一节 文化产品和服务的创作动因与创意设计

一、文化产品与服务的创作动因

谈到文化产品与服务的创作动因，无外乎是有文化艺术的创作欲愿望以及与商业紧密结合的创作欲望。文化艺术的创作，是指创作者萌发创作意愿。文化产品与服务不仅仅是用于交易的产品和服务，更是艺术的呈现。千百年来，人们创作出了种类繁多、技艺精湛的多种艺术作品，极大地丰富了人们的社会生活内容。总结文化产品与服务的创作动因，大致归结为以下四点。

抒发情感的需要。作者的情感需要表现是其进行文化创作的主要因素。艺术活动中，几种主要的艺术表达方式如音乐、舞蹈、诗歌等都是因为人类情感表达的需要而产生的表现手段，比如音乐艺术就是借助于对自然界声音的模仿来传达或喜或悲的各种情绪。在社会生活中，人们会产生许多情感，而这些情感往往伴有强烈的表达欲望。但是，人处在社会群体中，受制于很多因素，有时可以以直接的方式进行表达，有时却不能以太直白的形式进行表达。处于阶级社会中的被统治阶级的一些抗争行为，也只好借艺术中比较隐晦的方式来表达。从古至今，历史上留下来的许多音乐名曲如《二泉映月》《梁祝》《黄河大合唱》《义勇军进行曲》《战马奔腾》，具有鲜明地域特色的民歌《兰花花》《小河淌水》，以及美术作品中的经典之作如达·芬奇的《最后的晚餐》、徐渭的《墨葡萄》等，都是因为其表达了强烈的情感，成为艺术创作中情感体现的典范作品而感动观众、流芳百世。

实用的需要。很多艺术门类都是由生活中的实用技艺进化为纯艺术的。这些艺术在很长一段历史时期都曾是社会生活中必不可少的实用技能，而人们在这些实用产品的制作过程中运用智慧逐步赋予其更多艺术的内涵，如精湛的制作技和丰富的表情达意功能以及娱乐、教化效果等，故而形成了诸多丰富多彩的艺术表现形式，并使这些实用品的使用者即受众得到了艺术享受。音乐中的各种庆典歌舞在早期实际上也是因某项主题活动而创作的，人们举办的各种歌舞晚会更是因某种社会活动比如节日庆典、婚丧嫁娶等而举行的，具有非常鲜明的社会实用功能。石雕（石刻）、木雕（木刻）、编织、剪纸、挑花刺绣、泥塑面塑、工业设计等众多的艺术门类莫不如此，创作者在实用过程中不断提高技巧，不断丰富完善表现手法并达到了艺术的妙境。反过来，后世人们在进行这些艺术创作时，一方面和其他艺术一样可以起到抒情写意的作用；另一方面还可以制作出精美而实用的作品，体现出艺术创作的实用功效。

娱乐休闲的需要。随着生产力水平的提高，现在人们有了较多的休闲需要。按照马斯洛需求层次理论解释，当一种需求已经得到了充分的满足，人们会寻求一种当下还没有得到过满足的需求。或者说，人们缺乏什么，便会对所缺乏的东西激起更大的欲望。人们的物质生活得到保障后，会更加向往精神上的满足，这样就需要不断增多的精神文化消费来满足精神需求。在娱乐消遣方面，当一种消遣得到满足后，人往往就希望接触更多的娱乐、消遣活动，特别是对于具有一定技术难度的活动产生更大的兴趣。种类繁多且具有高超的技法要求的各种艺术活动无疑给人们提供了更多的选择空间。人们在从事各种艺术的创作表演过程中，既可以得到情感的宣泄，更可以得到挑战极限所带来的满足感和成就感。所以艺术创作无疑是人生游戏、消遣娱乐最好的也最有意义的方式之一。在艺术创作中也可以将人生的娱乐消遣发挥到极致。

政治教化的需要。在人类丰富的情感中，有一种反映健康有益的人伦，一种启示、教化后人的情感，即道德。道德是维护社会秩序、促进社会发展的情感。道德需要人人来遵守，也需要全社会来加以弘扬。人类在传播和弘扬道德时往往需要一种美的方式和手段，艺术恰好是最好的载体。古人讲"文以载道"、文章要"劝善惩恶"，即是说文学方式可以承载和传播道德，进行政治教育。其实，音乐、美术、戏剧、影视等艺术无不如此，它们均可以很好地传承道德的教化作用。所以，中国古代的先贤也说音乐、美术、书法等可"成人伦，助教化"。另外，宗教是一定的人群共同遵奉一种道德信念即信仰，宗教在传播自己的道德信仰时需要借助一些传播手段，艺术承担了这一任务。在承担教化作用的艺术创作活动中，比如描绘道德人伦和宗教故事题材的各种宗教音乐、主题音乐、文学作品、绘画作品、戏剧场景、雕塑作品都可以贴切地反映主题，人们亦可以从中受到形象生动的教育感化。

文化与商业的结合有一定的必然性。虽然文化本身不能直接产生经济效益，但是却能够大大提高知名度，为招商引资、旅游开发等相关产业带来巨大的经济收益，这样一来，文化与商业的结合就变得水到渠成了。"文化搭台，经济唱戏"，自从文化被视为一种产业以后，更强化了商业的属性和营利的目的。如果文化与商业结合适度，无疑会给文化的发展注入更多的活力，促进思想解放，成果倍出。简而言之，文化与商业结合既是为了宣传文化本身的内涵与价值，达到文化传播的目的，又是为了经济收益，达到商业运作创造利润的目的。

二、文化产品与服务的创意设计

（一）文化产品及服务创新

文化产品和服务的创意与设计强调个人的创造力，个人的灵感、理念、技能是创造价值的核心。创意来源于创新，而创意产业则是个人的创造性活动借助于一定的载体实现一定的经济目的，或者说是将创造性思维变成创意产品并最终进行市场交易而形成的一种产业形态。知识经济时代本质的特征是创新成为推动经济发展的中心力量，经济发展直接地、强烈地依赖于知识的生产、创新、积累、传播和消费。只有大力培育创新精神和创新文化，构建起创意产业发展的内在动力，才能为发展创意产业奠定良好的基础。对于文化产品与服务的创意和设计而言，无外乎内容、形式以及模式上的创新。

文化产业是内容产业，"内容为王"理念决定了文化生产创新必须把内容创新放在核心的位置。内容创新，首先，要以受众为出发点，文化产品的创作与生产以满足受众需求为宗旨；其次，要兼顾文化特色，挖掘独具特色、与众不同的文化内容；最后，真实而贴近生活细节，应以平民化为准则，以接近现实、解释现实、重现现实和启迪现实为文化产品的最佳意境。

产品的形式是指产品组成中消费者能直接观察到的，反映产品内在和外部质量的特征，包括产品品质、品牌和商标、包装、式样、特色、价格等。对于文化产品而言，其内容和形式有时是交叉在一起的，难以进行明确的区分。关于具体的形式创新，既可以是"旧瓶装新酒"，也可以是"新瓶装老酒"。艺术的形式创新主要有改造和革新传统的形式，发掘和提炼民间的形式，引进和移植外国的形式，独立的创见。

在当代文化产品设计中，模式创新也越来越受到重视，有时模式方面的突破因可以弥补内容创新不足的缺憾而"赢得"受众。重视在活动和内容方面做文章，重视开发文化衍生产品，因为文化产品的生命周期都是短暂的，要想延伸文化价值，就必须重视发展文化产业链，从横向与纵向两个方向进行扩张和突破，实现文化产业的发展与繁荣。目前，世界经济已经进入体验经济时代。体验是使每个人以个性化的方式参与其中的事件，这就为文化产业的发展指出了方向：需要不断地构造一些个性化的活动或者内容，使文化消费者找到前所未有的感觉，满足个性化需要，完成体验过程。参与的概念是对以往观赏概念的突破，深化了文化产品生产的内涵，也就是说，消费者不仅可以去欣赏文化产品，也可以成为文化产品紧密关联的一部分。正是因为文化消费者的参与，文化才能不断更新。这个过程不断地演绎，就会有越来越多的人涉及其中，最终，每个人都在创作自己的文化产品，这就是最终要达到的文化生产目标。

（二）文化产品内容竞争力

供给的内核是产品的特色内容要素。文化产品是内容产品，文化产品竞争的核心是内容竞争。文化产品走向世界的内容竞争是在内容国际化的基础上展开的。文化产品内容国际化是指文化产品所承载的文化内容或艺术内容可以突破地域和民族界限，在全球范围内广泛流行，并被不同国家的消费者广泛接受，对世界现代文化生活产生积极作用。作为内容产品，文化产品国际化取决于文化产品内容的国际化，文化产品的国际竞争力取决于文化产品内容的国际竞争优势。文化产品内容国际竞争的关键是要寻找、确认、应用国际通用的内容竞争要素点。从目前在国际市场流行的文化产品内容表现上分析，文化产品内容竞争力由知识、故事和想象力三大要素构成。

知识是文化产品内容国际竞争中的基本要素。文化产品是由不同知识构成的知识产品，知识是文化产品创造的主要资源，也是文化产品内容构成的核心要素。知识的客观性和普遍性决定了"知识"在文化产品内容国际竞争中的基本要素地位。任何国家的任何文化产品的内容都是由知识构成的，不同组合的知识元素构成不同的文化产品内容。文化产品的普遍应用价值就在于知识性。失去了知识性，文化产品就有可能失去国际市场生命力。

故事是文化产品内容国际竞争的人性化要素，文化产品是人性化产品。人性化是文化产品内容的一大特质，文化产品的人性化就体现在文化产品内容所表现的人生故事中，文化产品的内容竞争也是人性化故事的竞争。谁的故事内容更人性化、更感动人、更吸引人，谁的内容竞争力就更强。

想象力是文化产品内容国际竞争的超现实要素。文化产品是超现实产品，是内容超越"现实"的理想化产品。文化产品内容超越现实的竞争，就在于通过艺术的想象力，它使故事内容超越现实，比现实更美好、更理想。想象力是文化产品的创造力，是文化产品内容的竞争力。

文化产品内容的国际竞争，关键是要善于融合现代知识、人生故事、想象力这三大国际创作要素，构成一个完整与完美的内容体系。在文化产品的内容制作中，要善于采用现代知识，要选择好人生故事题材，要大胆利用艺术想象力，使创造出来的文化产品内容不仅具有现实使用价值，而且具有国际影响力。在表述人生故事内容时，要探索具有全球代表性的人生理念，挖掘具有国际影响力的普世价值。在内容国际化表述方式上，应该采取包容、宽容的艺术风格，不要伤及或损害任何一个民族、任何一个国家的自尊与感情。

（三）文化产品的创意路径

文化消费市场需求的多样性、多变性和无限性，为文化产品供给提供了广阔空间，一般而言，产品创意水平有多高，市场需求空间就有多大。在实践中，创意的重点环节不同，产品生命力就不同，而供给主体根据自身资源、程序和决策也会做出不同反应，导致产品创新路径产生差异性。根据文化产品所处生命周期的不同阶段，从提升产品价值和收益最大化原则出发，产品类型、市场需求和创新取向具有不同的对应关系。

1. 新产品的创意路径

对于新产品的创意路径[1]，熊彼特认为，消费者偏好、生产要素和商品供给方法的变化与创新是构成经济发展的三大内因。当市场上出现有购买意愿却无相

---

[1] 克莱顿·M.克里斯滕森.远见：用变革理论预测产业未来[M].王强，译.北京：商务印书馆，2006.

关商品时，新的产品或生产方式就将出现。由于人的精神需求永无止境，文化创意总是能得到市场的响应，突破现有产品供给体系，通过破坏性创新开发新产品是攫取最大价值的创意选择。电影从无声到有声并逐步大众化之后，"坐在家里看电影"成为消费者的新需求，电视机的诞生、普及和随之产生的吸引力使电影业面临倾覆性危机，美国影院上座率一段时期内持续下降，年均人流量从1946年高达40亿人次，下降到20世纪60年代初期只有大约10亿人次。从文化产业发展历程看，这类创意主要从文化产品价值弹性最大的技术和内容两个环节上突破，一是盒式录音带、唱片、手机、MP3、激光照排术等文化生产技术及相关产品的面世；二是网络游戏、动漫产业等内容型业态的兴起。当然，一种新的创意和产品的出现，离不开与之相配套的流通渠道控制和宣传销售设计。开拓新市场的破坏性创新收益大，风险也大，对创意环境、创业资本、资源要素的要求也最特殊。

2. 发展中产品的创意路径

而当产品趋于成熟但仍然存在需求尚未得到充分满足的消费者时，客观上会形成价值提升空间，此时消费群体相对固定，技术突破可行性不强，创意主要集中在内容及其表现形式上，从而使创意的重心沿着价值链移动。在供应方式上，文化产业的产业链和价值链不一定完全对应，根据价值链进化理论，实现价值最大化必须直接控制或有效整合创新资源，以一体化的形式由企业主导创意活动，有效控制价值链中涉及重要性能、高附加值的环节，而对于次要的环节则可以通过发展外包、发展非一体化的模块化结构完成。通过对有形、无形资源和技术、主题、价值取向等一系列文化元素的新组合，采取新的技术实现形式、内容塑造，形成新的商业模式，可以在已有市场竞争中占据有利地位。在产品市场中，是市场在位者与新进入者的博弈，在位者居于优势地位，控制高端产品的创意主动权。在创意环节上，高端产品通常对应"奢侈消费"群体，身份象征型消费和消费趋势打造是内容创意的取向。文化高端产品在产业链创新中实现价值提升的典型模式 OSMU（One Source Multi-use）就是通过挖掘创意题材这一来源，在项目经营中划分出一系列子项目实现多个用途，有效拓展产业的成长空间和价值创造能力。美国的篮球联赛 NBA 从最初的国内赛事，发展为今天的巨型体育竞技"跨国企业"，其核心元素虽然是篮球队，但直接来自比赛的收益却很少且基本固定，而包括发放零售业执照、制作家庭录像和光盘、生产电视节目、出售广告权、版权、转播权等延伸的产业链创造的价值巨大，年收入超过 40 亿美元。

3. 饱和产品的创意路径

饱和产品的创意路径是指由于文化产品创新速度比顾客生活改变的速度更快，随着产品生命周期变化，产品程序设计和功能会出现饱和。所谓饱和就是指产品总体效用超过个性化消费需求，对大多数消费者而言边际效用很低。价值链、价值网络理论认为，在文化产品生产经营中，价值创造是一种发现问题与解决问题的密集技术活动，生产者、消费者、营销者等在产品价值创造中都发挥作用，特别是在超级顾客定制特殊创作时，会形成价值链价值创造效果。因此，文化产品创意和价值提升不仅与供给方的创造力有关，而且还取决于供求双方的交流与互动，这就为饱和商品的价值开发和挖掘提供了思路和方向。一方面，文化消费的精神性和体验性特征使文化商品需求与价格的关系同一般的需求规律相反，特定商品价格越高反而需求量越大。因此整体角度的市场饱和可能与缺乏弹性的刚性需求并存，针对特定消费群和消费趋势，加大内容创意的个性化、人性化，增强产品和服务的感染力和吸引力，能够继续获取最大价值。另一方面，运用各种营销模式和宣传手段，提高产品知名度和普及率，通过载体和流通环节的创新，最大限度迎合消费者时常变化的精神文化需求，从而实现对细分市场价值的开发。

满足国际文化市场需求和各国文化生活需要是中国文化产品"走出去"战略的出发点和根本目的。中国文化产品走向世界的战略构思，既要符合缩小与发达国家差距、建设世界文化强国的战略目标，又要根据中国国情的发展变化和国际文化产品的创造规律，逐步实现文化产品对外贸易的具体目标。提高文化产品内容的国际竞争力是中国文化产品走向世界、参与国际文化市场竞争的战略需要。整体来说，中国文化产品内容竞争应分为三个战略阶段，从内容特色化到内容国际化，进而发展为内容中国化。内容特色化就是创作能够代表中华文化精髓和能够反映中国人生活的经典文化产品。目前，中国文化产品正处在走向世界的初级阶段，通过内容中国特色化的文化产品对外贸易，满足国际社会了解中国义化、了解中国社会的需求，从而进入国际主流文化产品市场。在中国文化产品走向世界的第二个战略阶段，要实现文化产品以中国特色化内容为主向以国际化内容为主的转化，完成由满足国际社会对中国文化产品的特殊需要为主向满足国际社会对中国文化产品的普遍需求为主的转化，以此缩小中国与世界文化强国在文化产品内容创造上的差距，提高文化产品的国际竞争力。文化产品内容中国化，就是构成文化产品内容的主要文化要素是由当代中国人首创的，并被国际社会普遍认可的、广泛使用的，而不是引进或模仿其他国家创造的文化产品与服务。实现内容中国化就意味着中国文化产品不仅走向了世界，而且引领了世界文化产业发展的进程。

第二节 文化产品和服务的生产制作

一、文化产品和服务的生产

文化产品生产的核心要素是创意性，文化产品由此而获得耐久性和重复使用性，并具备了通过扩大需求来增加拥有者营销利益的潜能，文化产业正是据此而获得了不断其流的生产资源和发展的基础。创意性生产主要体现为对于具有耐久性和重复使用性的原创作品的生产，而当文化产业把这一作品投入批量化复制或实际制作的过程以及围绕于此展开的组织协调和经营决策等一系列工作，就构成了文化产品普通性生产。

一方面，任何文化产品的生产都对原创作品有高度的依赖性。这就促使诸如制片厂、出版社等不同文化产业的经营者抬高对某一原创作品的竞价，其目的在于与创意性生产的各类人才建立长期的合作关系，或是吸引潜在的创意性生产者，来建立起生产、维系和扩展所必备的人才和素材的资源库。在美国，每个大型电影制片公司都与20～30个导演、演员以及制片人或制片组织签订几个系列电影的合同，或是签订优先考虑对方项目的合同，以此建立紧密的关系。另一方面，分化为创意性生产和普通性生产的文化产业生产，也把其生产者分割为创意性生产者与普通生产者。一个文化产品最后成型，诸如影视、舞台演出等，都离不开这两者的协调一致。更重要的是，这一分化并未形成泾渭分明的两个独立实体，而是往往呈现出两者相互交织、渗透与转换的关系。尤其对复杂文化产品而言，是一个多种创意性投入的合成物或统一体，在其间歇性的不同生产阶段上，与资金的持续投入相伴随的是创意性的持续投入。这些在不同时段上的创意性投入，来自不同的方面，具有不同的技能素质，也对产品的创意性有着不同的理解和贡献，影响并合力构成最终产品的表现形态。

一些文化产品不需要进一步加工就可以直接进入销售，如美术作品、已存剧目和音乐作品的演出等，而更多的文化产品诸如书籍出版、影视制作等，都需要对各种原创性进行综合加工的再投入，理查德·E.凯夫斯把这类产品称为"复杂的创意性产品"。而所有新文化产品的问世，也存在着销售推广的成本投入与组织等问题。这就使每一个文化产品从最初的创意到最终的成型销售，呈现出明显的阶段，在不同的阶段上都要有一定的成本支出，并引入众多不同的产权组织或产权人，由于产品生产的全过程往往不能在同一个产权关系下完成，而分割为不同产权关系阶段性的独立或合作决策，文化产品的整体性生产随之分化为阶段性行为，在每一个阶段上都面临着是继续投入还是停止生产的选择。

创意性生产和普通性生产的分化，使创意性生产成为文化产业生产不确定性的主要源头。以电影产品为例，尽管剧作家所体现的是创意性要素的投入，当该产品生产的其他参与者对其不满或产生意见分歧时，人们就会放弃前一个剧作家，并形成与另外的剧作家的合作；在影片拍摄完成后，剪辑或编辑的权限对导演而言，是维持、巩固乃至加强导演创作观点的重要保证，这又关联到电影商业运作的成功性和预期收益的可能性，成为对该产品进行总体性决策的至关重要的因素，在具象化为艺术追求与商业利益冲突的协商与妥协中，既可能形成授予导演"初次剪辑"权力的情况，也可能形成制片人不采纳导演意见的状态。在最终文化产品分化为不同阶段的资金和艺术依次投入的过程中，产品成败或质量的信息也是渐次得以展现的。因此，文化产业对某个具体项目的生产和商业运作，不仅表现在所有投入都完成的最后阶段，其过程中也会呈现出高度的不稳定状态，在购买权合同形式下，有些项目在投入巨额资金后仍要放弃，这当然意味着前期投入的损失。但它的优势在于给生产者带来了及时改变经营策略的灵活性。可以说，文化产业生产的不确定性，在根本上源于文化产品成果的不可预知性；而这一次生型的特点，又对文化产业的后续层面或过程，诸如生产方式、组织形式等带来强烈的影响。

二、衍生产品的生产联动相关产业

文化产业对经济的拉动力来自两个巨大引擎，一是文化产品和服务本身的市场交易，如演艺收入、电影票房收入、唱片销售收入等；二是文化衍生产品，如文化信息业（如手机铃声下载、手机短信和游戏、网上音乐和电影下载）、文化制造业（如光盘生产线、玩具制造）、文化器材（这其中应当包括电视机、影碟机、音响器材等视听设备等）、文化标志物产业（如授权许可证业等）、文化服务业（如票务系统，服装道具制造、相关的饮食住宿运输业等）。从某种意义上说，第二部分的文化产业对经济的贡献要远远大于前者。即第一层次的文化产业为第二层次的文化产业提供核心内容，其产品从根本上说是品牌，包括名人、名著、名标等。

以电影产业及衍生品为例。从西方特别是以好莱坞为代表的成功的电影产业运作模式看来，电影产业不应该仅仅局限于影片票房，观众看电影也不应该只享受一包爆米花，妙趣横生的电影衍生产品同样令人赏心悦目，其开发和销售蕴藏着极大的商业潜力。据统计，在美国电影工业总收入中，来自票房的直接收入通常只占 1/4 左右，而收入的 3/4 则来自相关产业——电影衍生产品产业。相信许多中国观众对《星球大战前传》系列电影很熟悉，该系列电影不仅在票房上取得了巨大的成功，它的衍生产品开发也获得了令人瞩目的收益。在该系列电影开拍之前，电影衍生产品就已开始赚钱，它的玩具版权得到世界上 3 家最大的玩具公司竞标，仅此一项就净赚 4 亿美元。围绕该电影开发的玩具有六大系列、200 余款。据统计，其相关版权销售收入突破 50 亿美元。在中国亦是如此，2002 年，《英雄》以 1780 万元拍卖出音像版权；纪录片《缘起》卖出高价；《英雄》小说、《英雄》漫画趁热上市；"移动英雄""英雄玩偶"、邮票先期推出；贴片广告和《英雄》的人物造型、道具以及故事情节都紧随电影的推广而高价卖出……《英雄》尚未全面公映，电影衍生产品市场已把制片投资悉数收回且有可观盈利，在中国电影史上书写了电影衍生产品市场的传奇。

电影衍生产品，是指由电影产品衍生出的海报、音像制品、玩具、邮票、纪念品、电子游戏、主题公园、原创音乐、文学作品等产品，对其开发是指与影片相关的人物形象、品牌等可以由影片产生价值的一切产品的生产、发行、许可、销售以及其他形式的开发。一般意义上讲，电影交易活动包括制片、发行、放映 3 个环节，在完成院线发行后，电影仍然存在一定的价值，这种价值体现为一种连带品牌效应，这使得电影衍生产品开发存在着客观必然性。电影衍生产品在开发上一般有两种相互关联的表现形式，一种是影片本身通过造势、炒作等宣传，无形中使观众对它的期待值升温，在放映期间，再借助电视播放以及音像版权出让等形式，多层次、全方位地释放能量，以创造更大的市场价值。从影片放映到这些媒介传播之间的时间间隔，是一个相对完整的"时间窗"。不同媒介在这个时间内通过对与电影品牌有关的市场空间的占有，使品牌剩余价值得到最优化的实现。另一种方式就是对与影片形成链接的其他产业的产品开发，如玩具业、旅游业，甚至服装、餐饮业等。这是电影产业借助技术现代化和资本现代化、规模化所实现的。在与相关产业的互动中，促进电影产业向深度和广度全方位延伸。电影与电影衍生产品之间存在着互动的关系。电影衍生产品的销售会为影片的放映发挥宣传作用，而影片的放映也会为电影衍生产品的销售营造有利环境。电影衍生产品开发的市场非常广阔。以美国这一世界第一大视听技术出口国为例，其每年的国内票房收入大约是 70 亿美元，但这只是产业收入的冰山之一角，仅占电影产业总收入的不足 30%，其余的经济效益都是由电影衍生产品创造的，并且电影衍生产品在整个电影产业中的比重将越来越大。与美国相比，中国的电影衍生产品基本处于空白状态。尽管分账大片进口已经多年，然而对它们的衍生产品开发却微乎其微。

自从加入世界贸易组织后，中国电影市场逐步向国际开放，国产电影面临的市场压力越来越大，市场空间狭小而单一的票房收入很难与进口大片抗衡。特别是实行院线制之后，探寻电影产品更多的创收渠道势必成为电影制作公司考虑的首要问题，而好莱坞的成功案例说明，电影衍生产品开发对解决这一问题来说无疑是很好的渠道。电影衍生产品开发已经逐渐成为官方与电影界普遍讨论的话题。电影产业与文化产业其他部门相比，具有科技含量高、附加值高、行业跨度广、参与人数多等特点，是现代社会经济结构中的重要组成部分。通过电影衍生产品开发，不仅能够促进电影产业的发展，而且可以带动相关产业——建筑、装潢、玩具、电子、广告、零售等多个领域的发展。

动漫产业，是指以"创意"为核心，以动画、漫画为表现形式，包含动漫图书、报刊、电影、电视、音像制品、舞台剧和基于现代信息传播技术手段的动漫新品种等直接产品的开发、生产、出版、播出、演出和销售，以及与动漫形象有关的服装、玩具、电子游戏等衍生产品的生产和经营的产业。动漫产业作为"无烟重工业"，不仅本身市场产能巨大，而且可以带动许多周边相关产业。在动漫产业链中，动漫衍生品虽然处于产业链下游，但却是动漫产业中效益最大，对产业链支持最重要的一环。动漫衍生品不单指玩具，它涵盖了大多数的产品种类，如音像制品、电影、书籍小说、游戏、玩具、动漫形象模型、服饰、饮料、鞋业、电子产品等都能开发成动漫衍生品，更能以形象授权的方式衍生到更广泛的领域，比如主题餐饮、漫画咖啡馆、主题公园等旅游产业及服务行业等。

日本动画片之所以能够风靡全球，获得巨大经济利益，其中的关键在于动画作品的"滚动开发"。据资料统计，2002年，动画片在影院上映、电视播放、录影带的销售和出租方面的收入有1500多亿日元，这还不包括在国外的收入，而2002年日本电影业发行的全年收入只有不到2000亿日元。以动画片主人公形象为原型制成的玩具等衍生产品更拥有近2万亿日元的巨大市场。如果说作品的播出、发行是影视动画的第一次开发的话，那么相关衍生产品的开发就是动画产品的二次利用。也就是这二次利用才让动画作品真正进入"红利时代"，而且这种"二次利用"可以不断地延续下去。1979年开始播出的机械人动画片《机甲战士》系列就是最好的例证，此片中的机械人形象制成的玩具热销至今。日本最大的玩具制造商万代集团2001年的总销售额为1184亿日元，机械人玩具占据了200亿日元的份额。动画衍生产品中还涉及主题公园、游戏开发等多渠道开发项目，而这些依附在动画片周围的商业市场繁荣，反过来又会提高动画作品本身的知名度。美国迪士尼公司在做基于传统行业的衍生产品时，可以说是独具匠心。除了图书和音像制品以外，还有细分的童装、食品、主题公园等大量相关产业。

中国无法获得衍生产品开发的巨大利润，其重要原因是缺乏整体设计理念。而日、韩、欧美等动画强国一般都拥有贯穿整个动漫产业链的专业经营机构。因此在脚本制作、塑造动漫形象前期就考虑需要到后期衍生产品的开发，使其风格和商业价值均紧密相连。而中国动画衍生产品开发与设计、制作环节是相互脱离的。严格来说，每一部动画片、每个动画形象都有自己的特质，有独到的推广空间，不局限于同一种运作模式。整体设计理念就应该从设计、制作到播出、衍生品的开发，各个环节都应该把握住这一特色，整体推进，相互协调促进。

经典案例

科幻《三体》输出国外　谱写中国科幻传奇

一、《三体》叙述中国科幻故事

（一）理工知识背景　点燃"科幻"火苗

刘慈欣是当代中国科幻小说家的杰出代表。严锋认为他"单枪匹马，把中国科幻文学提升到了世界级的水平"。这位科幻小说家生于北京，成长于山西阳泉，20世纪80年代毕业于华北水利水电学院，理工系的学习经历奠定了刘慈欣的创作方向和写作风格。在刘慈欣的作品中，关键人物总是代表着理性和逻辑性。本职工作是娘子关火力发电厂的高级工程师，业余从事科幻写作，是中国科普作家协会会员、中国作家协会会员。刘慈欣在80年代中期即开始了文学创作，他的处女作《鲸歌》发表于1999年。从那以后，刘慈欣已发表短篇科幻小说30余篇，长篇科幻小说8部（不含海外译本和短篇作品合集），并有丰富的科幻评论文章问世。从1999年作品首发开始，直至2006年，刘慈欣的小说连续八年获得中国科幻最高奖——银河奖。他还得到了2007—2009年度与2010—2012年度的赵树理文学奖（山西省最高荣誉的文学奖项，三年评选一度），以及2013年全国优秀儿童文学奖（由中国作家协会主办，是与茅盾文学奖、鲁迅文学奖、少数民族文学"骏马奖"并列的中国四大文学奖之一）。

（二）"科技兴国"战略　激发科幻小说创作灵感

20世纪90年代，随着中国政府加强对"科技兴国"的宣传、科技事业不断发展，出现了诸多有利科幻创作的条件；同时以科技工作者为主的创作队伍逐渐更新，一些从科幻迷中分离出的精英化读者也成长为作家。刘慈欣自1999年起在杂志《科幻世界》上发表作品，此后接连创作了多个中短篇小说；"有三颗无规则运行恒星的恒星系"这个构思他最初打算用来写短篇，后来发现能写成一部长篇小说，于是把个狗屎这和吴岩在《中国轨道》里描写人们不顾一切地探索太空的历史相结合，设定以"文化大革命"时期为整个故事的背景，描述一些人物与外星力量间的接触、以及华约和北约的冷战；在一位出版人的影响下，他对原来的构思做了较大的修改，改为一个长篇的三部曲系列，叙述从20世纪60年代到500年后人类的一段特殊历程。

《地球往事》三部曲《三体》《黑暗森林》《死神永生》达到了中国科幻小说的一个新高峰，体现了传统中国向现代中国的转型过程了，对科学和先进技术文明的追求，且受到科幻小说界、主流文学界和科学史的各路专家的高度好评。《三体》三部曲被称为是一部想象中的未来史诗，作品以恢宏大气的笔触描述了地球文明以外的"三体文明"，描述了人类与宇宙间可能存在的外星文明之间的关系，也描写了人与宇宙的关系。小说试图将极端的空灵和厚重的现实结合起来，同时注重表现科学的内涵和美感，努力创造出一种具有中国特色的科幻文学样式。在中国科幻迷心目中，它几乎等同于中国的《星球大战》或是《阿凡达》。该作品被誉为是中国科幻文学的里程碑之作，评论人士称其"为中国文学注入整体性的思维和超越性的视野"。

吴岩在他的《科幻历史与科幻新生代》中说道："刘慈欣是当前少有的能将高深科学融入动人故事之中的作家之一。我特别喜欢他那种一瞬间就从中国最偏远的地区将镜头拉到银河之外的'视角变动'，在这种变动中，作为宇宙中一个微粒的人，获得了非同寻常的位置确认。也恰恰是因为他的这一手，在我看来是凸现了科幻文本的独特美感。"文学大师莫言评论刘慈欣："现在缺的就是有原创意义、有鲜明个性的小说。我发现刘慈欣的小说，有新意、有亮点，有别人没有的东西，看了以后能让人记住。刘慈欣的小说，有非常深厚的修养和准备。他利用深厚的科学知识作为想象力的基础，把人间的生活、想象的生活，融合在一起，产生独特的趣味。这样的能力我就不具备。"

（三）《三体》英文版出版　实现多国语言版出版

《三体》在集结成书出版前是首部在《科幻世界》长篇连载的国内科幻作品，

由于受到读者的热捧，2008年1月，简体中文版《三体》开始由重庆出版社出版，随后分别于2008年5月、2010年1月出版《三体2：黑暗森林》《三体3：死神永生》，简体中文版的问世在科幻图书短缺的市场上获得了骄人的成绩。简体版的热销推动了《三体》中文版的完成步伐，并在2011年3—7月由台湾猫头鹰（城邦）出版社负责出版印刷，实现了简体中文版与繁体中文版的双双问世。

2012年，刘慈欣与中国教育图书进出口有限公司、《科幻世界》杂志社共同签署了《三体》英文图书版权合作协议。2014年5月26日，中国教育图书进出口有限公司宣布与国际知名的托尔（Tor）公司完成了《三体》英文版全球出版合同的全部签署程序。成立于1980年的托尔公司隶属于德国霍尔茨布林克出版集团旗下的麦克米伦（美国）公司，是全球知名的科幻和奇幻小说出版社之一。该社已连续20年获得卢卡斯奖的最佳科幻出版商奖。

在图书翻译上，中国教育图书进出口有限公司积极寻找洞悉中西方文化同时又从事过科幻文学翻译的优秀翻译人，几经寻找，最终确定由雨果奖获得者美籍华裔科幻作家刘宇昆与周华（即乔尔·马丁森）分别负责第一部与第三部、第二部的翻译工作。《三体》英文版是《三体》三部曲的第一部，书名被直接译为《三体问题》（*The Three-Body Problem*），并在2014年11月于美国出版。2015年8月11日，乔尔·马丁森负责翻译的第二部《黑暗森林》（*The Dark Forest*）英文版出版，2016年4月9日，由刘宇坤翻译的第三部出版发行，至此，《三体》系列英文版实现在美国的全部出版。截至2015年年底，《三体》系列第一部的英文版在全球销量已超过11万册，销售码洋逾200万美元，取得这一销售成绩，距离该书英文版的全球首发约一年多时间。

在《三体》英文版合约签订及出版之后，《三体》其他语言版本的版权合作事宜也在中国教育图书进出口有限公司的推动下积极进行着。2014年11月12日，《三体》土耳其语版确定落户土耳其最大的科幻奇幻出版社伊莎基出版社（Ithaki Publishing）；2015年7月9日，《三体》法语版确定落户法国南方出版社（Actes Sud Publishing），该出版社是法国排名第四的小说类出版社；2015年7月25日，《三体》泰语版确定落户泰国邮政出版有限公司（The Post Publishing Public Company Limited），泰国邮政出版有限公司是泰国最大、最具影响力的出版传媒集团之一；2015年7月27日，《三体》匈牙利语版确定落户欧洲出版社（Európa Könyvkiadó），该出版社是匈牙利首屈一指的出版社和领先的译文出版社；2015年5月25日，《三体》德语版确定落户兰登书屋德国分公司（Heyne Verlag），并将由其旗下历史最悠久的科幻出版品牌出版。目前，《三体问题》（中文名《三体》）的实体书已有5个版本在国际市场上发行，此外还以有声书光盘、有声书下载版、电子书等多种形式发行。

20世纪80年代以来，一批中国科幻文学作品被陆续翻译成多国文字，介绍给西方读者，但主要是零零星星的短篇和作品集。《三体》英文版的问世，将是中国长篇科幻小说的一次较大规模的对外输出，自出版上市以来，一度在亚马逊的"亚洲图书首日销量排行榜"上排名第一；在"2014年度全美百佳图书榜"上，《三体问题》也赫然在列。在不到3个月的时间里，《三体问题》引起了西方社会，特别是科幻界的较大关注。一些评论人士认为，这一部中国当代长篇科幻的代表作被美国科幻出版界接受，本身就是一个"大事件"。

《三体问题》于2014年11月11日在美上市以来，短短半年时间，受到主流媒体高度关注，得到了美国的科幻文学界广泛赞誉，赢得了北美读者的喜爱。《纽约时报》《华尔街日报》《华盛顿邮报》《卫报》《出版人周刊》等海外媒体和书评机构以罕见的热情和篇幅对这部中国文学作品的英文版进行了大量报道。2015年出版的《三体问题》英文版还登上了当地多份优秀图书榜单，并在伦敦书展上受到欢迎。海外出版发行以来，《三体》英文版取得了令人瞩目的成绩，2015年2月以来，该书就接连获得星云奖、雨果奖、坎贝尔奖、轨迹奖、普罗米修斯奖等五项国际科幻文学奖项的候选提名，并最终于2015年8月22日斩获被称为幻想艺术界"诺贝尔奖"的第62届雨果奖最佳长篇小说奖，这是亚洲人首次获得雨果奖，也是中国科幻走出国门、走向世界的重要一步。

二、国内国外双管齐下　助力《三体》成功实现版权输出

（一）国内因素

1. 优秀作品本身实现成功输出的一半

世界对中国文学的关注度这些年在上升，主要方面表现在莫言获得获诺贝尔奖，其他方面如通俗文学、科幻文学类型文学也受到关注，而《三体》正是在这样的大背景下受到世界的关注。

与西方不同的是，虽然有数百年前的幻想作品比如《西游记》《封神榜》和《镜

花缘》可以用来证明中国人原本并不缺乏想象力，但就思想"血统"而言，这些作品和西方当代的科幻却并无相通之处。到了19世纪末，当西方的科幻创作由赫伯特·乔治·威尔斯（Herbert George Wells）开启持续至今的反思科学传统之时，中国晚清的第一代科幻作家却在全力模仿凡尔纳的科学颂歌，想象着一个又一个高科技的未来太平盛世。在特殊的历史环境中，这种传统居然一直持续到20世纪80年代。直至改革开放之后，中国的科幻创作才完成了与国际的接轨个过程。但是，刘慈欣偏偏没有汇入这个潮流之中，而是坚持着他的科学主义创作纲领，走着不同于大多数科幻作家的反潮流之路。

科学主义最基本的信念，就是相信科学技术可以解决人类社会的一切问题——当然这只能是一个信念，谁都知道永远不可能有得到证明的那一天。而这恰恰也是刘慈欣的信念，他在作品中反复表达和图解了这个信念。从当代科幻的整体来看，"反科学主义"纲领经过一个多世纪的科幻创作实践，已被证明是一个富有活力的创作纲领。与此相对，如果说相信科学技术终将解决人类社会一切问题的"科学主义"纲领，那么曾经催生过凡尔纳的科学颂歌如今早已成为一个"过气"的陈旧纲领。

刘慈欣的作品看重科幻的古典传统，并加以创新，他以丰富的创作实践和对科幻现象的思考，已经对中国的科幻文学领域造成了一种划时代的震撼。中西方科幻文学有共通的价值观，共同关心的问题，考虑人类的命运。另外，刘慈欣站在大比例人口国家考虑的问题是西方作品没有考虑的。轨迹奖颁发者《轨迹》杂志网站科幻编辑、书评人、传记作者、罗斯福大学教授加里·沃尔夫（Gary K.Wolfe）的书评中说道："虽然刘慈欣的写作明显传承于西方科幻文学，但《三体》并不是模仿西方科幻。《三体》最吸引人的一点，在于它是一部引人入胜的虚构惊悚故事，同时又不失中国语言与文化的独特性，它因此也区别于美国读者所熟悉的西方科幻的节奏。如果托尔图书公司不继续出版后两本，将是对三部曲小说的'犯罪'。"

刘慈欣在创作上虽具有西方科幻的色彩，但他自身的反潮流写法手法却与大多数科幻作家背道而驰，文字具有传统中国语言的特性是使他的作品有别于西方科幻文学作品的一大特点。《三体》满足了西方读者的读书喜好，优良的翻译保持了中国文化的特色同时又吸纳西方文明，种种因素加到一起，促成了《三体》英文版的成功出版。

2. 国内版权代理机构

国内《三体》英文版的版权代理机构中国教育图书进出口有限公司是中国对外文化交流领域的骨干企业，持续关注中国科幻文学的发展，专注于推动中国科幻文学"走出去"，在为中国科幻作家和相关机构提供版权输出服务的同时，努力打造"走出去"的服务平台。近年来，中国教育图书进出口有限公司除与刘慈欣签署相关合作协议外，还陆续签约了多名中国知名科幻作家，如王晋康、宝树等。专业化的版权代理机构是《三体》英文版实现英文版成功输出的重要因素。

早在2010年年底的微博上，受诸多名人、媒体推荐，"三体"在当时成为一个文化现象。中国教育图书进出口有限公司出口综合部总监李赟在了解到消息后，第一时间购买《三体》阅读，读完后下定决心从事《三体》三部曲的版权输出工作，使得《三体》进入了优秀出版人的视线。但当时面对中国文学在西方主流文学市场上的近乎集体失声，中国教育图书进出口有限公司版权贸易团队深谙"走出去"之不易，更不待说要在西方发光发亮、斩获大奖，得到专业人士和市场的一致好评和追捧了。但中国教育图书进出口有限公司依然顶住了巨大不确定性带来的压力，展现出极大的魄力和勇气，为《三体》的外译出版做出了积极、周密的规划和安排，并有条不紊地将其付诸实施，其在各业务环节所开展的一系列创新和探索是密不可分的。在版权业务开展过程中，中国教育图书进出口有限公司将整体业务流程区分为选题策划、翻译安排、国际营销和出版发行4个环节，进行环环把关，以作品的文学价值、市场价值和文化传播力为导向，以汉学家为标准挑选译者；以精细化、高效率为准则开展工作；以互动性、多渠道、进主流为营销重点和出版方选择重点，力求精品出版和出版精品。

事实证明，中国教育图书进出口有限公司在《三体》英文版出版上的努力是有成效的，在与美国托尔出版社的合作与紧密联系中，成功实现了英文版的出版，成为一个"科幻"的传奇。同时，中国教育图书进出口有限公司输出的《三体》在中国版协、中国新闻出版研究院、出版参考杂志社联合发起主办的2015年度第十四届输出版、引进版优秀图书推介活动上，荣获2014年度输出版优秀图书奖及中国图书对外推广计划2014年度特别贡献奖。

3. 助燃剂——中国力量

随着中国力量的崛起，中国的科幻迷越来越勇敢。他们在世界各地用英文写文章、开会主动向外国人介绍《三体》。中国的崛起，让科幻迷敢于主动参与宣传，这对于《三体》走出国门也起到了很重要的作用。同时，中国文化"走出去"也得到了政府各项政策的大力支持，无论是从政策导向还是从资金扶持来说，各图书企业都迎来了前所未有的机遇，能够以往成功经验和有效模式的基础上，更为明确地锁定目标，实现突破性成绩。

推动中国文化"走出去"是社会各界的责任与愿望，在不同阶段有着不同的推动力，成功是完成"走出去"的步伐。在《三体》的版权输出上，除了中国教育图书进出口有限公司外，中南出版传媒集团旗下的湖南科学技术出版社尽到了自身的责任。在《三体》项目启动初期，中国教育图书进出口有限公司一直在寻找有兴趣一起推进版权输出的国内出版社。作为在国内科普图书市场有一定影响力的出版单位，湖南科学技术出版社通过前期投入资金并申报"经典中国国际出版工程"，支持《三体》三部曲的翻译工作。在将《三体》推向更多国家时，湖南科学技术出版社与中国教育图书进出口有限公司达成了全面合作。科普和科幻都能促进年轻人用科学知识理解世界。湖南科学技术出版社结合自身定位，发挥自己的长处，为将优秀科幻作品输出到国外贡献了巨大力量。

文化的传承与"走出去"是每个公民应尽的职责与义务，弘扬中华文化，传播中国文明是每一个中国人的责任，但徒有公众的热心与职责离成功视线文化输出还是有一定距离的。国力的强大与繁盛，为实现文化输出的中国公司提供了政策、资金的支柱与扶持，国力的提升使国家的国际地位得以提升，"中国声音"越来越引起更多国际国内的注意，这样的大环境是实现中国文化输出的恰当时机，为中国文化的输出起到了助力的作用。

（二）国外因素

1. 准确选择国外出版社

成立于1980年的托尔公司隶属于德国霍尔茨布林克出版集团旗下的麦克米伦（美国）公司，是全球知名的科幻和奇幻小说出版社之一。自1988年以来，已经连续20年获得卢卡斯最佳科幻小说出版商奖（Locus Award for best SF publisher），并出版过很多科幻奖如"雨果奖""星云奖"的获奖作品。它拥有乔丹·罗伯特、特里·哥德温及赫尔伯特·布莱恩等著名科幻作家。

托尔出版社是汤姆·多赫尔蒂联盟（Tom Doherty Associates，LLC）的出版品牌。汤姆·多赫尔蒂联盟1980年创建于纽约，1986年，它被出售给圣马丁出版公司（St. Martin's Press），成为其分社。1998 年，圣马丁被归入霍尔茨布林克出版集团后，汤姆·多赫尔蒂联盟成为集团旗下一家独立运行的出版机构。该联盟旗下的出版品牌除了有托尔出版社之外，还有"Tor Teen"专门出版少儿科幻小说；"Forge"专门出版主流小说和非小说读物，特别是历史小说、惊悚和神秘小说，及女性小说，"Seven Seas"专门出版科幻和幻想题材的漫画。此外，美国太空总署（NASA）还与托尔出版社达成协定，准备出版一系列以科学为主题的小说。美国太空总署还希望借此吸引学生留在此领域学习，以期加强美国太空总署以至整个国家未来的科技人才。

从出版社的选择上来看，美国托尔出版社是一家专门从事于科幻文学出版的出版社，在科幻文学传上具有专长，在美国国内的科幻文学出版中占有很大优势，加之美国太空总署与托尔出版社的合作，使得托尔出版社不仅在出版业务上一流，更拥有国家支持，在社会上具有很强的说服力。托尔出版社本身已在美国家喻户晓，加上中国教育图书进出口有限公司选择与之合作出版《三体》英文版，无形中便把出版成功的概率提升了，使得《三体》英文版在打入美国市场上占有先机。

2. 国外市场营销推广

优秀的作品本身是实现走出去的第一步，良好的宣传推广是使之获得更多了解关注的重要一步。中国教育图书进出口有限公司在《三体》英文版出版前后的持续运作获得了国内科幻文学界人士的肯定。《三体》英文版国内代理人李赟说："我们的所有营销资源都是靠绞尽脑汁，通过所有可能的途径获得的，比如大卫·布林就是通过刘宇昆联系上的。"为邀请美国知名科幻作家大卫·布林撰写书评，中国教育图书进出口有限公司将译文排版、打印成书稿邮寄到大卫·布林家中。通过邀请大卫·布林等权威人士撰写书评，中国教育图书进出口有限公司积累了不少对《三体》的正面评价，这对于美国知名科幻出版公司托尔出版社接受出版《三体》起到很大作用。

尽管《三体》在国内接受度很高，但当输出到国外时，因其浓厚的"中国风"味道，必须要进行包装，以符合西方人的风格。因此不断通过"精美包装"吸引海外科幻领域最知名的出版商，是中国教育图书进出口有限公司在出版发行方面形成的明确思路。《三体》第一部《三体》（*The Three-Body Problem*）英文版于 2014 年 11 月出版，但中国教育图书进出口有限公司从 2013 年年初就开设英文网站、推特及脸谱网账号对其进行宣传。这几个信息发布平台每周都有新的英文内容发布，一直持续至今。

3. 专业化的翻译，关注读者体验

2012年7月，中国教育图书进出口有限公司正式与刘慈欣、《科幻世界》杂志签约，开展《三体》英文版的版权输出工作。对于2011年以前以实体图书进出口为主要业务的中国教育图书进出口有限公司来说，版权输出属于创新业务，很多工作要从零起步。出版商在选择图书时要看英文全文，这是美国版贸交易市场规则。基于此，中国教育图书进出口有限公司在没有明确合作伙伴前，先要投入资金翻译全文。最初没有译者资源，要找到愿意合作并且有能力翻译这部作品的译者是件具有挑战性的事。在获取相关译者信息后，通过逐一联系、评估、决策，最终确定了刘宇昆、周华两位一流译者。作为科幻文学作品的译者，要对美国读者有判断力，面对中文作品，要结合当地文化，不断思考保留什么、删去什么，这相当于用英文重写原文，而身为科幻迷，同时又了解中国文化的刘宇昆和周华无疑是最合适的译者。

《三体》英文版第一部、第三部的译者刘宇昆作为华裔科幻作家，曾凭借作品《折纸》获得2012年雨果奖最佳短篇小说奖。在美国科幻文学界已有一定影响力的刘宇昆，对于《三体》在美国打开市场起到了重要作用。他的译文表现出的是刘慈欣式的小说语言特点，除了翻译工作，刘宇昆还做了大量推广工作。《三体》第二部《黑暗森林》(*The Dark Forest*) 英文版的译者原名乔尔·马丁森的周华是个疯狂的科幻迷，他阅读过中国21世纪以来所有的科幻长篇作品，在北京师范大学读书时也曾听过科幻文学课程。在翻译过程中，他考虑的首先是怎样用英语向美国读者传达自己阅读《三体》时的感觉，因为让美国读者理解书中的文化背景是一个大问题，对于书中难以理解的中国文化、历史因素，翻译要保持故事节奏，也要采用通俗的叙述方式。如《三体》第二部有一些内容涉及刘慈欣的另一部长篇作品《球状闪电》，而《球状闪电》尚未在美国出版。为便于读者理解，刘慈欣主动重写了一些故事情节，将与《球状闪电》有关的内容进行删改。

优秀的译者使得英文版作品与读者见面，科幻文学作为类型文学，读者的反应决定了科幻文学的层次。针对不同文化背景的读者翻译出易于理解的文学作品只是图书进入外国市场所经历第一步，读者的读后反应对作品的后续营销及后期优秀作品的引进起着关键性的作用。因目前我国科幻文学的发展与美国科幻文学的发展尚存在差距，因而读者反映对于作品能否真正进入目标市场是决定性的，这就需要国内版权代理公司针对大部分读者的反应对文章做出调整,以期满足目标市场的需要。

三、科幻文学《三体》的输出对我国图书版权的输出的启示

科幻需要用一种新的思想来看世界,是对一个人生命的扩展,目前国内科幻文学前景广阔,科幻文学从狭义上作为文学体裁,广义上作为思维方式,介乎科学与文学之间,崇尚创造力,把各种可能的未来排列出来,在假设想象中的世界中推理会发生什么。《三体》作为一部科幻文学作品的成功输出对我国图书版权的输出具有积极的借鉴意义。

(一)严格挑选文学作品,贴合目标群体喜好

中国文学走出去所面临的主要问题是西方读者的接受度,美国的翻译作品占出版量很少,美国读者对本国之外的作品不大关心。我国历史悠久,文化博大精深,形成了大量的文化资源,同时随着我国文化、科技、教育等的发展,国家实力日益增强,图书出版行业也不断繁荣兴旺,将会成为名副其实的出版大国。但图书版权的输出与我国出版大国的地位以及我国的综合实力相比还微不足道。

目前我国的现当代文学作品、中华文明类图书、中国当代发展类图书、少年儿童图书和汉语学习类图书已经在版权输出方面取得了不错的成效,特别是近几年来,我国图书版权输出扩展到非洲,取得了突破性进展。如与非洲出版界合作出版了《非洲常见病防治读本》丛书和《非洲农业技术发展》丛书;莫言的作品获得了众多国外读者的喜爱,很多重要的作品被翻译成各种文字出版;于丹的《论语心得》无论是版权签约数,还是实际印刷数,均创造了近年来中文图书海外版权的最高纪录。但从整体上看,由于语言、文化、科技的差异,我国图书版权输出的面还不够广。因此,要积极寻求图书版权输出的增长点,不断挖掘精品图书版权,开发针对不同国家或地区的精品图书资源,并尽可能多地将精品图书版权译成多语言版本的版权进行输出。在找寻优秀图书对外输出的同时,把握不同输出国读者的阅读喜好,按需输出合适的图书,满足读者的阅读体验,争取做到输出的图书不仅是精挑细选的,还是符合读者需求的,达到输出即能满足营利的目的及实现优秀中华文化"走出去"的目标。

（二）积极有效宣传营销策略

图书在进行版权输出时，需要出版者进行深度策划，要用对方听得懂的语言和喜闻乐见的形式在国际媒体上进行宣传。《三体》的英文版输出便是采取了积极主动的宣传营销策略实行对外宣传。2012 年 11 月 7 日，在确定了英文版翻译团队后，《三体》的国内版权代理机构中国教育图书进出口有限公司便开始了积极的筹备宣传活动，并于 2012 年 11 月 20 日推出《三体》官方网站 3body.net，全力准备宣传推广，随后又于 2013 年 1 月 7 日在项目，官方社交平台推特（Twitter）账号上线运营，在选择社交平台时充分考虑了国外消费群体的社交软件喜好倾向，推特无疑是宣传《三体》的最好平台；此外，考虑到社交平台脸谱网（Facebook）在美国也是大众的社交聚集地，中国教育图书进出口有限公司又于 2013 年 3 月 1 日将项目官方账号开始在脸谱网线上运营。脸谱网运营仅 3 个月后，在同年 6 月 6 日便实现了粉丝数多达 1000 人，6 月 24 日增长至 2000 人，成功成为在美国市场的吸引点，截至 2014 年 4 月 21 日，脸谱网粉丝数达 400 人。正是由于国内版权代理公司采取了合适的推广途径，拓宽了《三体》的宣传领域，从英文版出版前的线上宣传到出版后的线下宣传使得《三体》英文版在出版前到出版一直都保有持续的关注量，给猎奇的读者带去了吸引力，降低了《三体》后续营销的难度。

（三）强化人才培养，提升图书版权输出的创新力

版权输出人才匮乏是制约我国版权输出的重要因素之一。因而，培养一批熟悉国际图书市场运作，至少精通一门外语，掌握相关法律知识，具备一定版权贸易业务能力，能够准确把握海外读者的阅读心理和习惯，掌握现代高科技传媒技术的复合型人才，是加快图书版权输出步伐的关键。

在解决版权输出代理人缺乏的问题上，可定期开展版权输出培训，与海外知名的出版集团、大学、版权代理机构联合开展人才培养项目。选派优秀的人才到国外进修学习，开阔视野，提高版权输出业务水平，同时聘请海外版权贸易专家讲解本国成熟的版权贸易经验，帮助中国出版企业输出中文图书版权，开拓海外市场。并在校园开设相关课程，为今后的版权输出储备人才。

此外，由于我国很多从事图书中译外工作的都是老一辈翻译家，现阶段很缺乏中青年翻译学者，这十分不利于我国的版权输出。可将文化、传媒、翻译界等精英人士集中起来，开展翻译理论研究和实务工作的研讨会，并提高图书翻译的工资待遇，吸引更多翻译专业的优秀人才从事图书翻译工作。现阶段还可邀请海外汉学家加入翻译队伍，"借船出海"。他们对中国文化非常了解，对本国语言和汉语又非常精通，借助他们的力量来扩大中国图书在海外的影响力。提高翻译水平。翻译不仅是将图书的内容进行语言转换，更重要的是对原意精神实质的精准翻译，思维转换的拿捏与语言的表述要考虑到海外读者的文化传统及阅读习惯。建立专门的人才数据库，把国内外的翻译人才输入数据库中，方便找寻合适的图书翻译人才。每位翻译人才的信息要详细，既要注明他们擅长翻译的领域，又要注明他们精通的语种，既要注明每位翻译名家的基本信息，还要注明他们曾经翻译过的著作，这些翔实的信息有助于出版集团了解每位翻译名家，方便国内外出版集团选择适合的翻译人才。

第四章 国际文化贸易的需求

文化贸易供给因应需求而动,亦主动引领需求。供求平衡是市场经济的规律,也是国际文化贸易发生的动因。当前中国文化市场引进的海外文化产品与服务丰富而优秀的国产文化产品与服务鲜能走出国门的不均衡局面,很大程度上是由于国内文化市场的供给与海外市场需求没有实现有效对接。文化产品与服务由于其文化内涵在创作生产上具有特殊性,不同国家和地区也因为历史文化的不同而对于文化有不同的消费需求。提升文化市场上文化产品与服务的供给质量,带动国际市场的文化需求,是改善国际文化贸易逆差的关键。

第一节 文化贸易需求市场的划分

一、不同文化圈的需求市场

文化圈是指具有相同文化特征,或包含相同文化要素的地理区域的最大范围。文化圈以文化为主要特色,并且各个文化圈内都有一个核心地区,由其向四方扩展,使周边区域在文化上表现出共同的特质。从对世界历史影响最深远的文化来说,学术界基本上一致公认,在世界范围内的文化起源主要有五大文化圈,即西方文化圈(拉丁文化圈)、东亚文化圈(汉字文化圈)、伊斯兰文化圈(阿拉伯文化圈)、印度文化圈(南亚文化圈)和东欧文化圈(斯拉夫文化圈)。本章内容除简单介绍不同文化圈的范围及特色外,将重点对不同文化圈中具有代表性的国家的文化贸易需求市场作具体分析。

(一)西方文化圈的需求市场

西方文化圈(拉丁文化圈),代表文化为天主教以及新教各派文化,后来突出科技文化,包括英国、美国等世界多数发达国家。西方文化圈的地理范围主要是以白种人的居住地为主,包含欧洲、美国、澳大利亚等地。西方文化圈的共同特色是:政治上实行议会政治,经济上实行资本主义的市场机制,中产阶级为社会的主要力量,物质文明发达,基督教的文化价值观仍为主流以及重视消费与享受。

由于西方文化圈包括美国、英国、德国、法国等多数世界发达资本主义国家,这些国家不仅经济发展处于世界前沿,其文化产业与文化贸易的发展也带动着全球文化经济的发展。当前世界文化产业主要集中在两大区域——美国与欧盟。与此相应,当前西方发达国家的文化政策也主要分为美国模式和法-加模式。美国的文化政策模式秉承自由主义传统,以强调文化产品生产、销售的高度市场化和政府干预最小化为主旨；而法国、英国、加拿大等国，其文化政策模式大多强调政府对本国文化产业的理性规划，只是在文化发展目标以及规划、调节的力度与方式上有所区别。

虽然各国在文化政策上有区别，但各国的文化产业发展可谓是如火如荼、日益成熟，并为本国的 GDP 及就业做出了巨大的贡献。在欧洲，旅游业是英国最大的文化产业之一，平均年产值 740 亿英镑，对 GDP 的贡献率为 4.5%。在拉丁美洲，墨西哥仅文化旅游业对 GDP 的贡献率就达到 6%，摩洛哥的手工艺产业对 GDP 的贡献率更是达到 15%。多数拉丁美洲国家还以音乐产业见长。2001 年，整个拉丁美洲的音乐产业销售额为 24 亿美元，仅音乐录制产品在 20 世纪 90 年代的年增长率就达到 38%。1999 年，仅以出版业为基础的核心版权产业对美国经济的贡献就达到 4572 亿美元，占 GDP 的 4.94%。在美洲地区，文化产业每年为加拿大人提供大约 60 万个直接的工作岗位，为秘鲁提供 20 万个工作岗位，为墨西哥提供 200 万个工作岗位，为萨尔瓦多提供 115 万个工作岗位。[①] 此外，还提供了更多的临时就业机会。欧洲委员会曾于 1998 年发表文化产业就业的工作报告《文化、文化产业与就业》。根据这个报告，20 世纪 80 年代至 90 年代，整个欧盟的文化产业就业人口无论从人数上还是从所占比例上来看，都呈强劲增长之势。其中西班牙在 1987—1994 年间增长了 24%；法国在 1982—1990 年间增长了 36%，是同时期该国总就业人口增长率的 10 倍；英国在 1981—1991 年间增长了 34%，而同时期该国的总就业人口基本没有增长；德国在 1980—1994 年间增长了 23%。1995 年，欧盟 15 个成员国文化产业的就业人数大约为 300 万人，约占总就业人口的 2%。到了 2002 年，欧盟文化产业的就业人口进一步攀升，达到 416 万人，占总就业人口的 2.5%，比 1995 年又有较大增长。

从以上数据中不难看出，西方文化圈拥有一个巨大且较成熟的文化消费市场，这就为中国与西方文化圈开展文化贸易提供了一个广阔且便利的平台。中国文化作为东方文化的代表，历史悠久、博大精深，西方人对于中国文化的猎奇与探索也使得中西方文化日益交融、相得益彰。中国在与西方国家开展文化贸易时应着重了解西方人的思维方式和话语体系，了解对方的文化，争取"借船出海"，创造双赢的良好局面。例如，1999 年，中国对外文化集团公司与全世界最大的加拿大

---

① 参见美洲国家组织网站：http://www.oas.org/culture。

太阳马戏团联合制作了《龙狮》。这部中外合作的演出，融合了东西方文化的内涵，其吉祥物"龙狮"从中国杂技传统的狮子舞节目中演化而来。晚会创意新颖，将杂技与戏曲、舞蹈、音乐等各种艺术形式有机结合起来，雅俗共赏，形成强烈的文化和视觉冲击。截至 2009 年 12 月，《龙狮》共演出 3900 多场，现场观众超过 700 万人次，成为太阳马戏团 20 多年来赢利最丰的国际巡演剧目。

（二）东亚文化圈的需求市场

东亚文化圈（汉字文化圈），代表文化为儒学文化和后来的佛教文化，代表性国家包括中国、日本、朝鲜、韩国等，以及以汉语作为民族语言之一的新加坡。因为中国是东亚文化圈的文化扩散中心，所以中国是东亚文化圈的核心。而东亚文化圈共同的文化特色有汉字、儒家思想、以中国律法为蓝本所制定的法律制度、中国化的佛教。

若论东亚文化圈文化产业繁荣发展的国家，当首推日本和韩国。日本和韩国早在 20 世纪 90 年代就提出发展创意产业，经过多年的发展，日韩的文化创意产业成为世界创意产业的重要一极，日韩也成为亚洲地区创意产业发展最好的国家。亚洲地区在全世界文化创意产业中占比 20%，其中日本文化创意产值占据世界文化创意产业总产值的 10%。2003 年，日本创意产业总值达到 1213 亿美元，远远高于当年农林水产业总值；创意产业 2004 年保持稳步增长，总值占 GDP 的 2.6%。韩国创意产业发展迅速，2002 年创意产业的市场销售总额为 174.6 亿美元，占 GDP 的 2.89%；2003 年销售总额达到 370 亿美元，同比增长 112%，占 GDP 的 6%；1999—2003 年的 5 年间，韩国创意产业的市场规模年均增长约 27.7%，而 2002 年韩国 GDP 增长率仅为 6.1%。据统计，2004 年，韩国的文化产品已占据世界市场 3.5% 的份额，成为世界第五大文化创意产业强国。动漫产业、游戏产业、数字内容产业等是日韩创意产业的主导。2005 年，日本文化创意产业的三大支柱产业共实现产值近 5 万亿日元，占文化创意产业产值所占比重超过 1/3，其中数字内容产业产值高达 315 万亿日元，动漫产业产值约为 7000 亿日元。影视、游戏、动漫产业是韩国发展最快、规模较大的行业。2004 年，韩国电影国内票房收入和出口收入近 9 亿美元，电视剧出口额超过 5000 万美元；网络游戏产值首次突破 1 万亿韩元大关，占全部游戏销售额的 61.9%，并保持年均 20% 的增长；动漫产业销售额超过 1 万亿韩元，占世界市场份额的 4‰。

日韩文化创意产业规模庞大、增长较快，主导行业全力支撑整个产业的发展。而新加坡作为东亚文化圈的成员国，其文化产业经过几十年的迅速发展，也独具特色，成为发展创意产业的典范国家。2002年9月，新加坡政府成立了创意工作小组，专门分析创意产业的现状，确定发展战略和政府对策，并提出第一份针对新加坡的创意产业发展策略——《创意产业发展策略：推动新加坡的创意经济》。此报告将新加坡发展创意文化产业的重点锁定在以下文化艺术、设计和媒体三个领域。新加坡通过政府的积极推动、创意人才的教育和培养以及对多元文化资源的充分整合，文化创意产业取得了长足的发展与进步，成为东亚文化圈中不可或缺的文化产业支柱国家。

纵观历史，东亚文化圈经历了形成、发展、辉煌至颠覆的坎坷变化。迄今为止，东亚还是一个缺乏共同心理、共同立场、共同语言，也缺乏凝聚力、向心力和认同感、归属感的区域。可以说东亚文化圈在古代长期发展的良好积淀为中国与圈内各国开展文化贸易创造了有利条件，但近代东西冲突的撞击扭转，又为其展开贸易与合作增加了难度。但不得不承认，以中国为核心的东亚文化圈在文字、思想、律法等方面的共同文化基础使中国与东亚其他各国在开展文化贸易上具备了先天优势，中国应该紧紧抓住这个禀赋，增强文化的认同感，关注文化的差异性，重视文化的缺失性，积极同东亚各国开展文化贸易，共同打造文化经济繁荣的东亚文化圈。

（三）伊斯兰文化圈的需求市场

伊斯兰文化圈（阿拉伯文化圈），代表文化为伊斯兰宗教文化，其涵盖的地域范围包括阿拉伯国家埃及、沙特阿拉伯等以及伊朗、巴基斯坦等信伊斯兰教的其他国家和地区。其特色就是直到今日仍虔诚地保持对伊斯兰教的信仰，以及阿拉伯文字的使用。东南亚主要信仰伊斯兰教的国家和地区有马来西亚、印度尼西亚、菲律宾南部的棉兰老岛等。

伊斯兰文明与中华文明，同中有异，异中有同，二者的交往、对话存在现实的可能性，二者在基本人文精神和一系列伦理思想方面存在惊人的相似性和广泛的一致性，这就为二者的对话与交往打下了坚实的思想基础。近几年，陆续有阿拉伯国家在中国举办文化周活动。

以埃及为例。埃及每年出版不包括教科书在内的文化图书约2万种，占世界总量的 2%，占阿拉伯国家总量的 50%。除此之外，作为世界文明古国，埃及号称"世界最大的露天博物馆"，拥有丰富的历史文化遗迹，这成为埃及最重要的文化旅游资源。目前，文化旅游、古迹旅游、历史旅游和宗教旅游已成为埃及旅游业最古老、也是最重要的旅游项目，其份额占埃及旅游产品的 25% 以上。旅游业已成为埃及经济的基本支柱，是国民收入的主要来源，同时也在增加国家外汇收入方面发挥了重要作用。随着中埃合作与交流的不断发展，旅游文化产业也成为两国贸易的新领域。2004 年 5 月 14 日，首个埃及文化周在北京拉开帷幕，开罗交响乐团、埃及现代舞台剧团、埃及电影展集中展示了其现代艺术的杰作。特别是文化周期间举办的埃中文化产业研讨活动，更展现了埃及文化产业近年活跃发展的势头，表达了埃及在文化产业方面与中国加强合作的愿望。2009 年 12 月，中国在沙特举办了中国刺绣展；2010 年 7 月，沙特阿拉伯在北京中华世纪坛世界艺术馆举办了文化周。种种事实表明，虽然当今的伊斯兰国家仍处于复杂的局势中，但这并不影响中国与某些国家开展文化领域的交流和贸易。中国与伊斯兰文化圈的各种文化交流活动为文化贸易搭建了平台、奠定了基础，相信随着交流的深入与市场的打开，伊斯兰文明与中华文明必将取得更加显著的文化经济效益。

（四）印度文化圈的需求市场

印度文化圈（南亚文化圈），代表文化为印度教和佛教文化，包括印度、孟加拉国、缅甸、尼泊尔、斯里兰卡、泰国、老挝、柬埔寨等。印度文化圈的文化特色表现在对梵文系字母的使用和印度教的宗教信仰上。

印度作为人口超 10 亿的大国，在印度文化圈里占有举足轻重的地位。而印度对文化产业的重视与自身优势的发挥使其文化产业处于崛起态势中。最值得一提的当属印度的电影产业。印度的电影业在 20 世纪初起步，第二次世界大战前已有相当规模，第二次世界大战结束后，特别是印度独立之后，电影业成为印度文化产业的排头兵。20 世纪 80 年代，印度每年生产 839 部电影；1990 年，印度影片产量达到创纪录的 948 部，名列世界第一。电影业成为印度文化产业乃至整个国民经济中利润最丰的产业。20 世纪 90 年代，电影业在各产业生产总额中排列第八，而且每年都以 15% 的速度增长。此外，印度为适应世界发展的潮流，充分发挥自己的资源优势，发展了新兴的文化产业即旅游业。1976 年，印度入境旅游人数达 50 万人次，1986 年增长到 100 万人次，翻了一番，到 1996 年再翻了一番。

1996年旅游外汇收入为28.3亿美元，2007年增加至112.3亿美元，翻了两番，旅游业成为印度经济中的创汇大户。近年来印度软件业的崛起令世人瞩目，据《亚洲周刊》报道，2000年印度软件服务出口总值达57亿美元。2011—2012年，印度软件和IT服务出口总额为690亿美元，预计到2017年将达到1300亿美元。[①]中国一方面应大力加强信息软件业与印度的合作，并在外汇方面予以支持。在这方面，中国政府需要通过制定扶持政策、规范市场秩序、优化投资环境、整合优势资源等，加大对电子信息企业的必要支持，为其发展营造良好的政策和环境。另一方面应大力加强宗教、民族类文化产业与印度的合作，并给予相关政策扶持。中国有丰富的民族及宗教文化资源，以适当的方式将其进行产业化并建立与印度的长期合作是双方今后进行合作的重要内容。

（五）东欧文化圈的需求市场

东欧文化圈（斯拉夫文化圈），代表文化为东正教文化，主要是以俄罗斯、东欧以及巴尔干半岛等地为主。东欧文化圈所展现出的主要特色有：以东正教为其宗教信仰，使用斯拉夫文字；在政治方面，苏联解体前，因为东欧以及巴尔干半岛地区皆受其影响，所以都倾向社会主义制度，在经济上实行计划经济。但这些现象已随着苏联的解体而有了改变，在政治与经济方面逐渐向西方文化圈靠拢。

无论是在经济、政治领域，还是在军事、文化领域，俄罗斯在东欧文化圈的地位都是不容小觑的。2006年和2007年举办的中国"俄罗斯年"和俄罗斯"中国年"作为增进两国人民世代友好、全面提升中俄战略协作伙伴关系水平的重要举措，成为中俄关系史上的创举。而2009年中国"俄语年"和2010年俄罗斯"汉语年"的举办为巩固两国人民的相互理解和友谊、深化两国间的文化交流、夯实中俄友谊的民间基础发挥了强劲的作用。中俄两国都拥有博大精深的璀璨文化，在长期的友好交往中，两国人民相互学习、彼此借鉴，极大地丰富了各自的文化内涵。俄罗斯对中国文化的认同感也在逐年增强。中俄文化交流在一定程度上打破了不同民族间的文化障碍，为两国开展文化贸易奠定了深厚而坚实的基础。而2008年的国际金融危机也将俄罗斯的文化产业带入了"艺术寒冬"。由于俄罗斯的

---

① 俄罗斯软件出口增速快于印度［EB/OL］.（2012-09-27）［2019-02-25］.http：//intl.ce.cn/specials/zxgjzh/201209/27/t20120927_23719828.shtml.

文化产业在很大程度上依赖于国家预算拨款，而金融危机的冲击使国家预算拨款大大减少，文化产业可得到的资金自然随之减少。此外，金融危机使俄罗斯很多实业界的商业巨头遭受重创，在自身难保的情况下，难以继续支持赞助大型艺术展览和文化项目。可以说，全球经济衰退使俄罗斯的文化产业也陷入了"危机"。然而这对于中国来说不失为一个契机，俄罗斯欲度过"艺术寒冬"，势必加强与包括中国在内的世界各国的文化贸易，以支撑本国的文化产业发展，而中国只要能抓住机遇，就可以扩大和加强与俄罗斯在文化贸易领域的交流与合作。

中国与俄罗斯在演出、会展、电影、图书、旅游、教育等领域展开了一定的交流与贸易。就以旅游为例。近年来，俄罗斯来中国旅游的人数逐年递增，2006—2007年，由中俄两国首脑亲自倡导互办国家年系列旅游宣传促销活动，中国12个省、区、市旅游部门和大型旅游企业参加了此次活动，受益匪浅。据调查，俄罗斯居民对旅游资源的了解一般是通过网络、旅游报刊上刊登的广告和周围人群的信息传播。然而，俄罗斯居民对中国的旅游资源了解不多，获取信息的渠道有限。对此中国应该建立互联网门户网站俄文版，用俄文介绍中国的旅游文化，方便俄罗斯各地的用户访问使用。此外，针对俄罗斯游客出行自助游所占人数比例相对大的特点，中国应制作俄文版的宣传资料和手册。除了在语言上为俄罗斯人提供便利，中国要着力增加旅游项目的文化内涵，探求俄罗斯人的文化心态，满足俄罗斯游客的文化需求。由于俄罗斯人在文化上追求求新、求异，因此应该增加旅游产品及服务的设计投入，积极开发具有地方特色、景区特色、有纪念意义和保存价值的具有浓郁民族风情的旅游产品。此外，中国针对俄罗斯游客入境消费的市场主体的国际竞争力不强，例如俄文导游的严重短缺和水平的良莠不齐是制约对俄入境旅游市场发展的重要因素。中国应利用地缘优势，从认识上、政策上和制度上促进和保障旅游人才的培养。

通过以上介绍和分析不难看出，中国和世界五大文化圈在文化领域上都存在一定交集，可以说中国的文化产品在这五大文化圈内都具有市场开拓空间。然而到目前为止，中国的文化产品出口仍集中于东亚文化圈，向其他文化圈的输出还居于少数。因此，中国文化产品的输出，关键还在于中国能否针对不同文化圈的文化特色制定不同的"本土化战略"，使中国的文化产品能够在不失特色的前提下"入乡随俗"，以实现贸易的可持续增长。

二、不同经济区域的需求市场

区域经济是一种综合性的经济发展的地理概念，在经济全球化尚不具备充分条件的情况下，区域经济一体化则是区域经济的主要表现形式和内容。区域经济学的一个核心观点，就是认为世界正在变为三个相互竞争的经济集团，即日本和中国率领的环太平洋经济区，包括韩国、东南亚等国家和地区；美国领导的西半球经济区，今后将包括拉丁美洲在内；以法国和德国为中心的欧洲经济区；将逐渐覆盖原苏联和东欧地区，也许还有北部非洲。以下将选取具有代表性的国家来分别介绍三个不同经济集团的文化贸易需求市场。

（一）环太平洋经济区的需求市场

亚洲经济区主要是指东亚区域，其经济水平相对于其他两个经济区而言最低，但合作形式最生动多样，而且在冷战后相当一段时间内，该经济区的发展速度最快。以日、韩为代表的国家文化产业与文化贸易发展极为迅速，市场也在逐步打开中。

日本的文化产业发达，与其对于文化产业的定位高度息息相关。日本将文化产业定位在立国、强国之高度。日本一直都注重本国文化的产业化发展以及全球营销战略，政府于 1995 年确立文化立国方略，2001 年开始打造知识产权立国战略，明确提出 10 年内把日本建成世界第一知识产权国。2004 年"内容产业"的保护实施条例正式启动。这样一来，发展文化产业，使文化产业成为国民经济的基础产业，不是一般的产业选择，更不是权宜之计，而是关乎全局、关乎长远的战略举措。日本在发展文化产业方面，非常重视培育文化产业生长的土壤，以夯实其发展的社会基础，着力使文化产业的发展从本国传统与现实文化中获取灵感与资源，从社会大众的文化热情、感受和参与中得到鼓励和支持。概括来说，日本的文化产业发展具有行政指导、社会参与；动漫为主、全线出击；核心竞争、系统配套；国际视野、文化整合；人才为本、创新为魂；依靠科技、占领前沿；政策扶持、法制保障的特点。日本的文化产业，首推动漫，其发达之程度，令人惊叹，素有"动漫王国"之称。目前，日本已拥有 440 多家动漫制作公司和一批国际顶尖级的漫画大师和动漫导演，每年出版的漫画作品高达 7000 种以上。日本的动漫产业具有强大的海外市场渗透能力，是世界上最大的动漫制作和输出国。目前全球播放的动漫作品中有六成以上出自日本，在欧洲这个比例更高，达到八成以上。日本游戏产业也高度发达，且一直稳步成长，目前日本的游戏产业占有世界市场一半以上的份额。无论是在美国，还是欧洲的书店或音像市场、游戏机商店，到处都可以看到日本的漫画、动画片、游戏机软件，世界各国的电视台几乎无不播映日本的动画片。在大力发展动漫产业的同时，日本丝毫也没有放松其他相关文化产业的发展，如服装设计、旅游产业等。如果环视一下全球创意产业就会发现，日本在建筑设计和时装领域已经领先于世界。日本的戏剧、文艺演出、电影、美术展览等也已经产生一定影响。旅游业也已成为日本文化产业的重要支柱。

韩国文化产业的迅猛发展，不仅拉动了国民经济的增长，也极大地提升了韩国文化在亚洲乃至世界的影响力。在韩国，文化产业与金融业、房地产业并列为服务业的三大支柱性产业。2005 年，韩国文化产业总产值占 GDP 的 6.67%，成为快速增长的产业，为社会提供了大量的就业机会。2011 年，韩国文化企业数量达 111587 家，从业人员数量达 611437 人，文化出口额为达 46.1 亿美元，进口额达 16.7 亿美元。韩国的文化产业主要包括出版、动画、音乐、游戏、漫画、电视、电影等。随着数码技术的兴起，文化产业的行业范围进一步拓展到电子书籍、互联网信息提供和手机内容等具有高附加值和高增长潜力的领域。韩国文化产业具有科技性、创新性、综合开发的特点。随着"韩流"的盛行，韩国文化产业达到了"名利双收"的效果。

虽然环太平洋经济区经济发展相对落后，但正由于中国处于此经济区内，且该区域的文化产业也处于崛起中，文化贸易市场不断被开发挖掘，因此中国对该区域的文化输出最具潜力。

（二）西半球经济区的需求市场

西半球经济区实力最雄厚，资源也最丰富，美国独特的地理位置使之最有可能"利益最大化"。美国既是经济大国，又是文化强国。作为西半球经济区的代表，美国的文化需求市场最具研究价值。当今世界，美国文化产业主导着全球的传媒娱乐市场。美国拥有极为庞大的经济资源，文化产业巨头生产着人们每日消费的大部分新闻与娱乐信息，如好莱坞的巨制电影、三大电视网的滚动新闻、时代华纳的流行音乐、NBA 的实况转播、《时代》杂志的封面报道等，已经成为美国资本向全球扩张的主要载体之一。美国文化产业强大的经济实力和科技实力，以及美国经济和军事在全球体系中的主导地位，使美国文化产业能够在对外输出文化产品的过程中不断地传播美国的价值观念和生活方式，从而成为全球化时代主流意识形态的塑造者，成为不同于经济和军事等传统权力的新权力载体，成为执行美国对外文化战略乃至全球战略的重要工具。

在美国政府的鼎力支持下，在巨额商业利润的驱动下，美国文化产业——包括电影、电视、广播、报纸、杂志、音像等诸多领域——纷纷进军全球市场，占据了世界传媒娱乐市场的主要份额。如美国的广播电视产业控制了世界75%的电视节目和超过60%的广播节目的生产与制作，每年向其他国家发行的电视节目总量达30万小时，许多第三世界国家的电视中美国的节目占有率高达60%~80%，从而成为美国电视节目的转播站。美国的电影生产总量虽然只占世界电影总量的6%~7%，却占据了世界总放映时间的一半以上。美国和西方的通讯社垄断了世界大部分地区80%~90%的新闻，其中美国的哥伦比亚广播公司（CBS）、美国有线电视新闻网（CNN）和美国广播公司（ABC）等媒体所发布的信息量是世界其他国家发布的信息总量的100倍，是不结盟国家发布信息量的1000倍。

美国电影业作为美国文化产业的主要代表，是传播美国文化的重要途径，也是维护和提升"美国形象"的最佳渠道和手段。美国电视是全球新闻节目和娱乐节目的主要供应者，还是广播业的大国。此外，美国的报纸，如《纽约时报》《华尔街时报》和《华盛顿邮报》在全球媒体上有较高的引用率，在世界舆论中有较大的影响力；美国的杂志如《读者文摘》《人物》周刊和《时代》对全球政界、专业人士和普通读者仍有不同程度的影响；美国的音乐产品对全球的青少年受众产生了潜移默化的影响，使他们逐步接受美国的价值观和生活方式，成为好莱坞电影、美国电视剧、流行音乐，以及可口可乐、麦当劳等文化的新一代消费者。

毋庸置疑，以美国为首的西半球经济区存在着巨大的文化消费市场，中国应着力加强同美国等西方国家的文化贸易。然而到目前为止，中国在与美国的文化贸易中仍然存在巨大的逆差。市场巨大，潜力无限，中国如何利用现有资源和西方巨大的需求市场并顺利进军仍是一个亟待解决与探讨的问题。

（三）欧洲经济区的需求市场

与前两个经济区相比，欧洲经济区最成熟也最成型，一体化程度最高，其福利也最为优厚。法、德作为欧洲经济区的代表与中心，其文化产业实力雄厚又独具特色。

作为文化大国，法国的文化产业规模大，且已很成熟，2014年德国文化产业增加值达439亿欧元。全国有136种法文日报，全年发行总量90亿份。2002年法国共有133家电影制片公司，拍摄200部影片，投资总额816亿欧元，其中，自1997年起，每年都有25部以上单部影片的投资额超过700万欧元，2000年达到了39部之多，年观影人数保持在1.85亿人次左右。法国每年举办的各种艺术节、临时性的展览活动众多，法国文化部2003年活动统计数据库录有650个艺术节和800个博物馆组织的1600个展览。法国的文化产业所包括的范围非常广泛，商业艺术包括戏剧演出、摄影等，音乐唱片业、出版业、影视业、传媒业、网络服务业、制造业等是其核心内容。由于法国不太信赖市场机制，为了有效规避市场本身存在的弊病，法国政府对创意产业的发展有较多的干预。另外，法国创意产业还有一大特色即走高端市场，注重奢侈品的设计、生产与销售。法国三大精品创意产业包括法国香水及化妆品和时装、葡萄酒。香水和化妆品工业是法国的支柱产业之一，2005年世界香水业的产值高达250亿美元，法国在香水和化妆品方面的出口额占该行业世界贸易的35%左右，远远领先于只占11%的美国。法国创意产业以文化和艺术为主轴，政府对创意产业的干预与引导，使法国的创意产业呈现自身独特的面貌。法国创意产业在国民生产总值中占有很大的比重，欧盟经济体系的环境也对其产生了重要的影响。

德国是传统的文化产业强国，2012年德国文化产业营业额达到了1428亿欧元。同时，德国在文化产业的理论、政策和文化管理体制方面都形成了自己鲜明的民族特色。德国的重要文化产业包括出版、影视、表演艺术、会展等。德国是仅次于美国的世界第二出版大国，出版业在德国文化产业中占据重要地位。德国现有3000多家出版社，每年出版图书超过8万种，现有可销售的图书52万余种，数量在欧盟国家中占绝对优势。德国也是一个报刊大国，有欧洲大陆"报刊王国"之称，目前每天发行2520多万份日报，市场上各种期刊达18000种之多。图书报刊的大量出版发行带来了良好的经济效益。每年德国图书的销售额都达到97亿美元，约占世界份额的12%。其图书报刊已出口到世界164个国家和地区。德国是传统的电影大国，如今，德国每年生产80部左右的电影，有10亿美元的票房收入。与此同时，影剧院建设也超过以往，在许多大城市，出现了拥有多达18个银幕、5000多个座位的大型剧场。为了加强国际交流，提高德国电影水平，德国每年都举办上百个电影节，其中最负盛名的是创办于1951年的柏林国际电影节。作为一个有着悠久灿烂艺术传统的国家，德国的艺术氛围非常浓厚，公众普遍具有良好的艺术修养，这极大地促进了戏剧、音乐、舞蹈等表演艺术的发展。德国每年都要在全国各地举办为数众多的音乐节、戏剧节，这不但促进了国际文化交流和表演艺术市场的繁荣，活跃了人们的文化生活，而且推动了旅游等相关产业的发展。作为世界博览业的故乡和主要举办地的德国，被公认为是当前世界会展业最发达的国家。1890年在德国莱比锡举办的莱比锡样品展览会是世界上第一个样品展览会。如今，会展经济为德国带来的年收益在200亿欧元以上，并为23万人提供了就业岗位。资料显示，全球规模最大的德国汉诺威博览会每年举办展览50场，参展商2148万家，观众250万人次，营业额近1亿欧元。2001年该展创下85万人的纪录，参展厂商达7280家。世界著名的国际性、专业性贸易展览会中，约有2/3都在德国主办。在展览设施方面，德国也称得上是世界头号会展强国，现拥有23个大型展览中心，其中，超过10万平方米的展览中心就有8个。目前，德国展览总面积达240万平方米，世界最大的4个展览中心有3个在德国。

  欧洲经济区发展文化产业既具有悠久的历史传统，又拥有丰厚的资源，并且市场机制运作已趋成熟，其实力处于世界前沿。对于奉行"文化例外"的法国等国家，中国可以尽可能地取其精华，采取以"进口为主"的贸易战略。而对于其他文化相对开放的国家，中国应努力借助其优势资源，将中国的文化产品带入欧洲消费市场，进而打开市场，实现文化输出。

  虽然三大经济区的经济发展还存在一定的差距，但每个经济区都拥有各自的比较优势。美洲与欧洲经济区凭借强大的经济、政治、军事实力，其文化产业一直处于"领头羊"的地位，市场巨大，运作成熟，需求无限。亚洲经济区与前两者相比实力稍逊一筹，但其文化产业的崛起速度令世界震惊，可以说市场的增长空间是无限的。市场已存在并不断增长着，然而中国如何成功地将文化输入三大经济区还有赖于相对较长时期的探索与实践。

第二节 文化贸易需求市场的特点

一、以技术进步为依托的新型文化市场

技术进步正在对世界文化市场产生巨大的影响，如互联网、卫星传输节目系统、DVD技术等。许多产业研究者认为，互联网在10年内将成为向家庭输送电影与音乐产品的主要方法。数字化、网络化将使世界文化市场的面貌发生更深刻的变化，使文化产业从单一媒体向多媒体转变，文化产业集媒体、技术、信息于一体，电影、电视、广播、报刊、图书、音乐、体育等各行业之间优势互补、资源共享。技术进步已经成为经济增长的推动器，它已在世界文化市场中从产品内容到形式、从生产方式到传播方式等各个环节得以广泛应用，极大地促进了文化产品与服务的创新和发展。

二、以规模化经营为主的文化产业航母

早在20世纪80年代，美国的主要传播媒体就已经被50家大公司控制，其中，纽约时报公司、华盛顿邮报公司等20家公司控制了一半以上的日报销售，杂志的销售也被仅有的几家大公司所控制；美国广播公司、哥伦比亚广播公司、全国广播公司3家广播媒体公司，受众覆盖了全国90%以上的观众；华纳公司等几家生产的唱片、磁带占据全国总量的80%。进入20世纪90年代，跨国公司的战略调整和业务重组导致国际范围内掀起大规模兼并和重组浪潮，形成了最具有国际竞争优势的义化产业集团。目前，索尼公司、时代华纳公司、华特·迪士尼公司等九大媒体巨头支配着全球文化市场。在它们的引导下，全球50家媒体娱乐公司的市场占有额占据了当今世界文化市场的95%。

三、以发达国家之间贸易为主，分散化特征日益明显

发达国家在技术水平、经济实力上占据主导地位，世界文化市场仍以发达国家之间的交叉贸易为主，"三极"地区即美—加、欧盟、日本等国家和地区文化产业的国际化程度明显高于其他国家。在过去的20多年中，文化商品的国际贸易额呈几何级数增长，但是文化产业对外贸易大都集中在这些国家之间。比如1990年，日本、美国、德国和英国是世界上最大的出口国，占当年全部出口额的55.4%；进口也高度集中于美国、德国、英国和法国，占总进口额的47%。文化产品的进出口贸易主要集中于少数几个发达国家，与这些国家的文化亲近度有关。文化亲近度是地理距离、共同语言及以往文化贸易历史等因素共同作用的结果，也就是说，两个国家的意识形态越相似，文化背景越相似，需求结构越相似，即两个国家的需求结构中重叠部分越大，那么，这两个国家之间的贸易量也就随之增大。随着发展中国家文化市场的迅速崛起，一些新兴文化市场巨大的市场需求和发展中国家丰富的文化资源正越来越被发达国家所需求。由于许多发达国家的文化产品相继进入成熟阶段以及自身文化市场的相对有限性，使得发达国家的文化产品进一步向新兴文化市场分散。

目前世界范围内各国文化产品和服务的国际贸易发展极不平衡，一些发达国家如美国、日本、德国、英国出口的文化产品占到了全球文化产品出口总额的一半以上。美国、欧盟、日本的跨国文化公司囊括了全球文化贸易的2/3。

四、国际规则日益完善，各国国际参与积极性日益提升

在世界文化贸易市场中，文化产业若想真正进入国际市场，就必须熟悉国际市场的运行规则。国际资金的注入对文化产业提高国际竞争力颇有益处。《服务贸易总协定》中关于文化产业的服务和投资的规定，需要WTO成员对于具体开放行业做出具体市场准入和国民待遇的承诺。在文化产业上加大海外文化服务和资本的引进，放宽对海外文化服务和资本的限制，尤其在具体行业给予外资"准入前阶段"国民待遇，对本国文化产业争取更多国际资金，提高文化产品生产及国际竞争力具有积极的意义。近年来，尽管中国政策对国际资金于文化产业的投入

并未放松，外资不能进入电影、电视剧的制作领域，在其他经营性领域也有股权比例的规定，但国际资本仍在灵活运作，外方可以利用中方的资源优势使自己从中获益，同时中方也参与到国际市场竞争中。以电影行业为例，合拍电影和投资影院是外资进入中国电影市场的主要方式。2009年，中国在海外销售的45部影片中，合拍片占到34部。

世界贸易组织与文化贸易有关的协议主要包括《服务贸易总协定》（GATS）、《与贸易有关的知识产权协定》（TRIPS）以及《与贸易有关的投资措施协议》（TRMS）。它们所确立的国际文化贸易规则体系奠定了国际社会处理文化贸易的基础和准则。世界贸易组织涉及保护文化产品的规范主要包括以下几点，一是1947年和1994年《关税及贸易总协定》（GATT 1947和GATT 1994）有关电影片的特殊规定。GATT 1947第4条主要规定了缔约方在建立或维持有关电影中的放映数量限制条例时，要对国产片和进口片放映时间做出合理的比例规定。GATT 1947第4条允许缔约方采取放映限额的形式来保证国内电影在一定期间内占有特定比例的放映期间。GATT 1994就电影片引进放映规定了银幕配额方式，允许成员方在WTO规制范围内采取银幕配额措施来保证国产影片与外国电影之间的比例分配。GATT 1994第4条满足了主要贸易国缓冲世界经济发展产生的巨大压力的紧迫需要，只是随着科学技术的进步与普及，视听产品的形式日趋多样，原有条款中电影制品的范围有待进一步澄清。二是GATT第20条（a）款为维护公共道德所必需的措施，第20条（f）款为保护本国具有艺术、历史或考古价值的文物而采取的措施，上述两款提出了公共道德的例外情形。三是GATS第14条（a）款提出"为保护公共道德或维护公共秩序所必需的措施"为违反GATT或GATS实体义务的措施免责。四是GATS中包含一份最惠国豁免清单，其中有五项属于视听领域，最惠国待遇的豁免还允许欧盟制定公共政策来支持视听产业，如传播（电视和广播）限额、资金援助和地域性的生产合作协议等。立法部门在起草相关法律、法规时，应考虑现有国际贸易规则的要求，避免法律、法规的条款与国际条约、协定相冲突，积极运用这些规则提供的机会和手段，最大限度实现文化产业国内立法与国际规则的有效对接。

> 经典案例

"英国戏剧现场"项目的中国之路

2009年6月,英国国家剧院(Royal National Theatre)率先开启对戏剧现场内容的直播,称为"英国国家剧院现场"(National Theatre Live,以下简称NT Live)。名为"现场",其实并不是指观众来到现场观看演出,而是指剧院在演出现场进行高清多维的拍摄,通过卫星作实况转播到指定合作的影院中,或刻录光盘在时区不同、语言不通的国家和地区进行放映。首部作品是由海伦·米伦在英国国家剧院奥利弗剧场主演的话剧《费德尔》,演出通过高清摄像进行同步直播,传送到全英国228家电影院,超过5万人在各个电影院中与在英国国家剧院剧场中的上千观众共同观看了这场演出。

2015年,英国国家剧院的财报中,NT Live项目在全球收入达610万英镑(5530万人民币),占到了英国国家剧院总收入的5%。在短短的6年内,NT Live项目先后在世界50多个国家、2000个场地进行过放映活动,这阵旋风也刮到了中国,使得风靡全球的"英国国家剧院现场"在中国落地。2015年中英文化交流年,中英两国国家剧院签署关于技能交换的合作备忘录,决定联合制作《战马》中文版,以此为契机,NT Live项目正式进入中国,由中国国家话剧院和英国国家剧院联合出品,北京奥哲维文化传播有限公司独家推广发行,在中国开启了常态化的放映。在奥哲维团队的努力下,两年间包括"英国国家剧院现场"在内的6个全球戏剧影像录制播出品牌落地中国,在北京、上海、广州、台北等20余个城市的50多个放映场所播放超过1000场,观影人次超过15万,不仅创造了巨大的经济效益,而且文化价值显著。

一、"英国戏剧现场"项目具有独特的市场发展空间

英国戏剧在全球戏剧一直有很高的地位,剧院云集的伦敦西区常与纽约百老汇并称为英语戏剧最高水平的代表。英国戏剧的影响力遍布全球,面对一票难求的火爆场面,并非所有英国戏迷都能够到英国伦敦西区等戏剧表演现场观看演出,尤其是像中国、日本等地理上距离英国很远的国家,普通人很难真正实现到现场过把英国戏剧的瘾。NT Live 项目的出现为全球英国戏剧迷带来了福音,人们不需要花费数小时飞到伦敦高价买票看剧,因为 NT Live 高清影像把最原汁原味的、毫无剪改的表演现场搬到了"家门口"。"英国戏剧现场"项目凭借其独特的优势占据了全球巨大的市场空间。

(一)"英国戏剧现场"高清影像完美复制现场表演

虽然现场观剧的体验是无法替代和复制的,但是 NT Live 与前者的区别只是"不同"而不是"不如"。首先,NT Live 采用的是顶级录制设备和团队,其制作的高清作品视觉音效效果完美无瑕;其次,复播的戏剧内容画面与后现场直播内容全部一样,都是零剪辑的;此外还有意外收获,譬如录制的影像里有台前幕后的制作花絮,观众通过花絮能够了解编剧的构思、导演的阐述,以及服装灯光的设计理念等,这些都是现场的观众没有机会看到的。对于不懂英语的戏迷来说,NT Live 项目的额外福利还有字幕翻译,而且字幕就在舞台中央底部,与电影电视上的形式相同,给观众带来很大便利。

(二)经典剧目和多元题材展现独特魅力

NT Live 剧目的内容大部分来自英国国家剧院制作的戏剧作品,有少数来自英国其他剧院或者美国百老汇,不仅呈现英国经典剧目,像莎士比亚的《李尔王》《皆大欢喜》《第十二夜》等,马克·哈顿同名热门小说改编的《深夜小狗离奇事件》以及大卫黑尔的《天窗》,而且拥有众多其他国家顶级戏剧项目,例如美国剧作家阿瑟·米勒的《桥头风景》、库西纳的《美国天使》,以及根据意大利剧作家戈尔多尼同名即兴改编的《一仆二主》等,具有题材风格多样化的特色。除此之外,独特的主题季单元更是 NT Live 项目独具魅力的又一招牌,"喜剧季""男神季""颁奖季"等各种主题一系列精彩剧目让观众沉浸在各样的氛围里,过足戏剧的瘾。2017 年 11 月,主题单元"女性悲剧"首次登陆中国 NT Live 项目,其中包括《海达·高步乐》《简·爱》

《美狄亚》《莫扎特传》等，延续 2017 年夏季北京、济南、广州、深圳、大连首届国际戏剧影像展 5 城联动 120 场放映，盛宴再袭。

NT Live 项目在中国的发展情况可以很好地说明英国戏剧经典剧目的魅力何等巨大，北京奥哲维文化传播有限公司作为中国独家发行方，推广多元经典佳作，不仅使中国观众能够在自家门前对渴求的戏剧一饱眼福，而且获得了显著的商业效益。仅从 2015 年 6 月到 2016 年 3 月 28 日，包括 1800 人左右的大剧场、150 人左右的小剧场在内的放映场所放映达 160 场，总票房约为 600 万元，观众规模约为 5 万人，每场平均约 4 万元的票房。[①]

二、戏剧高清影像放映项目在华成功的原因分析

2015 年，"英国国家剧院现场"在中国成功落地，北京奥哲维文化传播有限公司独家负责发行与推广，逐渐在多个场馆进行常规放映，技术流程逐渐成熟，市场逐渐打开。截至 2017 年，运营包括来自英国国家剧院现场（NT Live）、阿尔梅达剧院现场（Almeida Live）、皇家莎士比亚剧团（RSC Live）、布拉纳剧团现场（Branagh Live）、俄罗斯高清舞台影像（Stage Russia）和百老汇高清（Broadway HD）在内的六大知名世界戏剧影像录制品牌的 38 部高清戏剧作品。在两年的时间里，放映覆盖城市范围不断扩大，以北京、上海为试验区，逐渐向东北、东南和西南方向辐射，推广到哈尔滨、西安、成都、广州以及台湾地区等 24 个城市的 50 个场馆，播放超过 1000 场，观影人次超过 15 万，规模不断扩大，取得显著成功（见表 4-1）。

表 4-1　2017 年 11 月英国剧院现场全国放映安排

放映名称	最早上映日期	上映项目	场次	城市
樱桃园	2017/11/4	Stage Russia	8	北京、武汉
她爱我	2017/11/1	Broadway HD	10	北京、上海
简·爱	2017/11/1	NT Live	18	北京、天津、武汉、哈尔滨、台北、台中、台南、新竹、高雄

---

① 老飞宅. 走进中国影院看英国大戏：NT Live 的正确打开方式 [EB/OL].（2016-04-19）[2017-11-23]. http://www.1905.com/news/20160419/1008998.shtml?fr=home_lbt_02.

续表

放映名称	最早上映日期	上映项目	场次	城市
冬天的故事	2017/11/7	KBTC Live	4	北京、上海
海达·高步乐	2017/11/11	NT Live	1	北京
美狄亚	2017/11/1	NT Live	15	北京、天津、台北、台南、台中、新竹、高雄
圣女贞德	2017/11/18	NT Live	2	北京、成都
暴风雨	2017/11/5	RSC Live	5	北京、上海
查理三世	2017/11/19	Almeida	6	北京、上海、台北
爱的徒劳	2017/11/1	RSC Live	4	北京、高雄、台北
迷情记	2017/11/26	NT Live	3	北京、成都、西安
罗密欧与朱丽叶	2017/11/3	KBTC Live	3	上海、西安
李尔王	2017/11/10	RSC Live	3	上海
莫扎特传	2017/11/5	NT Live	17	上海、哈尔滨、台北、台中、台南、新竹、高雄
无人之境	2017/11/4	NT Live	14	上海、长春、哈尔滨、台北、台中、台南、新竹、高雄
第十二夜 GLOBE	2017/11/4	NT Live	1	天津
威尼斯商人	2017/11/11	Globe on Screen	1	天津
查理二世	2017/11/18	RSC Live	1	天津
三分钱歌剧	2017/11/12	NT Live	1	西安
罗森格兰兹与吉尔登斯吞死了	2017/11/5	NT Live	1	成都、哈尔滨
天使在美国上部	2017/11/3	NT Live	1	高雄
天使在美国下部	2017/11/4	NT Live	1	高雄
无事生非	2017/11/8	RSC Live	2	高雄

数据来源：英国剧院现场官方公众微信号2017年11月10日更新。

从表4-1中可以计算得出，"英国戏剧现场"在中国11月的放映量达到122场，火爆程度可见一斑。其中剧目题材经典多样，有许多莎翁名作，还有人物传记、爱情悲喜剧等主题，满足观众多元化的需求；放映城市具有范围广、规模多样化的特点，以北京、上海等一线城市为主，积极拓展全国市场；排片紧密而合理，多考虑放映量。

（一）发行团队灵活高效

企业高层管理团队是维持企业有效运转的动力源之一，在很大程度上决定了企业对环境的应变和适应能力、决策能力和管理能力。[①] 企业高层管理团队运作是否科学合理会直接影响到企业的凝聚力和工作执行效率，进而影响发展。[②] 北京奥哲维文化传播有限公司在 NT Live 等高清影像项目落地的背后充当的是一个专业发行机构的角色，这与其负责人对 NT Live 等一系列高清戏剧直播项目持续高度关注分不开，他们对其形式、内容、推广方式等具有很高的敏感度；同时，对中国的市场做深入研究，通过市场了解中国消费者对英国戏剧多层次的需求。作为独家发行公司，其运作团队由李琮洲负责，只有 3 名固定员工，轻盈的体量给了发行团队很强的灵活性，使其采用具体问题具体分析的主要运作模式，对联系场地、签订合同、联络媒体等进行整体操作，能够为活动、设计、视频、字幕翻译等内容选择最佳合作伙伴，组建核心项目团队，团队规模一般为 7~10 人。轻盈灵活的发行团队不仅使奥哲维降低了成本，而且能够减少沟通障碍、避免时间过长，从而加速产品发行速度，提高效率。高效率的运营模式是 NT Live 项目在中国市场得以迅速发展的一个重要因素。

（二）放映策略迎合大众需求

1. 放映场地有针对性

北京奥哲维文化有限公司利用优势资源，发挥场地关系的最大作用。本着跨界平台的开发首先是从场馆开始的理念，奥哲维在放映场地选择上针对受众的不同年龄、职业、爱好等进行综合考量，目前有美术馆、有影院、剧场、艺术中心等场地，为 NT Live 项目获得了在不同平台的露面机会，比如 2016 年北京国际电影节，特别安排了舞台戏剧影像单元，NT Live 有 18 场放映，包括 6 部新片首映，单月放映场次立刻增长 2 倍，自媒体后台的粉丝数量也迅速增长，并获得了多家媒体的报道；而 2018 年的 7 月 6 日至 8 月 14 日，将 12 部来自英国、美国、俄国的戏剧影像作品集结在一起，与百老汇电影中心举办首届国际戏剧影像展，在北

[①] 王文俊，李军. 企业高层管理团队研究评述[J]. 湖北经济学院学报，2015（5）.
[②] 张建巍. 企业高层管理团队构成与团队凝聚力的调查研究[J]. 商，2016（33）.

京、广州、深圳、济南和大连5个城市用一个月的时间集中放映,也收获了非常好的效果。

2. 票价定制合理

消费需求指的是人们为了满足物质和文化生活的需要而对物质产品和服务的具有货币支付能力的欲望和购买能力的总合。随着中国综合国力的提升,尤其是随着中国城市的国际化发展,越来越多的中国人接触到英国戏剧,并喜欢通过各种渠道进行观看,对于不能够到英国看现场戏剧表演的戏剧爱好者来说,NT Live项目给他们带来了梦寐以求的表演"现场",他们中除了一大批文学研究者、爱好者之外,不乏学生、参演演员的粉丝等,经过播放成本、消费者消费能力以及受益等各方面的综合考虑,奥哲维团队制定了适合多层次消费人群的票价,单场票价仅为80~120元,套票价格为200~300元不等,能够实现在稳定小众高端观众的基础上,适当扩大观看群体的效果。

(三)推广方式多样化

北京奥哲维文化有限公司不仅对"英国戏剧现场"的主题内容、放映形式、中国市场的发展等有专业的研究,对推广宣传也采用观众喜闻乐见的方式。在推广发行上,作为跨界产品的戏剧高清影像放映项目,注重对跨界平台的利用,做增量合作,在巩固核心观众群的同时,有目标地拓展观众群体。

1. 以明星带动将热剧与冷剧捆绑销售

超高人气明星是众多NT Live项目在中国落地的首选内容。因为对于外国作品来说,大部分的中国观众首先关注的是明星阵容。从2009年启动这一项目至今,英国国家剧院已累计拍摄了50部NT Live剧目。[①] 在中国的推广中,奥哲维团队采用以"季度"或"系列"的方式将数个剧目捆绑销售。2015年首次主打"男神季"系列,主推三部分别由人气演员"卷福"(本尼迪克特·康伯巴奇)、"抖森"(汤姆·希德勒斯顿)和"付兰兰"(詹姆斯·弗兰科)主演的作品,并与其他剧目设为套票形式,一度出现粉丝抢票大潮,在观看完一套剧目之后观众大呼过瘾。随后推出的"大奖季"包括《天窗》《深夜小狗离奇事件》等,上座率同样很高。好的戏剧作品从来不避开明星演员,明星本身带有传播效应,可以

---

① 黄欢.关于NT Live这些知识,还是要了解的[EB/OL].(2016-04-17)[2017-11-27].http://money.163.com/16/0417/02/BKQQEUNC00253B0H.html.

聚集更多的观。

2. 数字媒体宣传到位

随着互联网技术的飞速发展，网络宣传越来越受到重视，北京奥哲维文化公司在网络宣传中塑造品牌。在媒体选择上，NT Live 项目的推广主要放在戏剧媒体和戏剧公众号上面，也有电影媒体的参与、影评人和电影爱好者的平台（如看电影、虹膜等），并且与各网络平台合作，推出一些放映项目的预告片，激起观众的兴趣；在其戏剧公众号的信息推送中，除了简要介绍本月放映排期剧目的剧情之外，还列出下一季可能上映的作品内容范围，请读者按照自己的爱好进行选择，作为未来放映的参考。这不仅能够准确定位市场需求，满足消费者多元观剧的需要，也能丰富剧目储备，进一步扩大影响力。从项目落地开始，奥哲维团队就非常重视不同平台之间合作产生的增量效应，不是无谓地做一些赠票活动，或是向票务公司、广告公司支付高昂的代理费，而是针对戏剧的内容做更为深度的合作。例如，与果壳网合作的针对《弗兰肯斯坦》的内容以及与自闭症康复治疗机构合作的针对《深夜小狗离奇事件》的内容开展的讲座效果都非常好。

（四）延长产业链

奥哲维公司发行的高清戏剧影像的放映在其延长产业链中塑造自己的品牌，创造更大的商业价值。以"英国戏剧现场"的公众号栏目的周边·微店一栏为例，栏目中有非常丰富的相关产品，包括剧本、明星产品、纪念礼册、带有 NT Live 字样的生活和学习用品。最近，奥哲维与企鹅图书合作又推出了图书套票，满足很多看了戏又想买剧目或者买原作小说的观众的需求，因为很多戏剧作品来源于小说或者有很多值得回味的台词，非常符合两边的受众群体。

三、"英国戏剧现场"项目对中国戏剧产业化和国际化发展的启示

NT Live 项目的引进不仅在中国引起巨大反响，使越来越多的中国人爱上英国戏剧，也受到了全球各个国家的青睐，这对英国戏剧改变传统模式焕发新生机起到了很好的效果。"英国戏剧现场"项目在中国取得成功的案例，为中国戏剧产业化和国际化的发展提供了一个方向。中国传统戏剧是由文学、音乐、舞蹈、美术、武术、杂技以及表演艺术各种因素综合而成的一门中国传统艺术，

中国民族戏曲被称为三大古老戏剧①之一，在世界戏剧史上独树一帜。经过传承与发展，中国的戏剧内容不断丰富，戏曲、音乐剧、话剧等异彩纷呈，然而中国并没有成为世界性的戏剧中心，反而当下的中国戏剧产业的发展面临困境，其中一个重要的原因为戏剧管理者无法准确打开戏剧市场。英国国家剧院及其"英国戏剧现场"项目为中国戏剧产业化和国际化发展提供了很好的范式。"英国戏剧现场"项目对于英国戏剧文化的传播普及具有强大助推力，中国剧团的戏剧作品也可以用这样的方式，并在中国以及全球进行推广，成为一条中国戏剧文化走出去的途径。

（一）尝试改变运营模式，创新管理体制

1. 在国家资助下与商业剧院等展开合作

英国国家剧院通过授权制作、自营资金与第三方合作剧院或制作人互相分享成本和利润，盈利方式包括销售演出权或者收版权税等。英国国家剧院有两个比较重要的合作伙伴——丹玛尔仓库剧院和小维克剧院，在 NT Live 的内容中，由汤姆·希德勒斯顿主演的《科里奥兰纳斯》《欲望号街车》等经典作品就出自这两个剧院；另外，中英合作的剧目《战马》5 年之内为英国国家剧院净赚 1000 万英镑。对英国国家剧院来说，与商业性的剧院合作可以达到优势互补的效果，剧目创作更加灵活快捷，而且使风险降低。对于中国的戏剧院等机构，需要加强与民营企业的合作，增强商业价值，优势互补，实现合作双赢。

2. 外包运营保证产品质量

在确定演出剧目之后，英国国家剧院要挑选制作团队，包括导演、舞台设计、舞美设计等，有时还要进行演员的招募。英国国家剧院与中国的大多数剧院不同，它并不大规模雇养演员，而是针对具体的剧目找演员进行合作，这样可以保证剧院的多选择性，可以从演员成本、演员质量等方面择优，也能够激励许多演员加强自身的专业素质，拓宽戏路，从而对整体戏剧水平和文化价值的提高具有重要意义。此外，设计外包、录制外包以及放映外包等形式也可以使演出质量达到更好的效果。

---

① 世界三大古老戏剧文化：希腊悲喜剧、印度梵剧和中国民族戏曲。

（二）利用数字媒体进行品牌创新

数字媒体也叫作新媒体，是一种依托于数字技术、网络技术和移动通信技术而发展起来的新媒介形式。数字媒体的变化也引起了戏剧恒业的变化。熟悉对戏剧演出的影响主要体现在对戏剧创作本身的影响、利用数字媒体复制和传播戏剧演出，以及借助数字媒介进行戏剧演出的营销传播。[①]"英国戏剧现场"是戏剧领域的第一个数字直播项目，经过9年的发展，这个项目已经成为数字化趋势下剧院进行品牌创新的一个标志。NT Live通过数字营销工具进行传播，主要营销方式是数字媒体购买，比如优兔、谷歌和脸书。通过"英国戏剧现场"在全球的推广，更多的观众了解了英国国家剧院，想要走进剧场，这极大地提高了国际知名度；同时，NT Live项目作为英国戏剧艺术的数字化传播，帮助人们跨越因为与表演现场距离遥远而不能欣赏高雅艺术的障碍，具有重要的文化价值。奥哲维团队在中国推出NT Live项目时也非常注重与社交媒体、手机或电脑的APP等合作，在许多平台中播放预告片吸引观众，填补了中国戏剧放映的多项空白。中国戏剧产业化和国际化的发展同样离不开品牌的创新、数字媒体的传播，在继承中国优秀戏剧基础之上，中国戏剧产业要积极进行品牌创新，小到舞台设计的灯光、服装，大到剧目内容、演绎方式以及营销方法，要注重与现代元素的结合，比如科技、媒体等。

（三）为中国戏剧产业的发展培养戏剧产业管理、经营人才

戏剧本身是一种文化，而当前发展文化产业成为我国的一项重要发展战略，但是当前文化领域人才的数量和质量还很难满足国家和企业的需要，因此培养文化产业人才显得尤为紧迫。而在人才培养方面，在国家构建良好的政策机制环境下，院校机构承担了主要的使命。李小牧、李嘉珊（2014）指出，在文化贸易人才的实践和推广中，可以从以下几个方面进行：①推进利好政策出台，提高人才培养的积极性；②加快跨学科人才培养模式创新，培养既懂贸易管理又精通外国文化的多层次的人才；③促进政、产、学、研协同创新，积极创设条件，鼓励学生"从文化贸易的实践中来，到文化贸易的实践中去"，使得培养的人才主动对接

---

① 马臻郴.数字媒体发展对戏剧演出创作及传播的影响[J].艺术教育，2016（7）：139-140.

文化国际市场。虽然上述观点主要针对文化贸易人才的培养，但是对中国戏剧产业人才的培养提供了很好的示范作用。例如，奥哲维"英国戏剧现场"的总负责人李琮洲就是一位不可多得的戏剧管理人才。李琮洲本人的专业是戏剧制作，作为《战马》中文版的执行制作人，对 NT Live 的作品一直非常关注和了解，美留学期间在广告公司有过不少戏剧推广的经验，因此 NT Live 项目在中国的代理方最终由李琮洲接手。从李琮洲的个人经历来看，一个具有国际化视角、注重实践的戏剧人才是企业快速发展的关键要素。

第五章 国际文化贸易的主体

在整个国际文化贸易链条上，从文化产品与服务的创作到生产，再到对外贸易，各个环节都有种类繁多、数量庞大的参与者，直接或间接地面对文化消费者、面对文化市场的需求端，但无论哪种参与方式，他们无一不是文化市场健康有序地运行所必不可少的部分，过于单一的市场主体构成和功能过于集中的市场主体职能都会导致文化市场资源配置失衡的发生。同时，各类文化主体当中又都存在着国有与民办两种成分，与所有的市场经济行为一样，文化市场需要政府的调控、引导，各环节也需要独立、自主运营的空间和能力。

第一节　文化市场的微观主体

由于历史发展的文化渊源，以及现代市场经济发展的影响，文化市场参与者的参与形式是多种多样的，既有规模性生产、获得规模效益的大型文化公司，也有保留了传统工艺的手工作坊；同时还有越来越多的机构直接服务于文化产业链的各个环节，发挥着促进市场资源与信息在不同的部门与文化市场主体之间进行合理调配的作用。

一、文化企业——直接参与者

文化企业即指狭义上的直接参与文化产品与服务创作、生产、营销的营利性企业。文化企业是文化市场中经济行为最主要的参与者。健康的文化市场应该是国有与民营文化企业协同发展互为补充的。

（一）国有文化企业

文化市场具有其特殊性，大部分行业在发展初期需要大量的资本投入，并且经济效益的产生比较缓慢，民营文化企业很难独自实现文化市场的开拓。另外，当文化市场发展并不成熟时，外来文化企业所带来的竞争对于本土文化企业也会带来不同程度的冲击，民营文化企业往往不能形成极具竞争力的国际文化产品和服务以抢占市场份额。

在这样的背景之下，国有文化企业承担着支撑国民经济发展和国有资本保值增值的任务，因其规模和政府资金的支持具有相应的实力能够完成文化市场的开拓，巩固自身在文化市场的地位，引领和带动中小规模文化企业的发展，并且与大型跨国公司在世界文化市场的竞争中相抗衡。同时，国有文化企业也是政府宏观调控文化市场的有效工具。国有文化企业在成为市场竞争的主导和行业的龙头后，另一个重要的职能必然显现，即政府宏观调控的重要工具。市场不是越自由越好，市场需要自由化，更需要调控，完全自由的市场环境不仅脆弱，而且对文化多样性会造成威胁。统一的宏观调控政策是缓慢而长久的，而通过国有文化企业的市场行为，政府可以更加及时地对文化市场的变动进行调控，避免不利的市场波动更大范围的扩散。

此外，国有文化企业还为公共文化与公益文化发展提供保障。文化市场的发展不仅关乎经济效益，更与文化事业的发展密不可分，很多基础性的公共文化建设的规模和投入是大部分民营文化企业无法负担的，但这些公共文化建设又是必不可少的，也是文化市场健康发展的基础，国有文化企业在一定程度上还能够保证文化产业与公共文化事业的协同发展。

（二）民营文化企业

国有文化企业规模庞大，文化资源储备丰富，经济实力雄厚，但在文化市场当中的灵活性相对较低，对于文化市场变动的反应相对缓慢。民营文化企业则因为经营更加灵活多变且以经济效益为主要经营目标，对于文化市场波动更加敏感并且能够及时采取行动应对。

追求利润作为市场经济发展的原始动力，同时也是推动民营文化企业发展的最基本动因。民营文化企业尽管在市场环境中与国有文化企业同样面临相似的风险，但民营企业对风险更为敏感，对防范、转嫁、避让风险更具有行为上的主动性，而这种主动性就是建立在对自身利益更为关注的基础之上的。从市场信息的搜集、筛选、甄别，到应对方案的制订、决策与行动，能做到简洁、高效，从而对市场环境的各种变化做出相应的及时调整，其结果必然是极大提升民营企业对外部市场的适应能力。

（三）混合所有制经济的发展

成熟的文化市场应当是多种所有制经济共存并协调发展，且不同所有制企业间的区分与界限并不绝对和明显。混合所有制经济将"国有"与"民营"统合，使得企业在服从国家制订的发展计划前提下追求利益的最大化，最大限度地发挥"国有"与"民营"的优势，弥补二者的劣势。

混合所有制经济是提升国有经济在文化市场中的活力、控制力、影响力的有效途径。当前国有文化企业和民营文化企业在推动文化产业发展、促进就业等方面的贡献比重不断变化，特别是民营文化企业的规模持续扩大、比重持续提高。文化企业发展混合所有制经济有利于国有资本放大功能、保值增值、提高竞争力。国有资本通过与社会资本特别是民营资本融合，既可以调动和组织更多的社会资本、放大国有资本的功能，又可以促进国有文化企业治理的完善和体制机制的转换，增强竞争能力。

同时，混合所有制经济的发展有利于各种所有制资本取长补短、相互促进、共同发展。资本的产权属性不同，在市场经济中发挥的功能也不同。一般而言，国有资本在体现国家意图、实现公共文化目标等方面更具优势，民营资本在适应文化市场竞争、激发文化企业活力等方面更具优势。混合所有制经济兼有国有资本与民营资本的特点，通过国有资本与民营资本的交叉持股、相互融合，可以实现国有资本与民营资本优势互补，能够更好适应现代文化市场经济的发展要求。

二、非营利机构——创新实践者

非营利机构是指不以营利为目的，以公共服务为使命，享有免税待遇，组织盈余不分配给内部成员，具有民间独立性质与法人资格的组织，它随着文化市场的发展应运而生。非营利机构是相对于营利机构的概念，二者共同构成社会再生产的各个部门。非营利机构有广义与狭义之分。广义的非营利机构是指企业以外的全部其他组织，包括被称为政府非营利机构的政府部门，以及被称为私人非营利机构即政府部门以外的非营利机构。而狭义的非营利机构指私人非营利机构。这里指的是狭义的非营利机构。

从非营利机构产生与发展的过程来看，非营利机构的兴起和发展可以说是政府失灵和市场失灵的综合结果。由于公共产品的生产需要付出而得不到回报，私有企业追求利益的本质决定了它不可能生产公共产品。政府部门由此介入向社会提供公共产品，并就其成本向人们征税。但受制于政府部门财政预算的种种限制，它只选择提供能满足广泛需求的公共产品与服务，从而导致了某些满足特定需求的公共产品与服务的缺失。为了满足这部分特定需求，私人非营利机构就此产生。可以说，非营利机构是对私有企业不愿满足而政府不能满足而导致市场机制失效的社会需求的满足，是市场机制不断发展完善的产物，是经济制度改革的实践者。

发展至今，非营利机构涉及的范围越来越广，文化领域也逐渐成为非营利机构服务的重点领域，文化市场当中非营利机构数量不断增长，各类行业协会、专门的文化贸易研究机构、组织不断产生，所发挥的不可替代的作用也越来越明显。非营利机构不以利用文化产品与服务创收为目的，区别于靠"利润动机"驱使而运营的营利机构，非营利机构是依靠"使命"的凝聚力和引导，并以能反映社会的文化需求的使命表达与宣传而获取外部支持与捐助而实现组织的运营。因此，文化市场中的非营利机构凭借其在文化市场当中的独立性，常常将多个文化市场主体汇聚在一起，搭建区域性、全国性乃至国际性平台。一方面，为这些文化市场主体提供文化市场动态信息，尤其是帮助文化企业认清市场环境以及自身发展情况；另一方面，通过整合和打通资源渠道，使得相应的政策、资金能够真正适用、分配到最需要的市场主体，让文化市场资源能够更加有效、合理地在不同市场参与者之间进行配置。

三、文化经纪机构——交易服务者

文化经纪机构与文化企业类似，都在文化市场当中追求经济利润，但是文化经纪机构并不直接参与文化产品与服务的生产或销售，而是为文化贸易的一方或者双方提供代理服务。经纪机构与文化贸易各方当事人是一种委托代理关系，双方通过签订委托代理协议明确权利和义务。

文化经纪机构作为代理机构，在交易活动中主要行使以下职能：按照文化贸易各方委托协议，依法组织文化产品与服务的交易活动，维护交易各方合法权益；拟订交易方案，参与确定交易方式，依法组织或参与招投标、拍卖、集中竞价等交易活动；为委托方提供文化贸易相关的法律、法规、政策、技术咨询服务；受托填制各项交易申报材料，拟定交易协议；提供交易延伸服务，如协助办理账目调整、重组策划服务等；遵守经纪会员章程，行使相关权利和义务等。

文化经纪机构能够有效承担和分离文化贸易过程的各个环节，避免交易的拟定、组织、代理全都由同一参与方进行，有效防止暗箱操作，保证各方各尽其责，按照市场经济规律规范运作,确保文化产品与服务的交易公开、公平、公正进行,防止文化资产流失。同时,文化经纪机构的存在有利于降低交易成本。经纪机构可以利用熟悉文化贸易政策、法规的自身优势,为交易各方制订切实可行的交易方案,根据不同情况制作交易申报材料,选择合理的交易方式,减少交易风险,降低交易成本尤其是时间成本。同时,文化经纪机构还有利于进一步规范文化市场,促使国际文化贸易的规范化、标准化、制度化、市场化、公开化发展,有利于建立开放统一、竞争有序的文化大市场。

第二节　国际文化贸易主体的发展路径

不同文化贸易主体参与不同的市场环节，必然拥有不同的职能，在整个文化市场的发展当中发挥着各自的作用，既有一般经济主体的功能，也有身处文化市场所特有的特点；既是文化市场运行的基本元件，又是实现文化贸易的纽带和黏合剂。完善国际文化市场，需要各个文化贸易主体在国际文化市场当中更好地发挥各自的职能。

一、建设外向型文化企业

文化企业"走出去"只是企业开拓海外文化市场的开始，如何借助有价值的途径和渠道有效植根国际市场，是实现文化企业"走进去"需要厘清的重要问题。

（一）遵守利用法律贸易规则

文化贸易属于新的贸易范畴，涉及货物贸易、服务贸易和知识产权贸易等多个方面，有强烈的交叉性。一方面，国际上对其没有统一的界定；另一方面，各国对于文化贸易领域的开放程度也各不相同，文化例外与文化保护普遍存在，例如首先提出"文化例外"的法国对于进口影视节目的播放时间和时长都有严格的限制。而且目前国际上尚没有文化贸易相关的专门法律或规则，在熟知和遵守世界贸易组织等国际组织对国际货物贸易、服务贸易以及知识产权贸易相关协定、规则的同时，文化企业也需要熟悉当地与文化贸易相关的法规，有效规避当地政府设置的贸易壁垒，最大限度地利用国际法律与贸易规则为自身开拓文化市场服务。此外，文化企业的核心竞争力在于版权，企业应利用法律法规积极保护自身版权收益，对于不正当竞争行为及时予以主动追讨。

（二）熟知当地语言文化习俗

不同国家和地区的语言与文化风俗各不相同，文化企业在创作和设计文化产品和服务时需要适应并符合当地有关的文化习俗，依据当地色彩、服饰、饮食、出行等各方面的风俗习惯进行本土化改造，避免因文化习惯与喜好的不同引起歧义，甚至触犯文化禁忌。若不在设计、创作之初就把文化考虑在内，不仅会造成文化产品与服务进驻市场受阻，也会影响产品与服务质量和文化内涵的表达，甚至有损企业形象。

（三）把握当地文化消费习惯

文化消费结构与习惯与文化产品与服务的营销推广直接相关，文化企业应当掌握日常以及节假日消费者的文化消费心理与消费偏好，深研消费结构，根据当地文化消费结构和习惯制订有针对性的营销推广方案。如青年人占主流的消费市场，社交媒体就成为重要的推广平台，而对于中老年人占主流的消费市场，家庭和儿童是需要考虑的重要营销因素；又如对于演艺院团或电影公司，海外观众若常用网络平台进行购票就应该加强网络渠道的宣传力度，否则应在报纸、公共交通等传统广告平台重点进行剧目和影片的推广。

（四）有效规避金融汇率风险

文化企业在初入海外市场时最大的金融风险是汇率风险，这是指文化企业对其海外资产不得不进行币种转换时存在的风险。外汇资产币种转换风险，首先体现在文化企业通过银行贷款、债券、股票等方式进行海外融资时遇到的即期汇率变动的风险；其次，在进行海外投资或跨国交易时，投资或者交易双方往往倾向于使用流通性更强的国际货币，如美元，而人民币由于国际化程度较低目前还不能成为国际结算的常用货币，这对于大量持有人民币的中国文化企业来说会造成货币兑换的成本。具体地说，文化企业在国内进行人民币融资，在国外市场进行投资或者交易则需要使用外币实现；而在国外进行外币融资，在国内市场进行投资或者交易时则需要使用人民币。另外在还款时，还要再次转换回融资时的初始币种；若考虑到借出一种外汇，使用时是另一种外汇，归还时还要再换回当初那种外汇，情况将更加复杂。

（五）合理配置人力资源结构

人力资源从来都是企业竞争力最为核心的要素。文化企业进入海外市场后对当地法律法规、金融体系、语言文化等各方面都急需有准确的理解、认知和把握，这就需要合理配置人力资源，充分吸纳当地优秀人才，及时调整人员结构，聘用熟悉当地文化市场相关信息的创作、生产、营销及管理人才，以最少的时间和人力成本组建高效团队，实现项目化管理，在项目运行中磨合团队，完善团队建设。

（六）树立企业公众信誉形象

近年来，随着中国经济的发展壮大，越来越多的国内企业成长为跨国企业并与海外进出口商发生交易与交往，但企业的海外公众形象却因违约行为时常发生而大打折扣。诚信是社会运行的基本准则，尤其是在经贸领域，诚信是企业经营和存在的基础，文化企业由于其特殊性往往面对更多诸如政治、文化保护因素的影响，不确定性风险更高，企业履行合同也会面对更大的压力，但也不应因此降低对企业信誉的要求，反而应该更加重视商业承诺和义务的兑现，因为诚信不仅关乎企业道德与企业形象，更直接影响企业运行的效率——越是市场机制成熟的国家，更高的企业信誉等级往往意味着更高的融资额度以及更加宽松的监控和审查环境，从而越能给企业发展带来更多的金融保障和更低的经营成本。

（七）寻求可靠互补合作伙伴

在海外文化市场的开拓当中，文化企业往往在刚进入时占有的市场规模较小，在市场中不具有影响力，同时独自摸索当地市场环境会在法律、文化、人才、金融等方面遇到瓶颈，找到当地可靠的企业是打开市场最有效、快捷的途径。企业可以根据自身情况寻找熟知当地市场情况、掌握市场信息、了解营销渠道的合作伙伴，在人、财、物各方面相互补充，找对人，做对事，找准市场运转的"穴位"，联合发掘当地文化市场，实现"一通百通"。

二、强化非营利机构监管与约束 [①]

（一）政府视角——完善制度设计

从政府视角，应完善制度设计，建立非营利组织的约束机制。制度设计可以说是任何组织发展的重要环节，对于非营利机构而言也不例外。一方面，必须加强非营利机构管理与监管相关的法律体系的建设，制定非营利机构专门的法律法规，完善相关制度措施，使非营利机构的管理与监督有法可依，使非营利机构能在法制框架下进行制度化的健康发展。另一方面，除了外部约束力外，也要加强非营利机构自律机制的建设，鼓励非营利机构建立起自我约束与自我管理机制，从根本上保证非营利机构活动的规范运行。简化程序，扶持非营利机构的发展。但实行简化程序亦不可脱离依法行政的原则，政府机关不可逾越其职责权限、滥用自由裁量权，而影响非营利机构的规范发展。加强对非营利机构的监督。非营利机构关系着广大的公共利益，必须加强非营利机构的监管力度，防止非营利机构借着公共文化的幌子，做出损害非营利机构形象与群众利益的事。比如在各城市、地区设立各层级的监督机构，以监督和管理非营利机构的活动，确保其不违反法律法规、不损害公共利益，监督非营利机构始终在法制的轨道上运行。也可引入无直接利益关系的第三方共同监管非营利机构的行为，引导其健康发展。

（二）主体视角——树立正确的发展理念

从非营利机构视角，应树立正确的经济效益理念，实现持续发展。非营利机构主要依靠外部捐赠来提供服务，而获取外部支持的前提也必须建立在自身良好的管理运营之上，使公众相信非营利机构有能力提供符合他们要求的服务。其次，这种信誉与形象不是一朝一夕所能建立，必须经过长期积累形成。因此，非营利机构必须持有正确的经济效益理念，保证一定的运营利润维持生存，实现自身的长期发展，避免出现低效高耗、长期入不敷出而无法生存下去的困境。

树立先进的管理意识，实现高效运作。非营利机构如果无法实现自身的高效

[①] 庄玉红.关于我国非盈利组织发展状况的研究[J].中小企业管理与科技（下旬刊），2012（12）：121-123.

运作，也必定无法为社会提供公共服务，因此，非营利机构不能仅有愿望与热情，还必须坚持高效运作与管理的原则，与其他营利性组织一样，注重绩效与运营结果，采用先进的管理理念与手段，建立起强大的组织文化，塑造良好的社会公益形象，提高服务的质量与水平，从而促进自身的发展。

提高服务水平与质量，提升服务职能。非营利机构满足的是企业不愿提供政府无法提供产品与服务的空白领域，因此非营利机构的任务越发艰巨。为了实现多重的目标与使命，非营利机构必须从资金来源、服务提供、志愿者使用等方面进行优化，并完善组织内部管理，兼顾各个目标的实现，避免多重目标导致的精力与资源分散。

透明化运作，树立社会信心。非营利机构主要依靠外部的捐赠来为社会提供公共产品与服务，而要获得外界的捐赠，除了非营利机构本身的使命宣传以外，其自成立以来所建立起的信誉与形象也非常重要，是捐赠者考虑的重要因素。非营利机构必须进行透明化运作，向公众披露款项的运作情况与所使用的项目活动的始末，以其诚实运作获取更多的捐赠，提高公共产品与服务的种类与水平，以此良性循环。

三、规范文化经纪机构

政府应加快文化经纪法规建设，完善文化经纪立法，在发展中逐渐形成文化经纪相关的考试制度、交易制度、佣金制度、纳税制度等一系列的有关法律，是保证文化产业健康发展的重要基础。在市场经济条件下，政府应充分发挥其维护市场秩序的职能，完善法律法规建设，使文化经纪行为法制化，使经纪业务有法可依，依法办事，从法律上为文化经纪行业创造一个良好的发展环境。另外，政府还应加强文化经纪队伍的组织管理工作，对违法行为予以查处，对合法经纪机构予以保护。

加强行业自律，促进文化经纪行业的规范及发展，不仅仅要靠政府的监管，还要靠行业内的自律，加强行业自律，是文化产业发展的必然要求。政府是文化市场规则的制定者，主要职能则应是依法维持市场竞争秩序，对违法行为予以查处，对合法行为予以保护。而行业协会等社会组织则可以通过法规来保护文化经纪主体的合法权益，促进平等自由竞争，运用法律约束不规范行为，行业自律是维护市场有序运行的未来趋势。行业协会既独立于政府主管部门之外，又在政府与文化经纪机构之间起到沟通协助、监管的作用。行业协会应致力于制定行业规范，促进行业自律；建立考核机制与信誉机制，提高经纪机构的服务水平；为文化经纪机构提供市场信息，做好指导工作；协助文化经纪机构与政府部门沟通，发挥行业协会的桥梁和纽带作用；解决文化经纪纠纷，维护行业的利益；为文化经纪机构进入市场提供便利条件，推动文化经纪机构的发展壮大。

经典案例

天视全景——引领中国漫画出海欧洲

一、牵线搭桥：连接中国漫画人与海外出版社

2004年，王宁在一些画漫画的朋友推动下，偶然接触到一些欧洲漫画市场资源，便萌生了向欧洲市场推广中国漫画的想法，北京天视全景文化传播有限责任公司（以下简称"天视全景"）因而正式成立，公司主营业务为漫画版权出口，为国内外的漫画作者提供代理服务与经纪服务。成立以来，公司规模一直没有太大变化，而合作对象却发生了令人惊叹的改变——合作的漫画作者从三四位发展到近200位，合作的国外出版社达22家，其中半数以上是欧洲排名前十的出版社。天视全景公司与这些欧洲出版社建立了良好的合作关系和多元的合作模式（见表5-1）。10多年来，公司运营更加正规，视野更加开阔，业务更加多元，收入也更加稳定。

表5-1 天视全景与欧洲出版社的主要合作方式

序号	合作形式	具体内容
1	版权出口	将中国漫画作者已完成的漫画作品推荐给国外的出版社，寻找出版机会
2	开发项目	与国外出版社商议并确定新的漫画主题：短篇集或系列作品，邀国内漫画作者参与
3	协助创作	与国外出版社一同协助国内漫画作者完成作品的创作。在漫画作者的创作过程中，不断提出修改建议，以协助漫画作者的作品更加适应海外漫画市场
4	合作创作	国内外的出版社及漫画编剧提供漫画脚本，由国内外的漫画作者绘制，合作创作漫画作品

续表

序 号	合作形式	具体内容
5	商业加工	由国外提供漫画线稿的完成稿，由国内进行上色加工
		为国外一些小说类文学作品提供封面加工或绘制插图
		为国内外一些品牌广告提供漫画、插画的加工绘制
6	文化交流	组织国内的漫画作者参加国外的专业漫画节、漫画展，进行签售活动；邀请国外漫画家、出版社负责人、漫画编辑、编剧等专业人士到中国进行专业讲座，并对国内的漫画作者进行创作指导

截至 2015 年，天视全景向欧洲共出口了近 160 余种、260 多部中国漫画图书版权，约占国内漫画版权出口欧美国家数量的 90% 以上。版权出口漫画作者年龄从 20 岁到 74 岁，涵盖老中青三代，版权输出到法国、德国、意大利、英国、美国、巴西等 10 多个国家。在天视全景"走出去"的成绩单上，公司成立的前 3 年，在欧洲出版了 50 多本中国漫画，占总成绩的比例近 1/3。与此相比，由于国内适合欧洲市场的作品数量和有能力创作出这类作品的作者人数稀少，同时公司对作品的质量要求不断提高，近年来公司的出版进度明显减缓。

基于上述变化，天视全景在版权输出和引进之外，开始了合作创作模式的探索，具体有两个方面。一是与国外出版社一起协助国内漫画作者的创作，使作品更加适合海外漫画市场；二是根据国外出版社及漫画编剧提供的漫画脚本寻找国内漫画作者，合作创作漫画作品。《北京》可视为该模式的典型代表，该书创作思路源于北京奥运会，邀请了 13 位对北京有深刻了解的漫画作者采用各自最擅长的表达方式共同完成，并于 2008 年在法国、德国出版。到 2012 年该书仍在销售，对一本具有很强时效性的漫画而言，其生命力之旺盛可见一斑。

漫画在欧洲被称为第九艺术，欧洲漫画在世界漫画版图中占有重要的地位，曾诞生了埃尔热、墨比斯等一系列全球知名的漫画大师。欧洲的出版社、发行商和漫画作者、读者之间的关系紧密而且成熟，彼此之间既是合作者又像朋友，而国内的漫画出版业则游离甚至凌驾于漫画人的圈子之上，漫画作者与出版发行机构的关系不够和谐互助。在这种关系网中天视全景应该处于什么位置？公司创始人王宁给出了自己的答案：我们处在中国漫画人和国外出版社之间，应该具有良好的沟通能力，让国外出版社及读者了解中国漫画家及作品，让国内漫画人了解国外漫画市场，并能给漫画家的创作提供一些想法和建议。

二、中国漫画"走出去"的实践探索

(一)《包拯传奇》版权出口畅销欧洲

漫画版权出口是天视全景的主营业务,公司首先以版税分成结合版税预付的方式购买漫画作品的出版版权,和作者签订授权协议;继而将该作品版权授权给合作的国外出版社,并在出版后获取一定比例的销售分成。

2009年,由天视全景公司策划,中法合作创作的侦探经典漫画系列《包拯传奇》在法兰克福书展版权交易平台上悄然盛开。这套侦探经典漫画系列计划出版6册,剧本由法国人撰写,绘画由当时已经69岁的签约画家聂崇瑞完成。其中,编剧作者Marty先生曾在法国电视台做了多年的电视剧导演及编剧,对于法国观众及读者有一定的了解,同时,他也非常喜爱中国的传统文化及历史。两位创作者对包拯有着同样的理解,在面对法国媒体的采访时曾不约而同地表示:"包拯不仅仅是属于中国的,他也属于世界。因为人们对正义的追求,是没有国界的。"

法文版《包拯传奇》于2010年1月在法国图书市场上柜。据悉,《包拯传奇》第一册版权在2009年法兰克福书展前已以1.8万欧元售给法国;展会期间,又向意大利、丹麦、美国3国售出第一册版权共1.2万欧元。[①] 2010年,《包拯传奇》更是在法国安古兰漫画节掀起热潮,法国最大的报纸——《世界报》甚至占用了大幅版面登载和介绍此书。

(二)搭建中外漫画版权交易展会平台

1. 境外参展,开拓中国漫画海外销售渠道

国内知名漫画家张晓雨曾表示:"我的漫画作品年龄层定位于成年人。而就目前国内漫画市场来说,多以适合青少年、儿童目标销售群体的作品为主,一直以来不太容易有合适的机会出版,所以国外销售渠道的获得对我来说非常重要,我相信这样的渠道对于和我一样的其他漫画创作者来说,也是十分宝贵的。"

正是在这样的现实背景下,自2005年起,组织中国漫画作家参加法国安古兰漫画节、圣马洛漫画节、里尔漫画节、巴黎书展以及德国埃尔兰根漫画节、意大

---

① 中法合创《包拯传奇》连环画版权输出开奇葩[N].新民晚报,2009-10-18.

利拿波里漫画节等国际知名漫画节和漫画展成为天视全景的业务内容之一。其中,安古兰漫画节使天视全景的多位漫画作者迈出了成功的一步,如《包拯传奇》的漫画作者聂崇瑞在2010年安古兰漫画节的新书发售会上,以647本的销量打破了该漫画节38年的单本销售纪录。2012年,在安古兰漫画节上,由天视全景版权出口的中国漫画现场签售销售额超过2万欧元,接近欧洲最大漫画公司之一的卡斯特曼出版社销售额的1/3。

2. 策划组织海外优秀出版社来华参展

早在2005年10月,天视全景公司就组织、邀请了75位法国漫画家、出版社、艺术院校和动画公司来到北京,举办了"2005北京首届法国动漫展"活动。2012年,在第八届中国国际动漫节的展厅中,一个由法国、意大利、瑞士等多个欧洲国家的主要出版社组成的欧洲漫画出版展台尤为引人关注,而本次欧洲漫画出版展台的策展方正是北京天视全景文化传播有限公司。① 这是欧洲漫画出版社首次集体出展在中国举行的动漫节展。据悉,本次共有5家欧洲出版社出展中国国际动漫节,分别是瑞士最大的漫画Paquet出版社、意大利专业漫画Editori Del Grifo出版社、多次出版欧洲顶级漫画大师作品的法国Mosquito出版社、与中国建立良好业务关系的法国Bao出版社以及法国Attakus公司。值得一提的是,Attakus是欧洲最大的手办生产公司。每家出版社都带来多部欧洲漫画图书进行展示,现场还举行了规模庞大的欧洲漫画作品展以及欧洲手办展。欧洲漫画出版展台的漫画图书展示和漫画作品展览,向国内观众提供了一个难得的近距离接触和欣赏欧洲漫画艺术的机会。

3. 构建三位一体的版权交易展模式

在2013年第九届中国国际动漫节上,北京天视全景文化传播有限公司基于国内漫画市场的交易方式缺乏专业性和针对性的现实情况,特别针对漫画领域,借鉴法国安古兰漫画节成功运作模式,将"版权交易"的理念引入动漫节,打造了集展览、签售、交易三位于一体的新模式,引起业内外的高度关注。

"点对点"模式提高交易效率。2013年,漫画版权交易展共邀请到了包括美国NBM出版社、法国Mosquito出版社在内的5个国家的7家境外出版社。他们此

---

① 欧洲漫画出版社首次集体出展中国国际动漫节[EB/OL].(2012-05-03)[2019-02-25]. http://www.ahyouth.com/news/20120503/429405.shtml.

次带来的样书及出版计划均直接锁定在了儿童读物和世界级漫画大师作品上。从合作签约的数量来看，较之以往翻了一倍。在展会前期筹备阶段，天视全景会告诉境外出版商哪些漫画作品适合在中国发行，哪些作品可作为重点推介。对于国内的出版企业来说，天视全景会结合各家出版社的定位，有意识地请符合其出版需求的境外出版社与之对接。这种近乎"点对点"的交易模式，在节省时间成本的同时，使合作洽谈更为高效。

独家资源是促成交易的关键。漫画展览若想引起各方的关注并促成交易，在内容上必须要有足够的吸引力。此次展览所展出的 200 余幅漫画作品的中国独家版权均归天视全景所有，在展出内容上可算独一无二。对于国内的出版社来说，邀请的境外出版商带来的作品都是艺术性极强的，以欧美漫画为主；对于境外出版社来说，天视全景此次推介的 3 位国内漫画家的作品，80% 是没有在国内出版过的，因此也具有很强的市场竞争力。

三、以"引进来"促进中国漫画"走出去"

利用多年来在欧美地区打下的基础，2011 年天视全景开始了漫画版权引进业务。引进作品包括国外优秀漫画以及一些未在国内出版的版权出口漫画，主要目的包括：第一，通过引进"墙内开花墙外香"的漫画作品，让外界知道中国漫画作者水平的多样化；第二，向国内业界推介技法成熟、影响力大的国外经典漫画作品，让国内创作者能从中得到更多的学习机会。2013 年，公司更是引进 10 多部欧洲漫画的版权，和国内多个出版社合作出版，使国内漫画市场首度刮起欧风。

（一）从"三联"开始

2013 年 8 月，艾玛纽埃尔·勒巴热的《革命之路》和张晓雨的《云中兰若》以"先行者"之姿亮相第 20 届北京国际图书博览会，9 月正式上市。其中，《革命之路》曾获得法国索列斯维尔漫画节最佳画册奖、尚贝利漫画节最佳画册金像奖等奖项；张晓雨从 2008 年起已有《海市蜃楼》等 6 部作品陆续在欧洲出版，《云中兰若》法文版也由法国蚊子（Mosquito）出版社于 2013 年 10 月推出。在两书之后，还有 10 部欧洲漫画以及张晓雨的另外 4 部漫画作品陆续推出。

这两本书的出版拉开了作为版权引进方的天视全景和三联书店合作的序幕。

对三联书店而言，此次合作也有着不一般的意义。《革命之路》开启了三联书店"欧洲经典漫画大师"系列。据了解，已列入三联出版计划的作品还有艾玛纽埃尔·勒巴热的另两部作品《切尔诺贝利之花》和《无恶之地》。前者是一部反映苏联切尔诺贝利核电站核泄漏事故后当地居民生活的游记类漫画，后者则以日记体形式体现，两书在 2013 年 10 月中下旬推出；被誉为"世界级漫画大师"的法国漫画家墨必斯的 3 部经典作品 Arzach、The Airtight Garage 和 L'incal 则在 2013 年年底至 2014 年年初推出。此外，同步推出的还有张晓雨的两部作品《小丑》与《飞》。

（二）实现"多点开花"

与三联的合作只是天视全景引进欧洲漫画出版计划中的一部分。后浪出版公司与上海人民出版社分别推出了法国漫画家罗曼·宇构创作的反映"二战"时期空战题材的漫画《银翼夜枭》和意大利漫画大师塞吉奥·托比的《一位无足轻重的神》《天方夜谭之莎拉珊德》；长江文艺出版社将推出加拿大女漫画家伊莎贝尔的《简、狐狸与我》；世图出版公司推出张晓雨与法国出版社合作创作的作品《铁血骑士》；中国美术出版总社连环画出版社推出了塞吉奥·托比的《克鲁尔》和《爱尔兰皇室警吏团》以及贵州人民出版社推出的张晓雨的《面人麻生》——该书法文版已于 2012 年 11 月在法国出版。2015 年 3 月，由天视全景公司版权引进的法国漫画《拉比的猫》，又名《犹太长老的灵猫》已经在翻译当中，即将由三联书店出版发行。

比较版权引进和版权输出，二者都有难度，但侧重点不同。版权输出的难度主要体现在作品上，如年轻漫画作者很难创作出体现本国人民生活观、价值观以及文化深度的成熟漫画作品，改编自经典名著或走青少年儿童路线的漫画题材与欧洲的成人漫画也相去甚远。版权引进的难度则体现在制度和文化差异上，欧洲漫画中经常出现一些情色、打斗的场面，尽管是情节发展的需要，但必须面对国内图书出版业的严格审核。但漫画版权"引进来"既可以通过引入更多的海外资源，从外部补充国产漫画在类型上的不足，也使国产漫画创作者和出版商学习到国际漫画市场在创作、编剧等方面的经验，从而渗透到自己的作品中，不断提升国产漫画的创作和制作水平，最终增强中国漫画"走出去"的竞争力。

四、促进中国漫画"走出去"的思考与展望

（一）完善资金和税收支持，增强政府政策针对性

当前，国内漫画的产业规模和国际影响力仍有待提升，急需政府管理部门加大扶持力度，出台一系列切实有效的政策，帮助中国漫画产业发展壮大。

在资金方面，政府可通过设立版权出口风险基金等方式解决国内漫画版权出口企业普遍面临的资金不足难题。特别是，借鉴法国政府文化创意产业扶持方式，更多地鼓励个体和小规模企业，为真正需要帮助的创业者、青年给予资金支持。建立事后反馈和评估机制，为真正需要资金的企业和个人拓展有效渠道。同时，加强资金扶持政策的针对性和有效性。如政策规定，只要是北京企业就可以申请北京市文化专项产业扶持资金，但对于出版企业而言，政策同时规定作品必须在北京注册的出版社出版过，才能作为评选或者申请奖励的依据，从而将以天视全景为代表的一类主要从事漫画版权出口，其作品未必在国内出版的企业拒之门外。

在税收政策方面，1980年颁布的《中华人民共和国个人所得税法》中规定，稿酬的个税起征点为800元，至今已经过去了30多年，工资、薪金的个人所得税起征点经过多次上调已提高至3500元，而稿费的起征点却一直原地踏步。过重的税收负担严重损伤甚至制约了作家的创作积极性和创造力的发挥，客观上导致国内漫画市场产品的质量参差不齐，精品数量较少。与时俱进，提高稿酬个人所得税起征点，充分尊重和肯定对文艺创作者的劳动价值，才能保护和鼓励其创作热情，促进整个文化产业的健康发展。

（二）加大对艺术家支持力度，培养全年龄层漫画读者

艺术家是艺术创作的主体，加大对艺术家创作的支持力度，为艺术家创作提供良好的环境和机会，是提升漫画市场作品质量的前提保证。学习借鉴法国鼓励艺术创作的方式，如采用艺术家签证，邀请艺术家到法国来，并从其踏入法国国土的3个月内，政府为其提供衣食住行且每个月为艺术家提供2500欧元创作经费或者生活费，艺术家可自由选择一座城市或者指定的艺术家之家进行创作，最终作品的处理也由艺术家自主决定。通过这种鼓励和支持方式，让艺术家去发现和了解，开阔眼界，从而创作出好的艺术作品。

漫画市场受众"低龄化"现象严重是国内漫画市场发展的重要阻碍之一。欧洲漫画根据市场分级，虽然有不少适合青少年的作品，但绝大多数是给不同年龄段、不同层次的读者，题材广泛且意义深刻。欧漫的推出，可以丰富国内漫画品种，通过推出适合年龄层更高的读者看的优秀作品，能让漫画走出青少年，摆脱既定的偶像色彩，获得更大的生命力。因而在国内漫画市场建立清晰的分级制度，摆脱普遍存在的"漫画就是给青少年看的"的陈旧思想观念，加大对全年龄层漫画读者的培养，是优化国内漫画市场生态环境、增加漫画市场活力的重要保障。

（三）坚持协同作战，摒弃单打独斗

联合起来、避免内耗是国内漫画企业"走出去"应当汲取的重要经验教训。首先，国内的漫画版权出口企业之间应形成协同作战意识。国内较大的漫画经纪人公司、漫画版权出口企业，应规范企业间竞争，努力形成联盟，对出口到欧洲收取相对统一的版权费用，从而保护国产漫画的整体利益。其次，国内的漫画家与漫画版权出口企业之间也要形成协同作战意识。避免漫画家通过国内版权出口企业联系到外国出版商，然后越过国内版权出口企业直接与外国出版商签约的情况。这种行为表面上看似会给漫画家带来偶尔更丰厚的经济回报，却牺牲了国内漫画版权出口企业的利益，不利于培育一个强大的漫画版权出口经纪人公司群体，进而从长远角度保护整个国内漫画版权出口利益。

（四）从输出中国风格到输出中国故事

借助版权出口的契机，中国新漫画的水平在欧洲这块相对比较成熟的市场里得到了切实的检验。从目前的结果来看，中国新漫画的优势和劣势比较明显。中国新漫画的优势在于风格多样，劣势在于剧情薄弱。很多外国出版商普遍反映中国漫画家绘画功底很好，风格也有特色，但是在人物和剧本方面却很难做到吸引人的眼球。国内漫画作者的编剧能力不强的问题普遍存在于国内漫画、动画乃至电影等创意产业的各个领域之中。但风格并不足以成为能够承载中国优秀文化的载体。故事相比风格更容易承载人生观、世界观和价值观，而中国文化无论是当代的新文化还是古代的传统文化，最终从哲学层面上讲都必须要回归到人生观、世界观和价值观这三者上去。因此，加强编剧、学会讲故事、加强对故事的输出，对中国新漫画的意义尤其重要。

（五）夯实文化"走出去"的国内基础

文化"走出去"并不等同于简单的产品出口，而只有文化产品真正为当地市场所接受和认可，进而融入当地人的生活和文化之中，才能真正有效地传播中华文化价值。当前，中国新漫画作为一种形式在国内几乎没有市场，无论是作品还是漫画家，都鲜有人知晓，国人看漫画的习惯也有待形成；同时，它所承载的内容由于编剧环节薄弱等原因，也未能很好地反映中国传统文化以及新文化中的精髓。没有经过国内漫画市场的洗礼，不是国内市场经过优胜劣汰后的佼佼者，是多年来中国新漫画在欧洲出口遇到诸多困难的重要原因之一。因此，只有先立足国内，确保作品的高质量，赢得国内漫画读者的喜爱，充分接受市场竞争的检验，才能在"走出去"的过程中站稳脚跟并占据优势。

作为北京核心文化创意产业领域"走出去"的代表性民营企业，天视全景如今兼具版权代理人、经纪人、编辑和出版人等多重角色，成立 10 多年来，公司始终以自身的热情、责任感以及专业化服务，有力地推动着中国漫画人和欧洲主流出版社的对接与合作，实现了中国漫画在欧洲市场的有效推广和传播；同时也不断将海外出版社在创作、宣传和市场模式等方面的先进经验带进国内，促进国内出版社更好地进步和发展。其凭借实战打拼出的海外出版经验模式更具有较强示范作用，成为国内漫画产业发展的助力之一。

第六章 国际文化贸易的模式

国际文化市场瞬息万变，新的文化产品与服务不断涌现，在传统的文化贸易模式继续作为主要贸易模式的同时，新兴的贸易模式凭借其更强的专门性和适用性在文化贸易当中提供了更多的便利，也发挥着越来越多的作用。文化节庆展会搭建国际平台，实现文化企业的全球推广与市场开拓；文化保税区通过空间和政策优惠，吸引文化企业入驻，产生集聚效应；电子商务平台利用互联网联通全球，成就文化产品与服务的线上洽谈、交易，也让全天候的文化贸易交割成为可能。贸易模式的创新为国际文化贸易发展带来了更高的时效和更加广阔的空间。

第一节　国际文化贸易的传统模式

国际文化贸易有着不同的分类标准和分类版本，包括以文化产品和文化服务以及以文化硬件和文化软件进行划分的两大标准，还有 GATS、IMF、HS 和 CPC 项下的不同分类版本。虽然到目前为止，对于国际文化贸易的分类尚有许多存在争议、值得商榷的地方，但是总体来看，将其按照文化产品和文化服务的标准划分为货物贸易和服务贸易两大部分，对于实际应用操作来说具有极强的可行性。然而，国际文化贸易中的货物贸易部分同一般的货物贸易仍然有很大差异。对于大多文化产品，其消费更在于内容及提供的服务，而非货物本身提供的效用。而且对文化产品贸易而言，只有一种模式，不管什么文化产品，输往境外或输入境内销售，即为进出口，称为国际文化贸易。因此对于国际文化贸易模式的总结，主要围绕与侧重于文化服务贸易展开，其具体种类则采用已被人们普遍接受 GATS 项下的四大分类——跨境交付、境外消费、商业存在和自然人流动。

一、跨境交付

（一）跨境交付的概念及特点

在一成员境内向任何其他成员境内提供服务，即跨境交付（Cross Border Supply）。跨境交付的发展不仅直接推动服务贸易总额的增长，同时也在更深的层次和更广泛的领域推进着经济全球化。如果无形的服务能通过跨境交付，越过"不可贸易"的障碍，就会引领全球专业化生产的新一轮洗牌，形成全球化的服务生产格局，极大地推进经济全球化的广度、深度和速度。更深层次全球化的发展反过来极大增进了国际文化贸易的交易规模，丰富了文化产品的交易种类，同时也为各国的发展提供新的契机，加剧全球范围内经济发展的不平衡。

目前跨境交付领域的自由化程度还很低。虽然根据1998年WTO第二届部长会议通过的《关于全球电子商务的宣言》，对电子传输产品在过境时暂时可免除关税，但这一承诺的效果十分有限，并不代表同时也免除进口时所缴纳的其他税收。更重要的是，服务贸易壁垒从来都不是主要设置在进口环节，而主要是各种进口后的国内管制，跨境交付亦如此。目前跨境交付总体的开放度不仅不如境外消费，甚至与受到较多限制的商业存在相比，也相当有限。根据WTO对37个最具代表性的服务部门承诺的统计，跨境消费的自由化程度总体最高，商业存在次之，跨境交付最低。

跨境交付的自由化程度最低表现在跨境交付中没有承诺的部门数最多。虽然与商业存在相比，跨境交付没有限制的部门数多，但其中重要的原因是，仍有很多服务部门的跨境交易是无法通过跨境交付的方式进行的，导致跨境交付中没有限制的部门数"虚高"。而跨境交付之所以开放度比商业存在还低，主要是因为部分国家和地区政府普遍存在"管制偏好"，跨境交付较商业存在模式较更难管制；同时跨境交付的发展将原本"不可贸易"的产业也引入激烈的国际竞争之中，从而诱发巨大的国内保护压力；而且跨境交付不具备商业存在模式所具有的，能给进口国带来技术和知识的外溢，解决就业、增加税收等积极影响。此外，网络等电子媒介是进行跨境交付最重要的媒介，但是网络交易本身又存在安全性和保密性不足等实际困难，出现合同纠纷也需要有统一的法律体系来解释。

（二）文化贸易的跨境支付

跨境交付模式是典型的"跨国界贸易型服务"。它的特点是服务的提供者和消费者分处不同国家，在提供服务的过程中，就服务内容本身而言已跨越了国境。它需要现代通信和电子手段的支持，如一国咨询公司在本国向另一成员客户提供法律、管理、信息等专业性服务，以及国际金融服务、国际电讯服务、视听服务等。因为这种贸易模式不需要服务的供给者和需求者"面对面"的交易，因而服务被"运输"的顺利实现使得其所谓"非贸易品"的特征在跨境交付模式中并不存在。具体到文化服务贸易，图书类的电子出版物、广播影视类以及音乐的电子版等在一定程度上都可以通过跨境交付的模式进行贸易。

当前电子图书数量与种类日益增长，更低的价格和更加便携的特点使得大量图书贸易以电子版权的形式实现,免去了运输环节,不仅物流成本大大降低,而且图书的获取更加迅速,专门电子阅览工具的出现也让电子阅读有了更好的体验。广播影视和音乐也越来越多地借助网络播放渠道实现视频与音乐版权的交易,越来越少地依赖胶片、DVD 等实体音像制品的贸易。

二、境外消费

(一)境外消费的概念和特点

在一成员境内向任何其他成员的境外消费者提供服务,即境外消费(Consumption Abroad)。境外消费模式境外消费服务贸易是通过服务的消费者的过境移动实现的,服务是在服务提供者实体存在的那个国家或地区生产的,如旅游、教育、医疗等。这种贸易模式下,服务不能被运输,服务的消费者必须移动,服务的供给者与消费者必须直接接触才能完成贸易。当前文化服务的境外消费越来越普遍,这种消费行为的贸易动因解释不是来自价格差异,而是产品或服务的差异。

(二)文化贸易的境外消费

文化贸易的境外消费,是指一国的消费者出境,在其他国家进行文化消费。比如一国的艺术爱好者到他国去参观博物馆或画展,或观看文艺演出,又如一国的旅游者到他国参加艺术节等文化节庆;或者是外国人来本国参加艺术节、各种博览会,或观看文艺演出,或参观民俗文化村等,这些都属于境外消费。通过境外消费的模式,消费者主动进入文化产品和服务生产地,不仅免去了运输成本,同时依托本国文化市场的特征,也避免了开拓国际市场的风险,使得已经占据市场份额的文化产品与服务更容易与国外消费者的需求有效对接。

典型的文化贸易境外消费模式就是国际性的驻场演出。演艺贸易在文化贸易众多产业领域当中国际化成本最高,因为演艺贸易不仅涉及服装、道具、舞台布景的运送,还涉及演员等相关人员的差旅、食宿等费用。一国优秀的演艺剧目不需要出口到国外,而是在本国剧场上演,吸引当地的外国消费者观看,大大降低了演艺在对外贸易上的成本。由于这类驻场演出的消费人群大多是国外游客,因此常常跟国际旅游结合在一起。在上海,杂技剧《ERA——时空之旅》正是采用了这样的模式,到 2014 年已经实现连续 9 年演出 3514 场,接待国内外观众 358

万人次,总票房收入 4.6 亿元人民币的佳绩。2005 年发展至今已 14 年,作为成功的驻场演出的境外消费模式,带动了区域的发展,对上海的旅游市场产生了极大的影响,其经验值得格外关注及推广。2019 年 3 月,文化和旅游部还发布了《关于促进旅游演艺发展的指导意见》,鼓励发展中小型、主题性、特色类、定制类旅游演艺项目,开发设计与品牌旅游演艺密切相关的服务、道具、工艺品等衍生产品,以"旅游 + 演艺"的驻场演出带动区域发展和产业提升。

三、商业存在

(一)商业存在的概念及特点

一成员的服务提供者在另一成员境内设立商业机构为其境内的消费者提供服务,商业机构包括法人和非法人的分支机构或代表处,即商业存在(Commercial Presence)。商业存在模式既可以是在一成员领土内组建、收购或维持一个法人实体,也可以是创建、维持一个分支机构或代表处。它的特点是服务提供者到国外开业,通过投资设立合资、合作或独资的服务性企业,如银行分行、饭店、零售商店、会计事务所、律师事务所等,是服务业的对外直接投资(Foreign Direct Investmen,FDI)。

近年来,通过外国直接投资实现的服务提供模式(即商业存在)在服务贸易中发展迅速。据 WTO 统计资料显示,通过国外商业存在产生的、由外国直接投资所实现的国际服务贸易占世界服务贸易总额的 50% 左右。由于世界经济一体化进程的加快,全球范围内的产业结构的优化和持续升级,外国直接投资也从原来的制造业流入服务业。同时由于服务性产品有着无形和难以储存等特点,如果在消费国内部通过商业存在模式提供服务就可以为服务提供者进行批量生产提供条件,进而得到规模收益,使生产成本进而产品的价格降低,提高商品的竞争力。

同时,金融服务、保险、房地产、商务服务等知识密集型服务贸易发展十分迅速,再加上述服务部门从 FDI 的迅速增长中获益巨大,从而在服务贸易进出口中的比重大大提高。随着生产力的发展,国际专业化日益深入发展。各国根据自身经济发展的特点以及资源和技术水平的不同优势,在产业内部发展起产品专业化、零部件专业化和工艺专业化的进一步分工,因此这种分工增加了对各种生产服务链上各种商品服务的需求,进而促进了金融保险服务、通信信息服务、商务服务等服务贸易的发展。在工业经济向新经济转变的这一经济进程中，国际服务贸易的范围超出传统的运输、餐饮等模式，形成一种新的知识密集型国际服务贸易。从长远的发展趋势来看，世界服务业产业结构的变动趋势将不断由劳动密集型向知识、技术密集型转变，其中大部分是生产者服务部门。

（二）文化贸易的商业存在

文化贸易的商业存在，指一国的文化或传媒集团企业在另一国设立分支机构、下属企业或办事处等，以商业形式而存在。比如，美国迪士尼乐园在英国或中国香港设立迪士尼乐园，美国华纳电影集团在澳大利亚创办华纳电影城，国外传媒集团在一国设立分销机构，或投资一国电影院、图书、报刊分销企业等。文化产业对外开放之商业存在的特点，一是文化服务的提供者和消费者在同一国的领土内；二是文化服务的提供者到消费者所在国的领土内投资并采取设立商业机构或专业机构的方式。

文化产业对外开放之商业存在，可以完全由母国的文化产业总公司雇用消费者所在国的人员组成，而其母国的文化产业总公司仅是对外投资，并依法享有全部或部分的企业产权；也可以由母国的文化产业总公司直接派出人员参与管理。在后一种情况下，对于投资国来说，由母国的文化产业总公司派出的人员是以自然人流动的方式提供服务。

四、自然人流动

（一）自然人流动的概念和特点

一成员的服务提供者以自然人身份进入另一成员境内提供服务，即自然人流动（Presence of Natural Persons）。一般来说，自然人流动主要包括两种情况：一是一成员方的自然人作为自营服务者，在其他成员方境内以自己的名义提供服务，例如大量菲律宾妇女以个人身份，受雇于中国香港地区从事女佣工作；二是受雇于一成员方服务提供者的自然人在其他成员方境内提供服务，例如美国戴尔公司的外国员工在某国提供技术管理服务。对于发展中国家来说，自然人流动的实施能带来如下利益：第一，发挥充裕的劳动力资源优势。发展中国家人口基数大，但又缺乏资金和技术，因而存在大量的剩余劳动力。第二，缓解就业压力，发展中国家大多为劳动力资源丰富的国家，但缺乏资金和技术，导致经济增长能力有限，每年创造的就业岗位不足，就业压力较大。第三，出口创汇。发展中国家商品贸易地位往往不佳，通过自然人国际流动，可以增加外汇收入、平衡国际收支。第四，学习先进的技术和管理经验。自然人回国之后可以把先进的科学技术和管理方法引入到发展中国家的经济建设中，为他们的经济发展带来新技术、新理念、新动力，从而促进本国经济的发展。自然人流动为发展中国家带来的不利影响主要体现在本国人才的流失上，但可以说自然人流动对于发展中国家绝对是利大于弊。对于发达国家，自然人流动能带来的利益主要是解决劳动力不足的问题。发达国家人口自然增长缓慢甚至出现负增长，人口老龄化问题严重，人口结构严重失衡，加上本国劳动力成本的上升，存在对国外劳务服务的大量需求。实际上，发展中国家的劳动力为发达国家的经济做出了很大的贡献。但是，自然人流动给发达国家可能带来的问题也不容忽视，大量外国自然人的涌入，会使劳动力价格下降，本地劳动者的收入减少、地位下降，而且外来者会抢占廉租房、社会福利等社会资源，冲击本地劳动力市场。

（二）文化贸易的自然人流动

文化贸易的自然人流动，指一国的文化服务提供者以自然人的身份进入另一国的领土内提供服务。比如一国的演员、画家、艺术家等，到他国的领土内，没有设立其自己的公司，而直接为外国的消费者服务，以及个人在国外举行画展、演出，或进行艺术表演，或为国外的文化企业服务等。自然人流动是作为个体发生的文化贸易行为，因而实际产生的文化贸易额很小，在实际文化贸易中的所占比例甚小，而且在文化贸易统计当中也很难进行记录或估算。

以上 4 种经济形式紧密联系、互为补充，有时又几种方式同时进行。这其中，自然人流动是前 3 种方式存在的基础。显然，如果文化从业者不能以自然人身份出国或入境，那么就很难与国外同行联系、交流，实现跨境交付、境外消费和境外的商业存在了。而境外商业存在是国际文化贸易中向外投资或引进外资，进行国际化资本运作最重要的一种商业形式。只有在法律上允许本国文化产业集团向外国投资办商业或专门机构，并允许境外文化产业集团来本国投资办商业或专门机构，文化产业的跨国经营、国际化资本运作或对外开放才能最终实现。

既有文化产品贸易又有文化服务贸易的国际文化贸易，其贸易模式是多样的。就整体趋势来看，随着知识经济的深化，知识在全球范围内的交流频率和密度越来越高，高知识含量的文化服务贸易的比重将不断提升。以版权为核心的"软性"贸易，即文化服务贸易对于文化产业的重要性越来越突出，已经在当代的国际贸易中占有重要地位。以美国版权和授权费用的出口增长为例，它自20世纪90年代以来持续增长，从1997年的362亿美元增加到了2000年的377亿美元，到2004年，突破了4000亿美元，超过美国运输服务和军售契约转移的收入和增长幅度。文化服务贸易将日益占有更为重要的地位。因此，在思考与讨论国际贸易和服务贸易理论在国际文化贸易中的适用性时，需要依据具体模式来区别对待，而不能笼统地进行分析。

第二节　国际文化贸易的中国模式

一、中国对外文化贸易以开放促改革

改革开放40年，见证了中国由政府主导的计划经济体制逐步向政府引导的市场机制过渡，对外开放和对内改革并举，带来了中国文化产业和对外文化贸易的现代化发展。在这40年的开放进程中，中国政府越来越强调运用市场机制来配置资源，中国持续推进市场化改革，市场化发展水平在逐步提高。中国越来越以开放、包容的态度去融入世界经济之中。在开放型经济的大环境下，市场机制向外不断促进中国文化贸易外生发展，向内加速提高国内文化产业的市场化程度。

文化体制改革促使中国文化产业不断升级，对外文化贸易基础得到夯实，同时经济体制改革为对外文化贸易注入了新的力量，始终围绕正确认识和处理政府与市场的关系这一关键问题展开，在对外文化贸易中市场的作用不断扩大，市场的地位也不断上升。从"计划经济为主，市场调节为辅"，到"公有制基础上的有计划的商品经济"，再到"计划与市场内在统一的机制"，在开放促改革的进程中，文化贸易市场化一步步推进。文化贸易市场主体更富有活力，大多数的国有文化企业实行股份制改革，建立现代企业制度，完善治理结构，同时民营文化企业也纷纷加速国际化进程，在国家文化市场竞争之中不断强大。

近年来，促进文化产业、文化贸易发展的相关政策文件密集出台，如《关于支持文化企业发展若干税收政策问题的通知》《关于金融支持文化产业振兴和发展繁荣的指导意见》《文化产品和服务出口指导目录》等都为中国对外文化贸易的发展带来了极大的促进作用。由改革开放带来的市场化机制促进内部改革和行业升级，同时由内部改革反促文化贸易领域市场化加速，这一机制也使得对外文化贸易领域不断加速发展，行业运行机制不断升级。

二、中国对外文化贸易以开放促发展

在不断深化改革、向外开放的进程中，根据各地区的开放程度和开放领域的不同，中国的各省市自治区也得到不同程度的发展。随着各级政府对文化产业、文化贸易的扶持力度的加大，中国对外文化贸易的开展得到极大的促进，在规模和方式上都呈现活跃局面。北京、上海、江苏、浙江、广东、福建等省市的文化贸易发展迅猛，湖北、云南、四川等省份的文化贸易也取得了突破性的进展。各地区发展基础和资源背景情况不一，文化产业的发展进程也各不相同，因此中国各地区对外文化贸易的发展也有各自的特点和差异。

在文化贸易外资引进方面，中国实行的是渐进式地利用外资而不是一次性全面开放。伴随着改革开放首选的广东、福建两省和四个经济特区对外贸易引资进入，创造了与内地不同的市场和投资环境，北上广深四大重点城市并携沿海开放城市和沿海经济开放区形成了中国文化贸易投资区域的主要聚焦点。有关资料显示，近年来北京对外文化体育和娱乐业境外投资保持增长态势，投资额从2008年的1720.89万美元迅速增长到2015年的78193.81万美元。随后，文化贸易领域的引资也会随着中国进一步深化改革开放由沿海向内地纵深推进，形成全方位的文化贸易发展格局。

包括环渤海、"泛长三角"和"泛珠三角"三个区域的沿海地区是中国对外文化贸易发展的先进地区，区域内对外文化贸易设计行业范围较广泛，是国际文化市场渠道通路建设的先锋。以北京为中心的环渤海区域以政治、文化等方面的极大优势造就了其文化贸易领域的核心地位。"泛长三角"地区国际化程度高、区域资本雄厚，并以此为基础形成了该区域独特的文化资源特色和区域文化贸易风格。"泛珠三角"地区在中国—东盟自由贸易区全面建成后，文化贸易额得到了极大的提升，与东南亚国家的联系尤为紧密。

包括东北、西部等地在内的沿边地区的文化产业发展和对外文化贸易发展同样有着显著的区域特色。这些地区与韩国、朝鲜、俄罗斯、柬埔寨等国的对外贸易相对较多，在对外贸易的反促机制下，边疆地区的文化产业得到持续发展，对外文化贸易总额也不断提高。包括陕西、四川、青海等地在内的内陆地区是历史文化资源极为丰富的区域，随着内地引资的进程不断推进，当地特有的文化资源不断得到转化升级，在更好地保护了历史文化资源的同时，文化资源得到了新时代的全新发展，创造出历史文化的崭新魅力，加速了地区文化产业和经济的双重发展。

三、中国对外文化贸易以开放促创新

中国历史悠久，文化资源数不胜数。对外文化贸易的开放进程加速了中国文化资源的产品化和市场化，让沉睡在华夏大地上的文化资源得以焕发新的生机。在当今国际文化贸易市场中，中国文化产品本土化特征越来越明显，以丰厚的文化资源为背景依托，挖掘核心的文化产品，逐渐呈现出市场化、国际化的趋势。《舌尖上的中国》系列纪录片正是以中国美食为产品核心，以央视纪录频道为传播依托，加之国际化、市场化运营模式，得到成熟文化市场的认可，在全球掀起了一股"中国美食热"。这部纪录片也成为中国对外文化贸易领域的经典之作。

近年来，上海、北京、深圳等地相继建立起国家对外文化贸易基地。作为中国文化"引进来、走出去"的前沿阵地，国家对外文化贸易基地依托政策叠加的综合优势，经过一系列的国际交流和贸易活动，将中国文化推向海外，为众多海内外文化企业搭建全方位战略合作平台，推动对外文化贸易的快速深度发展。文化保税区及自由贸易试验区成为对外文化贸易发展的重要推动力量。文化保税区的诞生也被赋予了国际文化贸易领域的中国特色。文化保税区是依托保税区平台，将国际贸易中针对普通商品的保税政策及通行做法运用于文化领域，并根据文化产品创意、设计、生产、存储、销售特点进行政策资源整合和制度创新，形成适应精神产品生产规律、促进文化对外贸易进口的专门保税形态。文化保税区将保税区享有的"免证、免税、保税政策"扩展到文化领域，成为文化繁荣和保税发展的创新结合，具有鲜明的时代性。[①]

2017年，国家对外文化贸易基地（北京）二期开工，与20余家中外企业签约合作，立足建设成为国际影视贸易、国际文化产品展览展示与国际交流贸易方面的重要引擎，为推进国内文化产品与服务"走出去"，国际文化产品与服务

---

① 王海文.国际文化贸易繁荣背景下的我国文化保税研究［M］.北京：中国商务出版社，2015.

"引进来"发挥重要的平台功能。上海自贸区挂牌运行3年多以来,整合区内的国际资源和国际渠道,为中国传统文化"走出去"铺路,为文化类企业的运作发展提供了良好的制度环境和市场空间。目前,上海自贸区内的国家对外文化贸易基地(上海)入驻企业达到约500家,涵盖从高科技文化装备、文化艺术品,到动漫、游戏等各种业态。文化保税区的建立、自由贸易试验区的推进,都为中国对外文化领域注入了新的发展力量。中国对外文化贸易在借鉴发达国家的发展经验的同时,也不断地融入独特的中国智慧,开辟出一条更符合当今国情和发展现状的成长之路。

2018年2月,商务部会同相关部门共同认定了2017—2018年度国家文化出口重点企业和2017—2018年度国家文化出口重点项目,298家企业和109个项目入选;2018年6月,商务部、中共中央宣传部、文化和旅游部、国家广播电视总局公布了国家文化出口基地名单,北京天竺保税区、江苏无锡市、中国(浙江)影视产业国际合作区等13个基地入列。国家文化出口基地建设的宗旨就是创新文化贸易发展的体制机制和政策措施,发挥基地的集聚、引领和辐射作用,培育一批具有较强国际竞争力的文化企业,形成一批具有较强辐射力的国际文化交易平台,摸索一批适应文化贸易创新发展的模式和经验,带动文化贸易高质量发展,为提升中华文化软实力提供支撑,将有力推进各城市文化产业集聚力量的发挥,丰富发展文化产业和对外文化贸易的有效手段,激励各基地借助自身区位、文化资源等优势,发挥专长,打造中国特色文化品牌,提升文化产品核心竞争力,对于形成良性竞争的市场环境和中国文化贸易发展具有重要意义。

四、中国对外文化贸易以开放促升级

改革开放以来,中国外向型经济的高速发展,世界有目共睹。对外文化贸易在从初生状态不断成长,一味地追求其过快增长既不符合发展常态也不符合经济规律,提质增效成为文化贸易新的发展点。中国文化产品和服务必将更多地加入到国际市场、消费和竞争之中,同时,国际文化贸易市场通过"需求—供给传导机制"反向促进国内文化产业供给侧深化改革,文化市场优化升级,从而催生出高品质、高效益、高水平的文化产品与服务。

一方面,中国对外文化贸易的结构持续优化。随着中国经济结构转型升级的加快，中国对外文化贸易在对外贸易总量中占据的地位更为重要、份额更为庞大，对外文化贸易中文化服务的比重随着服务经济的发展不断增大，对外文化贸易中的文化制造业比较优势将进一步发挥。新兴文化行业将在产业融合、文化与科技融合的环境中迎来快速发展的新阶段。同时，中国对外文化贸易相关主体持续壮大，更多的相关主体将加入对外文化贸易的行列中，包括文化企业、文化类社会组织、文化中介机构以及个人。不同规模、不同所有制文化企业，包括大中型、中小微文化企业，将在市场竞争中找到合适的位置。

另一方面，中国对外文化贸易的拓展空间和贸易方式得以升级。通过国际合作和相关倡议，中国对外文化市场空间得到极大拓展。随着中国"互联网+"战略的深入推进，中国对外文化贸易将迎来互联网时代的重大发展机遇。文化贸易领域的互联网思维逐步建立，贸易模式逐步升级，对外文化贸易的实体空间和虚拟空间将得到空前拓展，线上、线下贸易将进一步整合、融合，从而促进经济结构调整、动力转化和模式升级，在中国经济发展和文化产业发展基数增长、要素质量、生产效率、行业升级等多因素之间进行平衡发展。

经典案例

自主建设海外电视台"走进去"探索新实践

2005年，浙江金华邮电工程有限公司在吉尔吉斯斯坦投资创办的德隆电视台（Dolon TV）开播已经10年有余，共有中、俄、英、维等语种的117个频道，其中24小时不间断转播的中国卫星电视频道包括中央四套、中央九套、央视德语频道、新疆卫视2（维吾尔语）、凤凰卫视等9套电视节目，目前收视有效覆盖70万人口，主要面向华人及当地主流人群。Dolon TV如今已成为吉尔吉斯斯坦第二大有线电视频道运营商，它的成功将为中国文化向中亚传播打开更多通道，也打开了一扇当地民众了解中国的窗口，见证了他们对中国这个"近在咫尺又远在天涯"的邻居日渐熟络起来的过程。

一、Dolon TV在吉尔吉斯斯坦的探索

（一）吉尔吉斯斯坦的区位优势

吉尔吉斯斯坦位于古老的"丝绸之路"经济带的核心区，也是"一带一路"沿线国家之一，中国与吉尔吉斯斯坦接壤1100公里，两国开展经贸合作有许多有利因素：两国毗邻地区民族习俗相近、语言相通；两国经济互补性强，中方有吐尔尕特和伊尔克什坦两个国家一类陆路口岸对吉开放[1]；两国政治互信，得益于2013共同建设"丝绸之路经济带"的提出和2015年"一带一路"政策的机遇，与中国接壤的吉尔吉斯

---

[1] 程云洁.中国与吉尔吉斯斯坦经贸合作的制约因素分析[J].新疆财经，2014（2）：58-64.

斯坦开始大力发展对外贸易。

（二）吉尔吉斯斯坦吸引外商的政策因素

对外政治局势上，吉尔吉斯斯坦逐渐形成了完全开放的市场经济模式。2001年，吉尔吉斯斯坦加入世贸组织，对中国与其进行贸易往来有巨大的推动作用，贸易壁垒开始减弱，关税平均下滑到最低。在对内的政治局势上，2008年新税法的颁布[①]，对外资企业给予了较多优惠，新的税法对企业所得税、增值税、关税等方面都给予了一系列优惠。税收优惠、自由经济区投资优惠政策等在引进外国资本和先进的管理经验及生产服务技术方面发挥了不可替代的作用，引导外商投资出口型企业，发挥了良好的作用，对引进外资具有很强的吸引力。

对于浙江民营企业来说，企业转型升级带来的阵痛，产能过剩、市场疲软等一系列发展"瓶颈"让民营企业叫苦不迭。国家"一带一路"倡议的实施将巨大的全球市场与丰富的国际资源推到民营企业面前，豁然打开了走出国门谋发展的新平台。随着"一带一路"建设的推进，企业对沿线国家投资大幅增长，主要投资国家包括俄罗斯、波兰、印度尼西亚、阿联酋、印度、巴基斯坦、马来西亚、吉尔吉斯斯坦8个国家。

（三）吉尔吉斯斯坦的市场需求

20世纪90年代以来是吉尔吉斯斯坦经济转型的重要时期，吉尔吉斯斯坦特别希望通过引入外资、外国直接投资弥补国内资金需求，带来技术、管理经验等以促进经济发展。吸引外资作为吉尔吉斯斯坦经济转型的重要组成部分。中方企业在吉尔吉斯斯坦投资的领域选择方面，除了在吉尔吉斯斯坦投资的矿产比较多外，传媒产业也在国外资本运作市场占据重要的地位，吉尔吉斯斯坦的广播电视市场前景相当乐观，无论是区域优势还是政策支持，可发展的空间相当大。

浙江金华邮电工程有限公司正是看重"一带一路"沿线国家和地区蕴藏着这样巨大的商机，在2005年Dolon TV首先拿到了吉尔吉斯斯坦通信产业部的有线电视、互联网、语音通信三个运营执照，已经在比什凯克市投资1400多万元，目前布点用户

[①] 依马木阿吉·艾比布拉，孙世伟. 吉尔吉斯斯坦经济转型中投资环境及中国对其投资前景分析[J]. 西安财经学院学报，2014（1）：11-14.

达到 2 万户，占全市家庭数的 20%，已经有 5000 户用户安装上了入户电视电缆，解决了入户有线电视、网络媒体、广播传媒走入千家万户的市民需求。

二、Dolon TV 因地制宜的本土化营销战略

（一）媒体语种多元化

吉尔吉斯斯坦是一个多语种国家，其媒体语种结构由该国的民族及其语言的地位决定[①]。吉尔吉斯族是吉尔吉斯斯坦的主体民族，人口占该国人口总数的 70% 以上，吉尔吉斯语是该国宪法规定的普通话。因沙俄的统治和苏联的影响，吉尔吉斯斯坦的俄罗斯族人占该国总人口的 20% 以上，俄语被该国宪法规定为官方语言，是族际交际语言。乌孜别克族聚居在吉尔吉斯斯坦的南部奥什、贾拉拉巴德和巴特肯等地区，是该国第三大民族，该民族的语言为乌孜别克语。在吉尔吉斯斯坦的媒体中绝大多数是使用吉尔吉斯语的，俄语位居第二，还有少量乌孜别克语媒体。此外，因历史、民族和国际关系，吉尔吉斯斯坦还有土耳其语、德语、英语和维吾尔语等语种媒体。

为了适应当地群众语言的多元化，设置语种多元化播出模式成为必然趋势，现在已有俄、英、维、德等语种 117 个频道，还有 36 部维吾尔语节目、5 部哈萨克语节目和 3 部柯语节目也在当地播出，大受从新疆到当地经商的维吾尔族、哈萨克族和柯尔克孜族商户欢迎。

（二）借鉴中国模式，融合当地特色

1. 设立少儿频道节目

中国已有的少儿频道、亲子综艺等模式为吉尔吉斯斯坦影视业的开拓产生了借鉴意义，为此德隆电视台做出了大胆尝试——为幼儿园里的小朋友们拍摄节目，鼓励孩子们展现才艺。

这样民心相通的节目深得家长们的喜爱。看到自家宝贝在电视上活跃的样子对家长来说无疑是件既开心又骄傲的事，甚至还有家长毛遂自荐，主动打电话报名参加社区拍摄节目。

[①] 罗宾. 吉尔吉斯斯坦传媒业现状及发展研究[J]. 对外传播，2017（9）.

2. 设立 6 点新闻档

中国的新闻联播在每晚黄金时间 7 点准时播出，这样数十年如一日的固定模式成为群众获取世界新闻、国家大事的重要渠道。新闻联播的播出方式不仅对人民生活有着至关重要的作用，而且从不担忧收视率。就像中国中央电视台的《东方时空·生活空间》打出"讲述老百姓自己的故事"的口号一样，德隆电视台也把镜头对准了当地老百姓，让普通老百姓直接进入电视荧屏，在话筒前说出自己的想法，或讲一讲自己社区的暖心故事，或吐槽一下最近生活里的柴米油盐闹心事，不管是小区负责人还是居民，都可以有话直说。

同时，德隆也像其他当地电视台一样，及时播报当地社会新闻。6 点新闻档是 Dolon TV 的固定新闻节目，主要播报当地新闻和与中国有关的新闻，这一系列接地气、亲民心的节目让德隆电视台"圈粉"了大批忠实观众。

（三）树立中国品牌

近几年，随着运营条件的逐步成熟，Dolon TV 把更多的精力放在了内容上，再加上"一带一路"提出后，Dolon TV 充分利用优质的资源进行转播，比如纪录片《中国文化之旅》，每集大约 25 分钟，一共 80 集，深受观众喜爱。2014 年，Dolon TV 与中央电视台合作，将央视俄语频道落地到吉尔吉斯斯坦，与中国网络电视台合作，将大熊猫频道落地吉尔吉斯斯坦。频道对接通畅后，德隆引进了好几部以中国文化为主的节目，如《舌尖上的中国第二季》《China 瓷》。2017 年，Dolon TV 加入"一带一路"沿线文化传播平台—丝路频道，成为沿路各国 17 家媒体机构联盟成员之一。Dolon TV 有一个自办特色频道叫"丝路频道"，播放中俄电视节目、电影等，还引进了在中国大火的《甄嬛传》，一经播出观众反响特别好。此外，作为海外协助拍摄单位，德隆电视台还参与了大型电视纪录片《对望——丝绸之路经济带》的拍摄。

在"学汉语"已经不再是新闻的吉尔吉斯斯坦，看中国节目自然成了不少准备去中国留学的学生族群了解中国的窗口，中国茶、瓷器、书画、功夫、丝绸等极具代表性的文化元素不再是他们在学校书本上看到的二元图景，更将可能成为他们未来学习、生活，甚至工作中随处可见的文化符号。可喜的是，这些融入中国元素的节目逐渐成为中国自己的标签，打造出中国自己的品牌。

三、中国与吉尔吉斯斯坦贸易互补方面的影响

（一）传媒业上的互助

1. 与传媒有关的技术互助

浙江民企在吉尔吉斯斯坦创办 Dolon TV 时，不仅借鉴中了国传媒业的营销模式，而且引进了大批中国传播技术和设备。中国的生产技术和水平远远高于吉尔吉斯斯坦，现代传播技术有数字、无线移动、有线或者无线网络以及相关的设备和器材。中吉两国虽然都有一定的传媒技术及其设备和器材生产企业，但是中国是该国传媒技术及其设备和器材的主要进口来源国之一。

2. 增加吉尔吉斯斯坦就业率

人才是传媒业发展的关键，传媒业涉及多种专业，需要各方面的人才。Dolon TV 的创办需要大量人才引进，为当地技术人员、劳动力、中吉翻译家等提供就业机会。还会促进中吉两国的高校教育，开设传媒业有关的专业，中国还有专门的传媒业高校。中吉两国现在的传媒业人才培养方面的合作模式有互派留学生、交换生和进修生以及专门的研讨会和培训班。

（二）充分运用比较优势

吉尔吉斯斯坦是中国资源开发和产业转移的接续地。浙江金华邮电工程有限公司创办电视台的初衷实际上是想不断深化中吉两国经贸合作，使合作领域不断扩大，开拓中亚市场，转移中方比较优势产业，这对于双方发挥自己的比较优势有重大意义，极大地促进了优势商品的出口。比如在吉尔吉斯斯坦开展矿业投资，吉尔吉斯斯坦有着丰富的水资源、水电资源以及煤炭、铁、金、铜、铝等矿产资源，而这些正是我国短缺的资源，尤其是南疆喀什地区所短缺的资源。因此，吉尔吉斯斯坦是我国获取矿产资源的重要国家。同时，吉尔吉斯斯坦是一个工业非常落后的国家，靠大量进口工业产品来满足本国需求。而我国是工业大国，吉尔吉斯斯坦无疑是我国重要的工业产品市场，同时也是我国过剩产能转移的重要地区。

四、在吉尔吉斯斯坦投资的外溢效应

（一）示范效应

截至 2016 年，已有 29 家企业在吉尔吉斯斯坦的"浙江出口商品（比什凯克）交易会"上秀出了"浙江制造"，Dolon TV 走出去的市场营销模式被很多的公司学习借鉴，有更多的中国优质品牌正在"走出去"的道路上。一家经营儿童游乐设施的公司，目前产品以出口欧美国家为主，第一次到吉尔吉斯斯坦参展，希望通过交易会的方式让当地民众了解浙江高品质的产品，从而打开中亚市场。

（二）竞争效应

中国的影视模式给吉尔吉斯斯坦带来了发展的新道路，中国的影视资源经过本土化改造吸引了越来越多的吉尔吉斯斯坦观众，虽然给吉尔吉斯斯坦的传媒业带来了新发展，但同时也带来了挑战，吉尔吉斯斯坦的传媒民族企业在市场上的地位受到了冲击，但是在与外资企业争夺市场的同时也会迫使本土企业加快新产品、新模式的开发，激发企业的创新体制和管理模式。

五、中国企业走出去的借鉴意义

（一）注重内容为王，中国企业不仅要"走出去"更要"走进去"

浙江民企在吉尔吉斯斯坦创办 Dolon TV 加快了构建全方位多层次宽领域的文化走出去的格局，增加了全省文化产品和服务出口。"走出去"是前提，"走进去"才是目的和关键。"内容为王"便是"走出去"的指南针和战术。中国故事的输出，不是单向地输送中国好形象，要有人家能接受的价值观，有人类文明共通、人性共通的情感输出，才能使中国故事、中华文化飞入寻常百姓家。因此要引起其他国家的共鸣，让他们从内心深处认可你便是"走进去"，当文化"走出去"与"走进去"合二为一，讲好新时期下的"中国故事"，秉承"中国元素"寻求国际影响力将成为万众所期盼。

（二）充分调动民营企业积极性

浙江民企创办的 Dolon TV 成为一匹黑马，取得了显著成效。以前中国文化企业和国际对话的机会很少，有的制造业、互联网企业、文化企业尤其是民营的文化企业还在走出去的第一班车上。文化产品综合反映了国家发展的各个方面，是一个国家文化体的综合产品。文化产品要在国际舞台上和别人对接，那么民营企业和国有企业要并驾齐驱。

（三）传播渠道不容忽视

企业要走出去，除了实力和人才，最关键的是要打破原来的传统思维模式，通过新的路径来探索更有可能成功。面向全球发布招商引资、招才引智、城市宣传、企业形象宣传等内容。全新构架中国—吉尔吉斯斯坦—欧洲文化经贸交流的新桥梁，通过中亚公司这个实体平台，不断扩大对外传播优势，进一步传播中国的经济、科技、文化和社会生活信息，把中国文化及商贸产品多层次输出到中亚乃至全世界。坚持多种途径加强渠道建设，打造以文化交流传播、影视译制、服务贸易、展会节庆为主要内容的文化走出去大基地、大平台。同时，充分利用各种文化交流和贸易平台等来进行国际市场推广，在此过程中，大众化、普及率高的传播渠道和平台也起到了不可忽视的作用。

（四）充分利用"一带一路"政策机遇

自 2013 年中国国家主席习近平提出"一带一路"（即"丝绸之路经济带"和"21 世纪海上丝绸之路"）倡议至今已有 4 年，建设丝绸之路经济带的提出，为德隆电视台的发展带来了新机遇。浙江金华邮电工程有限公司创办 Dolon TV 的初衷是既想传播中国文化，又意在搭建中国与吉尔吉斯斯坦文化和经贸桥梁，把中国文化和产品输出到吉尔吉斯等中亚国家。4 年间，随着国际共识日益凝聚，合作蓝图渐渐展开，在"一带一路"框架下的文化交流愈加多元化起来，激发中国企业对"一带一路"沿线国家投资升温成海外投资新亮点。

第七章 国际文化贸易平台与渠道

随着经济全球化的不断加深,文化产品与服务贸易的交易逐渐表现出新的发展趋势,各类国际性的节庆会展为全球交易商提供了一个国际化的、前沿化的展示与洽谈的商务平台。随着当前国际文化市场的竞争日益激烈,传统的贸易平台已不能满足国家间文化贸易竞争的需要,以保税区、免税区形式出现的新一轮竞争正在拉开序幕。为了进一步推动中国对外文化贸易的高质量、可持续发展,中国目前建立了上海外高桥保税区、北京天竺综合保税区以及中国图书进出口(集团)总公司的保税库,并在2018年6月认定了全国首批13家国家文化出口基地,开启了中国特色的文化贸易平台的探索新实践。

第一节　国际文化贸易的展会平台

目前，许多国际节庆展会都得到政府的支持和资助，也是政府推动本国文化企业进驻国际文化市场的重要途径，一方面，处在成长期的中小文化企业以较低的成本实现了海外的推广；另一方面，政府选拔的文化企业因为得到本国政府的认可，在一定程度上有了信誉保障，代表着更高的质量和更低的风险，也更容易被国际市场所接纳。世界知名的节庆展会如表 7-1 所示，主要分为电影、动画、演艺、图书、游戏五大类。

表 7-1　世界知名节庆展会

类别	名称
电影节	威尼斯电影节
	戛纳国际电影节
	柏林国际电影节
	卡罗维发利国际电影节
	蒙特利尔国际电影节
	北京国际电影节
动画节	法国安纳西国际动画节
	德国斯图加特国际动画节
	东京国际动画博览会
演艺节庆	美国表演艺术演出交易会
	加拿大表演艺术交流会
	法国戛纳国际音乐博览会
	法国阿维尼翁戏剧节
	英国爱丁堡艺术节
	上海国际演出交易会

续表

类别	名称
图书会展	法兰克福书展
	美国图书博览会
	伦敦书展
	澳大利亚国际书展
	莫斯科国际书展
	东京国际图书博览会
游戏会展	E3 游戏展
	科隆国际游戏展
	东京电玩展
	中国国际数码互动娱乐展览会

一、电影节

作为影视交流和交易的平台，每当世界各大电影节开幕时，电影节所在城市便成为世界瞩目的焦点。除了很多大制作的商业影片会越来越看重电影节潜在的投融资功能外，对于很多从事艺术片创作的导演以及制片公司来说，电影节的投融资功能则更加凸显。对于这类影片来说，在国内进行影片的投融资难度往往很大，所以在电影节期间，参赛已经不是重要的目的，为完成卖片、新片融资的目标，宣传成为很重要的内容。电影节本身也能给电影人带来不少收获。

目前，世界上最有影响的五大国际性电影节是威尼斯电影节、戛纳国际电影节、柏林国际电影节、卡罗维发利国际电影节和蒙特利尔国际电影节。

威尼斯电影节创办于 1932 年，是世界上第一个国际电影节。该电影节每年 8—9 月在意大利威尼斯举行。奖项包括最佳故事片、最佳纪录片、最佳短片、最有娱乐性影片、最感动人影片、最佳外国影片、最佳导演、最佳编剧、最佳男女演员等。

戛纳国际电影节每年春季在法国东南部海滨小城戛纳举行，它是世界上最早、最大的国际电影节之一。电影节设有"金棕榈奖"，分别授予最佳故事片、最佳纪录片、最佳科教片和最佳美术片等。

柏林国际电影节于 1950 年在原西柏林创办，此后每年 2 月在柏林举行。该电影节的奖项有金熊奖、银熊奖、评委会奖、特别奖等，分别授予最佳故事片、最佳短片、最佳导演和最佳男女演员。

卡罗维发利国际电影节是捷克于 1946 年创办的，每年举行一次。1950 年起由捷克马里安温泉迁往卡罗维发利举行。电影节设有两个比赛评委会，对优秀故事片和优秀处女作故事片分别评奖，最高奖为"水晶地球仪奖"。

蒙特利尔国际电影节于 1977 年创办，每年 8—9 月在加拿大蒙特利尔市举行。该电影节从第 2 届起举行评奖活动，故事片设美洲大奖、男女演员奖、评委会特别奖；短片设蒙特利尔大奖、评委会特别奖。

尤其值得一提的是中国北京国际电影节。北京国际电影节创立于 2011 年，是具有国际性、专业性、创新性、开放性和高端化、市场化的大型电影主题活动，旨在融汇国内国际电影资源，搭建展示交流交易平台，是北京市建设世界城市的重点文化活动和打造东方影视之都的核心活动，也是中国继上海国际电影节之后的第二个获得国际电影制片人协会认可的国际 A 类电影节。电影节在国际交流、扩大群众参与规模、加大电影资源整合力度等方面有着重要意义。北京国际电影节着眼于国际一流电影节定位，拥有创新的内容与形式，有利于扩大群众参与规模、加大资源整合力度、优化活动场地布局、全面提高电影节举办水平，有利于将北京国际电影节打造成具有"国际水平、中国特色、北京风格"的著名文化品牌。

二、动画节

法国安纳西国际动画节创立于 1960 年，是世界上最早的国际动画节，也是目前世界上规模最大、水准最高的国际动画节，是国际动画领域的盛会。在世界动画协会主办的 4 个国际 A 级动画节中，安纳西国际动画节历来是最负盛名的一个，被誉为"动画奥斯卡"。其下设的动画长片、动画短片、电视动画等奖项为世界动画界的最高荣耀。迄今为止，我国动画只有《麦兜故事》获得了 2003 年动画长片大奖，这也是中国动画获得的最高奖项。

德国斯图加特国际动画节是世界上重要的动画节之一，于每年 5 月初举办，在欧洲的同类动画节中占有非常重要的地位。动画节由德国路维希堡电影学院主办，所设奖项金额在各大动画节中最高，2007 年的学生作品奖"青年动画"单元奖金高达 5 万欧元。历届动画节都没有规定主题，而是非常强调艺术上的自由与个性化，同时还非常注意鼓励年轻人与新人，在动画节上专门设立学生作品奖。

东京国际动画博览会，又称东京国际动画展。作为每年春天在东京国际展览馆举办的世界上最高级别的动漫展，东京国际动画博览会以动画综合信息展示、商品展销以及人才挖掘为主要目的，为业界表彰和输送了众多人才。东京国际动画博览会是东京市政府和相关动画企业及团体为了鼓励和发展动画产业而主办的国际性动漫展，这个商业性浓厚的盛会以国际动画交流与进出口商业洽谈为目的，自 2002 年开始举办，目前已发展成为世界上规模最大的动漫主题大型展会。依照惯例，每年有数百家日本及国际顶尖的动画制作公司、玩具软件开发公司、电影电视公司等相关企业和团体齐聚东京，发布动画的最新信息。

三、演艺节庆

演艺节庆是吸引演艺供给方与需求方聚合的最有效方式，演艺交易则必然作为演艺节庆中的重要内容促进演艺产品和服务与市场的接轨，搭建区域及多边艺术合作的平台，促进演艺产品与服务的多样性发展，推动演艺管理经验互鉴，成为演艺业国际交流的重要展示平台。

美国表演艺术演出交易会。全美表演艺术演出交易会每年与美国表演艺术主办者协会年会同时在美国纽约举行，是美国最大的国际演出交易会。该会议旨在协助世界各地的会员单位搭建演出商务洽谈的资源网络，并创造联合演出的机会。

加拿大表演艺术交流会。蒙特利尔加拿大表演艺术交流会每两年举行一次，是美洲地区最重要的艺术交流活动之一，内容包含演出、交易和会议三部分。除了官方项目之外，还有来自魁北克和加拿大其他地区的演出作为外围项目在蒙特利尔各地表演。

法国戛纳国际音乐博览会。法国戛纳国际音乐博览会是全球最大规模的专业音乐交易市场，被誉为"音乐界的奥林匹克"，至今已有 42 年历史。这是一个纯商业的专业展会，每年均有来自全球上百个国家的录音、出版、发行、版权、演唱会、数字媒体等行业精英汇聚于此，就音乐界普遍关心的问题以及音乐潮流走向等信息进行为期一周的交流。

英国爱丁堡艺术节。始于 1947 年，是世界大型综合性艺术节之一。其宗旨是加强欧洲国家间的文化交流，推广高雅艺术，为欧洲的和平和团结提供一个活动的舞台。后由于不断有世界著名艺术家的参与，逐渐演变成一个雅俗共赏的艺术盛会。每年8月至9月初都邀请来自英国及世界各地著名的歌舞艺术团体和个人到爱丁堡进行表演，时间持续3个星期。

上海国际演出交易会。作为上海国际艺术节的支柱性活动，上海国际演出交易会已成为中国规模最大和最富成效的国际性演出交易会之一。每年都有几十个国家和地区的著名演艺机构、演出经纪公司、演出团体以及各国艺术节的代表出席。每届上海演出交易会都以其广泛的国际交往网络、良好的合作关系、专业的知识积累和对办会职业素质的不断追求获得国际国内同行的良好口碑。每年很多国际演艺界同行也纷纷相约来参加上海的演出交易会洽谈项目合作，他们在此期间达成巡演协议，预订在各自国家演出的订单。这是一个在上海这个大码头上搭建的国际演出交易的平台，它是属于上海的，更是属于中国的，所有国际网络资源在此期间可直接接洽，值得中外同行抓住机会充分利用。

四、图书会展

经过长期发展，国际图书会展已经成为各国进行图书版权贸易、合作出版、图书贸易和信息交流的重要平台，同时也有助于各国之间增进文化了解、促进文化交流。当今世界上，最主要的国际图书会展有德国法兰克福书展、美国图书博览会、伦敦书展、澳大利亚国际书展、莫斯科国际书展、东京国际图书博览会等。

被誉为出版业"奥运会"的法兰克福书展最为著名。法兰克福书展于1949年由德国书业协会创办，每年10月第一个星期三至第二个星期一在法兰克福举行。法兰克福书展堪称全世界规模最大的书展，也是全球最重要的国际图书贸易信息服务平台和国际知识产权交易平台，对世界图书出版文化事业具有极大的影响力。法兰克福书展最重要的功能是进行版权贸易。据统计，在书展上达成的版权交易占世界全年版权交易总量的75%以上，一方面是出版机构的版权负责人洽谈、购买国外版或翻译版版权，另一方面是大批文学代理人寻找海外出版公司。此外，每届书展开展前一大都会举办"国际版权经理大会"，以探讨版权贸易中的有关问题。自1976年开始，法兰克福国际书展就邀请不同国家作为每年的主宾国。从首届主宾国意大利开始，截至2009年，已经有21个国家和地区陆续成为书展的主宾国或主宾。

2009 年在第 61 届法兰克福书展上，中国首次作为这个具有出版业"奥运会"之称的书展主宾国，派出了庞大的展团参展，这是继北京奥运会之后中国最重要的对外文化展示活动，也是中华人民共和国成立 60 年来中国出版业在国外举办的规模和影响最大的出版文化交流活动。中国共有 274 家出版单位参展，成功地举办了 612 场文化交流活动，签署共计 2417 项版权输出合同。来自 100 多个国家和地区的 7300 家展商参加了本届书展的图书交流和版权贸易，参展出版物多达 40 万种。

积极主动地利用书展平台，策划有关数字出版、国际合作等一系列具有国际吸引力的专业文化交流活动，可以实现图书版权输出的重大突破。目前，在现代出版业中，连接国内市场和国际市场的直接形式就是国际书展、国际图书博览会以及现代互联网技术。国际书展最初仅是作为出版商、书商行业协会会员年会而举办，后来逐步演变为促进图书市场全球化的主要形式，成为世界各国出版商、书商探测世界出版气候、沟通出版信息、开发图书贸易市场、预测世界出版业前景、进行版权贸易洽谈、签订各种图书贸易合同、寻求印刷加工生产业务的主要场所。

这些国际图书博览会既展示了参展国和地区的图书出版成就和出版水准，又进行了图书交易，涵盖各个主要语种的图书市场，吸引了越来越多的国家和地区参展。通过参与国际图书博览会，出版企业一方面可以与众多的外国出版企业集团建立合作关系，发展更多的客户；另一方面有利于充分展示本企业图书内容的世界性、学习如何有效地进行版权贸易，丰富国际图书市场运作的经验，熟悉国际图书竞争的规则，从而制作出更符合世界市场需求的优质图书。大型国际图书展成为各国出版企业进入世界图书市场的重要途径，放大了图书的国际效应，缩小了出版观念的国别差异。

五、游戏会展

当今世界上最主要的国际游戏会展主要包括 E3 游戏展、科隆国际游戏展、东京电玩展、中国国际数码互动娱乐展览会等。

E3 游戏展，即 Electronic Entertainment Expo/Exposition，缩写为 E&sup3，常

被写作 E3。是世界上电子游戏界最大的年度商业化展览，也是第一大的游戏大会。展览只对那些电子游戏业界业内人士以及记者开放，并且制定了 18 岁以上才能参观的年龄限制。

科隆国际游戏展是全球游戏领域的中心，将行业、玩家和社区联系在一起，由创办于 2002 年的原莱比锡游戏展（Games Convention）发展而来，是欧洲游戏产业决策者最重要的商业平台，也是欧洲最大、最权威、最专业的综合性互动式游戏软件、信息软件和硬件设备展览。第 11 届科隆国际游戏展于 2019 年 8 月 20 日正式开幕，共吸引了来自 50 多个国家和地区的约 1150 家参展商。

东京电玩展始办于 1996 年，从 1997 年开始，每年在春秋两季各举办一次，2002 年改为每年举办一次，是规模仅次于美国 E3 游戏展的全球第二大游戏展会，至今已经发展成为亚洲最大的游戏展览会，是在日本东京千叶幕张国际展览中心（幕张メッセ）举办的大型视讯游戏展览。东京电玩展的内容以各类游戏机及其娱乐软体、电脑游戏以及游戏周边产品为主。

中国国际数码互动娱乐展览会，是继日本东京电玩展之后的又一同类型互动娱乐大展，每年 7 月下旬在上海举办。展会由中国政府相关行业主管部门支持举办，意在逐步加强中国国内电子娱乐产品行业管理，积极规范电子和网络出版物市场，严厉打击盗版及非法复制行为。进一步支持、鼓励正当经营和正版电子娱乐产品的生产、销售。为推动中国电子娱乐产品市场的健康、有序发展提供宣传的平台。2019 年 8 月 2 日，为期 4 天的第十七届中国国际数码互动娱乐展览会在上海新国际博览中心开幕。

第二节　中国文化保税区与国家文化出口基地的建设与探索

一、中国文化保税区

（一）文化保税区概念

保税区亦称保税仓库区。这是一国海关设置的或经海关批准注册、受海关监督和管理的可以较长时间存储商品的区域。保税区能便利转口贸易，境外企业的货物可委托给保税区企业在区内储存并由其代理进口销售，增加有关费用的收入。运入保税区的货物可以进行储存、改装、分类、混合、展览，以及加工制造，但必须处于海关监管范围内。保税区为来保税区投资经营的企业提供了四大便利，第一，国际贸易便利。保税区内企业享有自由从事国际贸易的权利，货物进出保税区，免予进出口关税，并实施简便的海关管理手续；第二，出口加工便利。保税区免税、缓税、免征进出口关税及各种手续简化等政策，促进了进出口加工业的发展，扩大了进出区国际物流量；第三，保税仓储便利。外国商品存入保税区，不必缴纳进口关税，尚可自由出口，只需缴纳存储费和少量费用，但如果要进入关境则需缴纳关税；第四，商品展示便利。企业在保税区内能够拥有空间展示产品与技术等。此外，保税区也提供外汇政策等便利交易的配套政策。

文化保税区则是基于一般保税区的安排，面向国内外文化企业建设的针对文化产品与服务对外贸易的专门保税区。文化保税区将国际贸易中针对普通商品的保税政策及通行做法运用在文化贸易领域，并根据文化产品创意、设计、生产、存储、销售特点进行政策资源整合和制度创新，把以往工业贸易企业的优惠政策移植并创新到文化产业上，形成适应精神产品生产规律、促进文化贸易的专门保税形态。

作为经济开放区建设中"自由度"最高的类别，从 1990 年国务院批准建立上海外高桥第一个保税区以来，我国保税区无论从数量方面还是功能、业绩等方面都取得了长足的进步。"保税"一词意指进口货物暂不缴纳进口税，而是先将其存入特定区域，并可在该区域内进行加工、装配、制造、展览、包装、拆装、贴标、转换、改装、取样及不同原料混合等工作。保税区由海关实施特殊监管，是目前我国开放度和自由度最大的经济区域。形象一点说，保税区如同大使馆，踏入其中便如进入另一个国家。设立保税区是我国依据国情的创新性探索和实践，目的是改善投资发展环境，创新经济运行体制机制，最大限度利用外资、技术，带动和促进区域经济成长，推动国家外向型经济改革发展战略的成功实施。实践证明，保税区对于我国经济体制改革起到了良好的示范、推动作用，为我国社会经济发展做出了巨大贡献。同时，它们也成为我国对外开放的排头兵，在沿海港口及发达区域形成一道亮丽的风景线。

为顺应文化大发展、大繁荣的时代要求，在综合保税区的现有框架下设立文化保税区的政策构想，通过对保税区服务文化进出口方面的功能集成集聚，打造文化产品、服务的离岸生产制作基地和国际营销展示中心，是希冀在推动我国文化经济贸易发展的同时，又能寻出破解我国保税区发展难题的路径。目前我国文化保税区实践的先行者包括上海外高桥保税区、北京天竺综合保税区以及中国图书进出口（集团）总公司的保税库。

（二）上海文化保税区

上海外高桥保税区成立最早，也是众多保税区中业绩尤为突出的一个。2010年，外高桥保税区在《金融时报》旗下的 FDI 杂志对世界自由贸易区的综合评比中排名第一。[1] 为了进一步加强保税区联动，服务于上海社会经济发展，2009年11月18日上海综合保税区正式揭牌成立，标志着上海港洋山港区、外高桥港区、浦东机场空港，以及洋山保税港区、外高桥保税区、浦东机场综合保税区"三港三区"联动工作开始启动。

2011年，上海综合保税区启动四大服务平台。四大服务平台中设在外高桥保税区的国际贸易技术服务中心，今后将探索在开放服务贸易、放宽外汇管理、优化财税体制等领域的先行先试，进一步延伸和完善加工贸易产业链，积极开展"两

---

[1] 宗朔. 写在未来的历史长卷上：上海综合保税区纪实 [J]. 国际市场, 2011 (5).

头在外"的高端产品维修、检测、研发等服务贸易增值业务,争取全球维修、检测中心在外高桥集聚。[1] 由此可见,上海综合保税区已在积极拓展自身功能,尤其是在服务贸易方面,成绩喜人。不仅如此,2011年11月,我国首个国家级对外文化贸易基地在上海浦东外高桥保税区内成立。基地的业务将围绕文化产品进出口贸易、文化品牌企业集聚、文化贸易金融政策试验、文化产品展览展示推介、文化贸易经营人才培训等展开,提供保税仓储、进出口代理、保税展示交易及拍卖等服务。这为文化保税区的构想提供了生动的实践诠释。

北京天竺综合保税区将成为未来首都外向型企业最集中、出口规模最大、对外开放程度最高的区域,其将重点发展国际物流、国际贸易、服务贸易、保税加工、检测维修、离岸金融六大产业。而从效率和成本两方面来看,北京天竺综合保税区将成为吸引外商投资最大的亮点,对国内加工企业、服务外包经济、国际物流企业、国际贸易企业都具有很大的吸引力。[2] 可见,北京在保税区功能提升方面也做了积极的探索和尝试。

(三)北京文化保税区

2014年8月,位于顺义区的北京天竺综合保税区内,北京国际文化贸易服务中心正式运营,标志着我国第一个"文化保税区"将在北京诞生。该"文化保税区"由北京歌华文化发展集团投资建设并负责运营,投资总额为27亿元,占地面积为20153万平方米。按照设想,该保税区包括展示交易中心、文化贸易企业集聚中心和文化艺术品保税物流服务中心三大部分。以往由国家综合保税区享有的"免证、免税、保税"优势政策,将被应用于文化产品贸易和资本运作等方面,同时还将为中外企业提供全方位的文化贸易服务。

文化保税区建立之后,将成为绘画、雕塑、图书、影视产品、设计产品、动漫、网游、舞台设备等展示交易中心,成为国际文化商品的体验中心,并以文化商品交易所的身份为中国资本参与国际文化产品的大宗交易提供便利。同时,保税区将成为落实保税政策的实体服务平台,文化企业及其产品在这里能够享受免进出口许可证的待遇,节省部分报关环节,提高文化产品的国际转运效率。另外,

---

[1] 上海综合保税区启动四大服务平台[J].港口经济,2011(5).

[2] 李焱,皮亚明,丁长青.综合保税区将给北京带来什么?[J].投资北京,2009(6).

在保税区内发生的企业间交易还可免征交易税。此外，在保税区内，进口货物不征税，出口货物可退税，企业同时还可享受国内唯一空港保税区的特殊政策。这一文化保税区将成为未来亚洲规模最大的文化产品集散中心。①

（四）中国图书进出口（集团）总公司保税库

2011年7月，中国图书进出口（集团）总公司出版物专用保税库正式被批准成立，从此海峡两岸图书贸易在保税库内将免13%的税收。这一举措无疑有利于大陆与台湾地区之间的图书贸易。即便当下仍有诸多问题亟待解决，如大陆地区对于台版图书的审批过慢以及汇率等细节问题，但仍在文化保税的实践方面做出了有益的尝试和探索。② 综上所述，不难看到，文化保税区在实践中已然前行。依据国情和实际发展状况，我国完全能够在文化经济领域创设出独特的对外交流与交易平台。

二、国家文化出口基地

（一）国家文化出口基地建设背景

为贯彻落实《国务院关于加快发展对外文化贸易的意见》和关于推动中华文化走出去系列文件精神，促进我国对外文化贸易高质量发展，提升中华文化走出去的水平和效益，增进中外文明交流互鉴，2018年6月，商务部、中宣部、文化和旅游部、国家广播电视总局共同认定了包括北京天竺综合保税区在内的13家全国首批国家文化出口基地。国家文化出口基地的建设既是重要的战略举措，也是服务国家重大战略的务实之举。国家文化出口基地建设的宗旨是创新文化贸易发展的体制机制和政策措施，发挥基地的集聚、引领和辐射作用，培育一批具有较强国际竞争力的文化企业，形成一批具有较强辐射力的国际文化交易平台，摸索一批适应文化贸易创新发展的模式和经验，带动文化贸易高质量发展，为提升中华文化软实力提供支撑。因此，国家文化出口基地的建设无疑将有助于文化消费水平的提升以及文化供给能力的增强，有助于探索不同文化要素、产品和服务的

---

① 李洋.全国首个"文化保税区"下月在京开建［N］.北京日报，2011-10-19.
② 陈杰，蒋梦惟，姚钰珂.文博会盘点：优势产业集中展示文创发展新气象［N］.北京商报，2011-11-16.

贸易模式，创新最适合当地情况的对外文化贸易政策措施，推动产业链、价值链的升级，助力经济结构的转型升级和社会主要矛盾的化解。

（二）国家文化出口基地建设概况

1. 北京天竺综合保税区文化出口基地

作为我国的首都，北京在推动四个中心战略定位以及京津冀协同发展战略中，对外文化贸易具有突出地位与作用。多项有利政策一同发力，共同助力北京市对外文化贸易的发展。北京天竺综合保税区是我国首家空港型综合保税区，也是北京唯一的海关特殊监管区和重要战略性基础设施。经过近10年的发展，天竺综保区逐步构建了集一般贸易、国际快件、跨境电商和整车进口于一体的口岸功能体系，打造了国家对外文化贸易基地（北京）。目前，北京对外文化贸易的发展态势良好。2017年，北京市文化贸易进出口总额达51.2亿美元，同比增长9.2%。其中，进口29.1亿美元，同比增长5.8%；出口22.1亿美元，同比增长14.0%。从具体分类来看，核心文化服务进出口总额30.4亿美元、增长12.8%，进口14.1亿美元、增长2.5%，出口16.3亿美元、增长23.5%；核心文化产品进出口总额20.8亿美元、增长4.3%，进口15.0亿美元、增长9.1%，出口5.8亿美元、下降6.2%。

2. 合肥市蜀山区国家文化出口基地

合肥市蜀山区区域内坐落有国家级合肥高新技术开发区、合肥经济技术开发区及合肥政务文化新区。蜀山区是一个以科技文化教育为先导、以高新技术产业为主导、以高效社会服务为引导的极具发展活力的新兴城区。合肥市高校、科研机构、新闻广电出版发行企业总部以及各类文化场馆、博物馆、体育馆等文化服务设施多密集于此。国家级中国（合肥）跨境电子商务综合试验区的核心区也位于蜀山经济开发区，为国际贸易发展开辟了便利化、现代化的大通道。蜀山区文化产业门类丰富，主要涉及新闻出版发行服务、广播电视电影服务、文化艺术服务、文化信息传输服务、文化创意和设计服务、文化休闲娱乐服务、工艺美术品的生产、文化产品生产的辅助生产、文化用品的生产、文化专用设备的生产。

3. 中国（福建）自贸试验区厦门片区国家文化出口基地

福建厦门自贸片区包括两岸贸易中心核心区19.37平方千米，含象屿保税区0.6平方千米、象屿保税物流园区0.7平方千米、象屿保税二期、东渡港区、航空港物流园区、空港综保区、机场片区、邮轮母港配套区。北侧、西侧、东侧紧邻大海，南侧以疏港路、成功大道、枋钟路为界。东南国际航运中心海沧港区24.41平方千米，含厦门海沧保税港区9.51平方千米。东至厦门西海域，南侧紧邻大海，西至厦漳跨海大桥，北侧以角嵩路、南海路、南海三路和兴港路为界。片区主要围绕艺术品、创意设计、影视演艺、数字内容与新媒体以及新闻出版发行五大产业领域，制定国家文化出口基地建设的宏观规划，重点提出建设一批各具特色、差异化发展的文化产业园区，培育外向型文化企业，打造具有国际影响力的文化品牌载体和活动。

4. 广州市天河区国家文化出口基地

广州市是国家服务贸易创新发展试点城市、中国服务外包示范城市和国家历史文化名城。其中，天河区是广州国家重要的中心城市核心区和第一经济大区，汇聚了众多文化创意产业资源，文化服务、动漫创意设计、数字制作等文化产业国际化发展迅速，聚焦知识经济，加快发展文化创意等新兴产业，鼓励跨境电子商务、智能装备和机器人等新业态发展。基地内文化出口企业将创意设计、文化元素融入出口产品的设计、研发、品牌策划、营销推广等环节，推动出口产品向产业链两端延伸、价值链高端攀升，提升出口产品创新创意价值。

5. 湖南省长沙国家文化出口基地

长沙拥有国家级文化产业园区（基地）12家、省级19家、市级14家，其中长沙天心文化产业园为中部五省唯一的国家级文化产业示范园区，中南国家数字出版基地是继上海、重庆和杭州之后的第四个国家级数字出版基地，长沙天心广告创意产业园为首批"国家广告产业园区"，已初步建成国家文化产业示范园、国家数字出版基地、国家广告创意产业园"两园一基地"格局，具有良好的文化产业发展基础。2018年，长沙市文化产业增加值逼近千亿元大关，文化产业总产值预计为3000亿元。以目前的体量来看，位居中部省会城市第一，位于全国前列；从结构上来看，文化制造业仍然占主导地位，文化服务业增幅最高，文化产业提质升级效用显现。

6. 无锡国家文化出口基地

无锡是中国内地十大经济城市及长三角的区域性中心城市之一，具有良好的经济基础和较强的区域辐射力。近年来，无锡积极致力于产业转型升级，明确提出了"文化强市"的战略目标，以无锡国家数字电影产业园、无锡（国家）工业设计园、无锡软件园、无锡太湖国家旅游度假区等为载体，以影视文化制作交易、网络文化传播、创意设计、特色民族文化产品、文化旅游等领域为重点，逐步形成了文化产业与文化贸易健康快速发展的良好格局。

7. 山东省淄博市博山区国家陶琉文化出口基地

博山区位于山东省中部，是淄博市辖区之一，先后荣获国家级风景名胜区、中华陶琉文化城、中国陶瓷琉璃艺术之乡、中国琉璃之乡、中国鲁菜名城、华夏孝乡等荣誉称号。近年来，博山区把建设国家陶琉文化出口基地作为实施新旧动能转换的重大工程，加快推动陶琉文化产业转型升级。成立了国家文化出口基地建设领导小组，认真落实、用足用好国家和省支持文化贸易的各项优惠政策，积极争取各类政策性扶持资金，确保财政、税收、金融等各项优惠政策落实到位。

8. 西安高新技术开发区国家文化出口基地

西安高新区文化产业目前已形成了"一核、一轴、一城"的空间布局，"一核"即西安软件园示范区，"一轴"即西安国家服务外包示范基地，"一城"即西安软件新城。位于软件新城的西安国家数字出版基地聚集了数字技术、文化出版、军民融合、新型科技四大产业板块核心优质企业资源。截至2019年3月，西安高新区现有文化企业近3000家，其中，55家规模以上文化企业2018年实现营收102.71亿元，占全市总量超过20%，增速达到25%，规模以上文化产业增加值增速达到22.4%。全年文化产业出口额实现2.9亿美元。

9. 上海徐汇区国家文化出口基地

徐汇区是上海的文明之源，西南门户。徐汇区获评成为全国首批"国家文化出口基地"之一，也成为暨国家对外文化贸易基地（上海）外，上海市又一个文化贸易的特色承载区和企业集聚区。同时，徐汇区也是上海市首个全国首批国家级公共文化服务体系示范区。近年来，徐汇区坚持"文化先导"的发展战略，积极引入各类社会资本，加大对区域重点文化项目的投入和支持力度，文化创意产业发展迅速、文化出口规模持续扩大。拥有一批知名文化产业品牌，集聚了上影集团、东方明珠新媒体、东方梦工厂、腾讯影业、尚世影业、巨人网络、游族影业、淘米网、东方网、翡翠东方、梦响强音等文化领军企业。

10. 自贡市国家文化出口基地

自贡市是四川省下辖地级市，地处四川盆地南部；其位于四川省南部、成渝经济区的轴心地带和川南城市群地理中心，是国家"一带一路"和长江经济带的交汇区域，辖区面积4381平方千米，辖四区两县和一个国家级高新区，是四川省的五个双百特大城市之一，素以"千年盐都""恐龙之乡""南国灯城""美食之府"

闻名中外，是国家历史文化名城、中国优秀旅游城市、国家知识产权试点城市、国家新型工业化产业示范基地。2017年4月，成功入选全国首批"老工业城市和资源型城市转型升级示范区"，成为四川省唯一入选的城市。

11. 云南省昆明市国家文化出口基地

昆明市作为云南省省会，国家级历史文化名城，云南省政治、经济、文化、科技、交通中心，是我国面向东南亚、南亚乃至中东、南欧、非洲的前沿和门户。云南省昆明市国家文化出口基地致力于培育骨干文化企业，支持中小文化企业发展，建立小微文化企业孵化器。目前，基地形成了一批以昆明新知集团、云南南数传媒和云南杨丽萍文化传播为代表的文化贸易龙头企业。

12. 浙江省国家文化出口基地建设主体（西湖区）

西湖区隶属浙江省杭州市，位于杭州市区西部，是杭州市5个老城区中面积最大、人口最多的一个城区，也是著名的旅游区，辖区内有西湖、西溪湿地两个国家5A级景区，还有西山国家森林公园、西泠印社、之江国家旅游度假区、宋城等知名景区景点；是著名的文教区，拥有浙江大学、中国美院等名校和小和山高教园区等众多科研院所和高等院校；是国家级园区集聚区，包括之江国家旅游度假区、国家高新技术开发区（江北区块）、浙大国家大学科技园、中国美院国家大学科技园、西溪国家湿地公园、西山国家森林公园；是省会机关聚集区，全省80%以上的省级机关设在西湖区。2017年位列全国综合实力百强区。2018年10月，入选2018年度全国投资潜力百强区、全国科技创新百强区以及全国绿色发展百强区。

13. 西藏文化旅游创意园区国家文化出口基地

西藏文化的荟萃和浓缩，也是世界文化遗产中的璀璨明珠。汇聚了史诗说唱、锅庄歌舞、藏戏艺术等文化奇葩。西藏文化旅游创意园区依托这些藏民族深厚独特的优秀传统文化底蕴，将西藏民族建筑、民族音乐、民族歌舞、生活风俗、民间故事进行全面展示，成为藏民族优秀传统文化鲜活的博物馆。园区总体定位为"藏文化的世界总部基地、藏文化旅游产品标准输出地、藏文化创意发祥地、高端休闲度假地"。截至2017年10月，西藏文化旅游创意园区已签约入驻的文化贸易企业有73家，文化贸易从业人数875人，实现收入3.1亿元，其中文化贸易出口额224万元，同比增长19%。

经典案例

电影中国与What's film——版权贸易的共享生态圈

狮凰文化是专业创新的影视制作、电影发行与电影节服务公司。公司创立于北京，主营业务包含电影节服务、投资制作、引进和国际推广。狮凰文化顺应国内外需求，历经文化产业转型，以"电影中国"项目为起点，聚集电影节资源，注重电影领域多元化运作，开展电影版权交易、电影节业务线上化与电影项目投融资制作，满足国际电影市场需求和解决电影产业发展弊端。自2017年以来，狮凰文化升级打造"What's film"版权交易平台，聚焦创新发展战略定位，抢占国际市场，为中国电影全面出口转型提供了良好的借鉴。

一、狮凰文化的发展路径

（一）立足电影节资源，革新引进模式

自成立以来，狮凰文化建立了一支强大、专业的、涵盖电影节策划、选片、公关、执行、媒体的国际电影节团队，为各主流国际电影节展提供专业服务。以华语选片顾问机构为起点，逐渐发展成为全球化的电影节服务机构，并先后在重要国际电影节承担重要职责，如威尼斯国际电影节（华语选片顾问机构）、罗马国际电影节（华语选片顾问机构）、北京国际电影节（国际顾问机构）与丝绸之路国际电影节（艺术指导机构）。

凭借行业领先优势，狮凰文化为多部知名电影作品提供国际推广服务，现已帮助数部华语电影入围各大国际电影节，先后入围过戛纳、柏林、威尼斯等知名电影节，并有部分作品荣获奖项。目前，狮凰文化深入发掘电影、剧集项目的投资制作优势，

多部影视剧项目蓄势待发。伴随影视资源累积，凭借资深团队的构建，秉承全球化、国际化运作模式与政府、政策的大力扶持，狮凰文化已从单纯的电影节服务机构，进化成为颇具海内外影响力的综合服务机构。

以电影节服务为切入点，狮凰文化与全球多家主流影视组织建立了垂直合作关系，借此开展了电影成片版权与 IP 的引进与发行贸易。在传统交易模式之外，狮凰文化致力于利用互联网平台革新引进模式。为此，狮凰文化先后打造"电影中国"与 What's film，基于电影版权国际贸易平台，提供在线观影、网络会议、电子支付等经济、安全和智能的增值服务，成为集观影、社交与交易为一体的商务社区。

（二）注重投资需求，投资领域多元化

秉承艺术与商业的准则，兼具制片与发行的东西方双重视野，狮凰文化的制作团队深度参与电影、剧集项目的投融资与制作领域。在关注项目未来趋势和优质潜力的同时，狮凰文化与中国电影合作制片公司紧密协作，引入优质国际合拍资源。

在投资制作业务中，狮凰文化具备定制、高端和极致的特征，容括全面、垂直和多层次的制作需求。狮凰文化的制作广度从故事长片、短片，覆盖至企业及个人形象宣传等多元市场需求；制作深度从项目策划、团队组建、立项申报、投融资、拍摄，延伸到完善制定整套成片推广策略。

二、"电影中国"战略定位——"电商平台 + 投融资平台"

2013 年，狮凰文化打造了华语电影国际推广平台——"电影中国"，平台包含电影发行电子商务子平台（简称"电商平台"）与电影项目投融资子平台（简称"投融资平台"）。"电影中国"旨在为电影行业提供服务，提高工作效率，促进电影发行与项目开发。

（一）电商平台

如图 7-1 所示，电商平台包括信息整合、视频传输及电子商务三个核心构件，同时面向电影制片方、电影节选片人与电影发行商等涉及电影版权交易的专业人士。制片方可首先利用平台创建专属页面，向电影节选片人及发行商快速传递影片样本与相关信息。电影节选片人和发行商通过平台浏览、关注和挑选中国电影，与制片方发生

即时商务通信、举行网络洽商会议、协定交易方案。最终，电子商务组件将迅速地满足双方的版权交易需求。电商平台旨在突破传统发行模式，大幅度节约成本，提高速度，并辅以专业化的信息技术支持，确保版权及交易的畅通和安全。

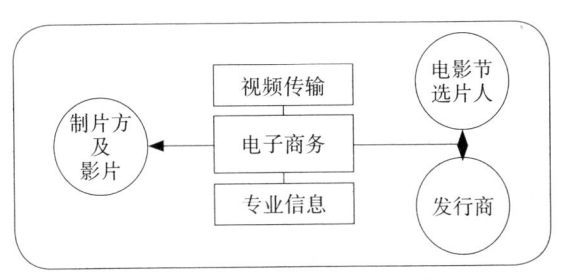

图 7-1 电影发行电子商务平台示意图

（二）投融资平台

投融资平台将汇集来自全世界的文化基金与电影项目（包括电影剧本、人才、技术与拍摄地），促成资金与项目的有效对接与落实。平台聘请业内权威对每个电影项目予以评估与完善，为其制作可视化的项目方案界面，跟踪项目开发进度。同时，平台将分析投资商的项目需求，培养匹配特定需求的定制项目。投融资平台整合各方资源，引入评估与项目优化的专家团队，利用网络与实地二元机制相匹配的体系，持续促进优质项目与资金的匹配（见图 7-2）。

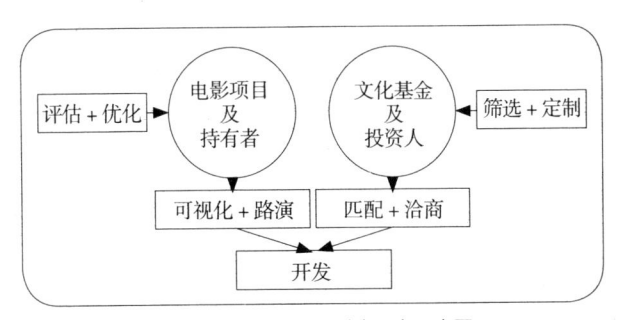

图 7-2 电影项目投融资平台示意图

三、"电影中国"涉及的行业领域多样化

（一）数字信息服务

针对最新制作完成的华语电影，"电影中国"平台突破传统方式，建立"选电影"频道，实现线上的定制、私密和推送，为电影行业大幅缩减了时间与财物成本。"电

影中国"整合国内外优秀电影制作资源（包含电影项目、拍摄基地、资金、资助、人才与技术），通过优化分析与实时沟通机制，促进数量庞大的制作资源的高效流通、供需匹配与合作的快速达成。

华语电影合拍项目将利用"电影中国"下设的专业化投融资平台，该平台将适用于国际合拍项目合作所产生融资与在线交易，为其打造安全、优质的网络化融资及交易工具，开辟华语电影国际联合制作的"电商时代"。

（二）专业技术维护

"电影中国"平台自主开发视频处理技术，并利用在线视频扫描功能，对每一部向世界推送的华语电影进行严格版权保护。"电影中国"与世界级电影字幕专家、国际高等学术机构建立合作关系，引进国际电影翻译人才，组建国内首支多语种字幕翻译与制作团队，化解语言文化的天然差异为华语电影出口带来的不良影响；"电影中国"专注地域识别与用户分析，在不同国家与地区间实现视频发行的自由开闭；并基于用户分析技术，为版权方提供详尽的用户数据与优化发行方案，确保发行过程的透明与高效。

（三）电影文化旅游

"电影中国"着力带动国内电影关联产业的增值与繁荣。通过与国际街景供应商的合作，"电影中国"将为国内数十家电影拍摄基地制作在线实景地图，使用户可以无限制、全方位地对电影基地异地在线观览。通过实景地图，更多亟待宣传或开发的文化旅游资源将获得世界范围内的关注，电影文化与旅游产业得以有机结合。

（四）经典电影展映

"电影中国"致力于的经典华语电影以不同主题与形式，并配合丰富的活动（交流、访问、艺术展、论坛等）在国际上举办长期展映。在各国使馆文化中心等官方机构的支持下，"电影中国"筹办的"百年中国·百部电影"国际巡回展，将通过网络点播与落地展映相结合的方式陆续在世界各地开展。

四、国际电影版权交易的市场需求分析

世界范围内，电影市场与电影交易活动每年达数千项，从事国际发行与电影

引进的企业多达数万家，其中，大部分电影发行商都曾成功挑选、发行或希望与优秀的中国电影产生密切的合作。"电影中国"重点市场涉及国产电影出口、国产电影项目及中外合拍影片的投融资与发行。截至 2016 年年底，国内电影制作公司数量已达 86000 家以上，全年影片产量达 772 部，有出口成果或意向的占比约 40% 以上。

根据中长期的产业预测，中国电影与世界电影将开始深度融合，特定地域生产的电影及附属产品将致力于进行同步的全球化商业运转。因此，"电影中国"的运营目标已重新定位于"全球电影的在线交易平台"，内容范围覆盖全球电影产品。

五、电影市场版权交易新模式——What's film

我国正处于经济转型的重要节点，文化产业作为高附加值产业，自然成为我国经济新常态的驱动器。随着全球经济一体化的逐步成形，文化产业在自我壮大的同时，不仅应带动我国文化品牌"走出去"，还要将优质的外来资源"引进来"，通过良性循环，实现文化产业经济的不断优化，以及其国际影响力的稳步提升。

（一）What's film 为解决电影领域"痛点"而生

如今，电影领域的信息不流畅、价格不均等、沟通成本高、巨头垄断、弱肉强食等问题成为电影版权交易的毒瘤。电影是极为个性化的艺术及商业形式，不能像实物贸易那样用统一的衡量标准来评判优劣、确定价格，买卖双方之间的相互信任是电影贸易达成的重要动因。换言之，影片在版权买卖阶段的估值定位，很大程度上来源于买卖双方的信任。传统交易中的"面对面"沟通便是双方建立互信的体制，遍布全球的"电影市场"即为电影交易者最常使用的实践形式，但依然面临诸如高消耗、低效率的种种缺陷。

What's film 旨在结合互联网快速、自由、低成本的特性，革新传统的影片生产和流通模式，将保守的"电影市场"升级转型为活跃、便利的"商务社区"。在 What's film 上打造适应互联网时代的信任机制是 What's film 的运营重点，信任机制越普遍适用，版权交易便越活跃。

让线上版权交易者拥有"信任感"的关键，在于保证交易者能够以极低的成本快速获得实际利益。相较于固有交易体系，新的交易模式需要提供更合理、有效、可靠的利益分享结构——从保障用户基本利益出发，What's film 致力于保证数据安全，保证买卖双方交流通畅，保证交易顺利完成；从激发用户额外利益出发，What's film 致力于实现影片和用户的智慧分析，快速撮合最优的买卖双方配对，让数据技术辅助交易者对于影片的艺术和商业判断，节约沟通成本。

（二）What's film 的服务模式

What's film 将目标用户直接定位于以院线、电视台和 VOD 采购商为代表的买手，以及以制片人与发行代理为主的卖家。

What's film 面向来自全球的从业者开放，产品运营的核心价值不再是推广作为展示品的电影，而是持续地为从事电影版权交易的用户提供"上传—检索—观影—合作—交易"的一站式服务，构建电影资源全球共享的商务社区。What's film 的系列服务包括以下特点。

1. 自主经营

先进的电影管理器可以使电影卖家用户完全免费、自主地添加、编辑和管理电影资料，上传和随时更新电影视频。

2. 安全保障

新一代流媒体播放与传输技术为电影人及其作品提供安全的版权保护机制，从根源杜绝盗版行为的发生。

3. 智能匹配

大数据分析技术快速整合巨量电影和用户数据，加以同步分析和配对，使得用户利用 What's film 自由浏览、推送或申请功能之外，智能对接电影版权买卖双方，从而节省意向匹配成本。

4. 互动响应

卖家可以将添加后的影片"推送"给买家看，买家也可以主动向感兴趣的影片提出观看"申请"。推送和申请被接受，买卖双方随即成为"好友"，开展商务社交。

5. 无缝社交

What's film 开发了 APP 端口，植入实时通信模块，具备文字、图片、语音、视频通话等立体商务社交功能，并匹配商务文件管理、多语种实时翻译等支持，实现买卖双方的无缝沟通。

(三) What's film 的未来规划

由于经济和文化的发展差异，不同国家和地区受众偏好的电影内容也不尽相同。在中期规划中，What's film 将着力深化大数据分析技术，挖掘影片版权在各个国家及地区分布及流通数据，建立并完善全球内容偏好的电子智库，逐步实现影片内容的精准投放。

(四) What's film 成长阶段的天然壁垒

What's film 还处于用户培育和技术攻关的成长阶段，跨境交易门槛高、支付方式烦琐等这些天然壁垒，成为 What's film 发展中的最大阻碍。

正在测试中的 What's film 在线支付工具，将借助成熟的大众电商支付方案，联合国际级电子支付平台，解决传统的大额度、长周期、多期次交易中跨境支付的烦琐程序，还将开创性地接入第三方资金保险服务，降低用户在交易中可能面临的违约风险以及坏账难题。

六、"电影中国"与 What's film 对中国影视发展的影响

(一) 固定客户群的发展与维护

"电影中国"与 What's film 将传统销售模式由"被动"变为"主动"，面向电影制片方、电影节选片人与电影发行商等涉及电影版权交易的专业人士。制片方可首先利用平台创建专属页面，向电影节选片人及发行商快速传递影片样本与相关信息。电影节选片人和发行商通过平台浏览、关注和挑选中国电影，与制片方发生即时商务通信、举行网络洽商会议、协定交易方案。最终，电子商务组件将迅速地满足双方的版权交易需求。

(二) 新的商业运作模式借鉴

"电影中国"与 What's film 作为创新模式的探索者和践行者，在充满机遇和挑战的互联网时代，能为电影版权的贸易带来更多"效率"和"活跃度"，能让买卖双方更加快速地发现机会、建立合作、完成交易，使全球电影的市场空间与优质资源产生更加紧密地结合，携手开创共赢之路，引领文化产业发展的新潮流。

(三）政府与运营者良性互动

党的十八大将"对内文化自信，以及对外的文化吸引的'文化强国'"提升到了国家战略层面。文化强国的"文化产业"一定具有发达的传输渠道。依靠现代化的技术手段和创新思维的市场模式，电影中国成为衔接国内和国外电影有效传输的贸易平台，与中国政府进行了良好的互动，不仅完善了政府项目，更是填补了中国电影线上版权贸易与电影产业促进贸易的空白，促进了电影贸易产业的良性循环。

第八章 国际文化贸易规则与政策

作为新兴的贸易领域,国际文化贸易尚未形成完善系统的规则体系,又由于文化贸易的复杂性与特殊性,各国在进行文化贸易往来的过程中依据本国文化情况对于文化市场采取了不同程度的开放。中国目前在制定文化发展促进政策上也进行了一些尝试,面对如今贸易全球化的发展趋势,中国需要全方位地利用加入世界贸易组织后国内、国际两种资源和市场,充分利用全球及区域性的贸易规则在全球范围内合理地配置资源,根据中国经济发展和文化产业发展的战略需要,主动参与国际文化分工和国际文化利益格局的重建。

第一节　文化贸易全球及区域性规则与政策

在建立新的国际政治经济秩序的进程中，与文化有关的国际贸易政策、法律、规制等并不鲜见。各国为了推进本国文化经济的对外发展，纷纷寻求各种可能的途径和方式加快国际交流合作，国际文化贸易全球性政策也在推陈出新中不断发展。

一、世界贸易组织与国际文化贸易

国际政策、法律及规制往往通过国际条约或者国际组织的规则来表现。世界贸易组织是通过多边协议来处理国与国之间贸易的国际规则的永久性政府间组织。其主要功能是监督成员方之间所签订的贸易协定的执行情况，发挥贸易谈判论坛的功能，处理贸易纠纷，监督和评议各方贸易政策。世界贸易组织的基本精神是保护和发展自由贸易。所谓"自由贸易"，简单地说，即消除关税和商品进口配额。自由贸易的提出是建立在市场是保证消费者以最优惠的价格得到商品并增加全球财富的最有效的机制基础上的，消除关税壁垒和国家保护机制的最终目的就是允许市场在没有限制的情况下运行。

WTO 的有关规定作为规范国际经贸领域的主导性文件，很多成员方都会主动遵守，在文化贸易领域，成员方同样要在世界贸易组织框架下遵循国际规则。WTO 的最终目的是促进产品和服务跨越国界的自由流动，它要求各方根据其所制定的多边贸易协定来调整各自的文化政策，为文化产品和文化服务的跨国流动扫除障碍，它的仲裁机构是具有强制性的。世界贸易组织的前身是关税及贸易总协定（General Agreement on Tariffs and Trade，GATT），与关税及贸易总协定相比，世界贸易组织不仅限于货物贸易，将其范围扩大到了服务与知识产权领域，即

《服务贸易总协定》（GATS）及《与贸易有关的知识产权协议》（TRIPs），这表明国际文化贸易将在新的平台和框架下获得更多的重视、更大的发展。以下就围绕GATT、GATS以及TRIPs介绍相关规定。

（一）关税及贸易总协定

GATT在序言中明确规定其宗旨是：缔约各国政府认为，在处理它们的贸易和经济事务关系方面，应以提高生活水平、保证充分就业、保证实际收入和有效需求的巨大增长、扩大世界资源的充分利用以及发展商品生产和交换为目的，并期望通过达成互惠互利的贸易协议，促进进口关税和其他贸易障碍的大幅度削减，取消国际贸易中的歧视待遇。因此，GATT倡导自由化的倾向十分明显。

GATT涉及非歧视原则、互惠贸易原则、关税保护原则、一般禁止数量限制原则、公平贸易原则、透明度原则、对发展中国家的特殊待遇原则等诸多原则，其中体现非歧视原则的最惠国待遇条款和国民待遇条款构成了自由贸易的基础。

正是基于上述基本原则，无论是一般的商品还是文化产品或用品的跨国销售，都应当符合GATT 1994的规定。而为维护公共道德，保护本国具有艺术、历史或考古价值的文物（GATT 1994第20条），就可以采取某些商业性限制措施。"中美视听服务案"中，中国正是援用GATT第20条"公共道德"作为例外的辩护。

此外，在GATT 1994条款中，第4条是WTO货物贸易领域一条专门针对典型文化产品——电影的条款，在一定程度上反映了WTO自由贸易体制对于文化贸易问题的态度。第4条的订立除了基于电影需要特殊保护以对抗外国竞争的认识以外，也包含对传统规制措施——关税不足以有效保护电影生产的认定。银幕配额是作为关税对应物适用于电影贸易的唯一措施，其他任何保护措施都被禁止。只是随着科学技术的进步与普及，视听产品的形式日趋多样，原有条款中"电影"制品的范围有待进一步澄清。

（二）GATS相关规定

《服务贸易总协定》（GATS）在序言中明确了制定服务贸易各项原则和多边规则的基本宗旨，即推进服务贸易自由化和促进发展中国家服务贸易的增长。具体原则包括服务贸易的透明度原则、最惠国待遇原则、逐步自由化原则、发展中国家更多参与原则、服务贸易的限制和禁止原则、服务提供申请获准原则等。这些原则成为国际文化服务贸易实施的重要法律、政策基础。

按照 WTO《国际服务贸易分类表》，服务贸易共分为 11 大类 142 个服务项目，其中三大类与文化服务有关：在商业服务中，有广告服务、摄影服务、印刷和出版服务；在通信服务中，有视听服务，包括电影和录像的制作和发行服务、电影放映服务、广播和电视服务、广播和电视传输服务、录音服务；在娱乐、文化和体育服务（视听服务除外）中，有娱乐服务、新闻机构服务、图书馆、档案馆、博物馆和其他文化服务、体育和其他娱乐。

在《服务贸易总协定》（GATS）条款中，虽然未就文化服务问题列有专章规定，但是根据 GATS 第 1 条的规定，该协定适用于所有国际服务贸易，加之其灵活的承诺方式以及允许最惠国待遇例外等规定为各成员方制定符合本国文化经济发展的国内政策法规提供了一定的操作空间。

到目前为止，在世界贸易组织 146 个成员中，只有 21 个成员在文化产品和服务方面做出开放承诺；而且在这 21 个成员中，只有美国和中非共和国对文化产业的各个领域都做出了开放承诺，其他成员则只对文化产业的部分领域，如影视音像制品和书报刊的分销以及影视拍摄服务，做出开放承诺；而在其他重要领域，如广播和电视节目服务、广播与电视传输服务方面，大多数成员仍持谨慎态度。所以，从总体上说，文化产业的开放在国际上并不普遍，而且开放程度也较为有限。

中国在文化产业的开放方面也保持了务实和谨慎的态度。并没有完全按照世界贸易组织的分类目录来开放文化产业，而是根据中国国情将可以开放的领域单列出来做出承诺，主要涉及音像制品、电影、书报刊领域。开放的领域是有限的，开放的幅度是可控的。

（三）TRIPs 相关规定

《与贸易有关的知识产权协议》（TRIPs）是关贸总协定乌拉圭回合谈判的 21 个最后文件之一，于 1994 年 4 月 15 日由各方代表签字，并于 1995 年 1 月 1 日起生效，是世界贸易组织管辖的一项多边贸易协定。自 2001 年 12 月 11 日中国正式加入世界贸易组织时对我国生效。

TRIPs 由序言以及 7 个部分共 73 个条款构成。主要条款有一般规定和基本原则，关于知识产权的效力、范围及使用标准，知识产权的执法，知识产权的获得、维护及相关程序，争端的防止和解决，过度安排，机构安排、最后条款等。

协定的主要内容是：提出和重申了保护知识产权的基本原则，确立了知识产权协定与其他知识产权国际公约的基本关系。

协议保护的范围包括版权及相关权、商标、地域标志、工业品外观设计、专利、集成电路布图设计、未公开的信息包括商业秘密 7 种知识产权，规定了最低保护要求，并涉及对限制竞争行为的控制问题，规定和强化了知识产权执法程序，有条件地将不同类型的成员加以区别对待。

该协定宗旨是促进对知识产权在国际贸易范围内更充分、有效的保护，以使权利人能够从其创造发明中获益，受到激励，继续在创造发明方面努力；减少知识产权保护对国际贸易的扭曲与阻碍，确保知识产权协定的实施及程序不对合法贸易构成壁垒。

世界贸易组织的 TRIPs 协议是 1994 年与世界贸易组织所有其他协议一并缔结的，它是迄今为止对各国知识产权法律和制度影响最大的国际条约。与过去的知识产权国际条约相比，该协议具有三个突出特点。

第一，它是第一个涵盖了绝大多数知识产权类型的多边条约，既包括实体性规定，也包括程序性规定。这些规定构成了世界贸易组织成员必须达到的最低标准，除了在个别问题上允许最不发达国家延缓施行之外，所有成员均不得有任何保留。这样，该协议就全方位地提高了全世界知识产权保护的水准。

第二，它是第一个对知识产权执法标准及执法程序做出规范的条约，对侵犯知识产权行为的民事责任、刑事责任以及保护知识产权的边境措施、临时措施等都做了明确规定。

第三，它引入了世界贸易组织的争端解决机制，用于解决各成员之间产生的知识产权纠纷。过去的知识产权国际条约对参加国在立法或执法上违反条约并无相应的制裁条款，TRIPs 协议则将违反协议规定直接与单边及多边经济制裁挂钩。

二、其他文化贸易国际法律法规

上述三大协定构成了当前全球贸易框架体制下国际文化贸易的重要法律基础。除此之外，与国际文化贸易相关的国际法律文件还有诸多国际公约，这些公约并不因为世界贸易组织的规则的产生而失效，而是相互补充，并行不悖。

（一）《保护工业产权巴黎公约》

《保护工业产权巴黎公约》(*Paris Conventionon the Protection of Indus-trial Property*，以下简称《巴黎公约》)，于1883年3月20日在巴黎签订，1884年7月7日生效。《巴黎公约》的调整对象即保护范围是工业产权，包括发明专利权、实用新型、工业品外观设计、商标权、服务标记、厂商名称、产地标志或原产地名称以及制止不正当竞争等。《巴黎公约》的基本目的是保证一成员方的工业产权在所有其他成员方都得到保护。由于各成员间的利益矛盾和立法差别，《巴黎公约》未能制定统一的工业产权法，而是以各成员方的立法为基础进行保护，因此它没有排除专利权效力的地域性。1985年3月19日，中国成为该公约成员国，我国政府在加入书中声明：中华人民共和国不受公约第28条第1款的约束。

《巴黎公约》自1883年签订以来，已做过多次修订，现行的是1980年2月在日内瓦修订的文本。共30条，分为3组，第1~12条为实质性条款，第13~17条为行政性条款，第18~30条是关于成员的加入、批准、退出及接纳新成员等内容，被称为"最后条款"。

该公约在尊重各成员的国内立法的同时，规定了各成员必须共同遵守的几个基本原则，以协调各成员的立法，使之与公约的规定相一致。相关基本原则和重要条款包括：①国民待遇原则；②优先权原则；③独立性原则；④强制许可专利原则；⑤商标的使用；⑥驰名商标的保护；⑦商标权的转让；⑧展览产品的临时保护。

该公约其他内容还包括建立管理工业产权的主管机关；发明人有权在专利书上署名；各成员不准以国内法规定不同为理由，拒绝给某些够批准条件的发明授予专利权或宣布专利权无效，以及对未经商标权人同意而注册的商标等问题作出规定。这些是公约对成员的最低要求。

（二）《伯尔尼保护文学和艺术作品公约》

1886年9月9日在瑞士伯尔尼缔结的《伯尔尼保护文学和艺术作品公约》(*Berne Convention for the Protection of Literary and Artistic Works*)，是关于保护文学、科学和艺术作品版权的国际公约，简称《伯尔尼公约》，其为最早产生的国际版权公约，到现在已经有过7次补充修订。公约以国民待遇原则、自动保护原则和独立保护原则为基本原则，以其所作规定为最低保护标准。公约的宗旨是：尽可能有效和尽可能一致地保护作者对其文学艺术作品所享有的权利。

该公约从结构上分正文和附件两部分，从内容上分为实质性条款和组织管理性条款两部分。正文共38条，其中前21条和附件为实质性条款，正文后17条为组织管理性条款。该公约的规定比较具体、详细，规定作品享有版权不依赖于任何手续（如注册登记、缴纳样本等），保护期也比较长。

《伯尔尼公约》还规定了一些实质性的基本内容，如受保护的作品的类型、由各成员自己决定是否给予保护的对象、公约规定不受保护的对象、著作权的主体、著作权产生的条件、权利内容、著作权限制、著作权的保护期、著作权保护的溯及力等。

该公约附件为关于发展中国家的特别条款，规定发展中国家出于教育和科学研究的需要，可以在《伯尔尼公约》规定的限制范围内，按照《伯尔尼公约》规定的程序，发放翻译或复制有版权作品的强制许可证。这是在1971年修订《伯尔尼公约》时因发展中国家强烈要求而增加的。

（三）《保护表演者、音像制品制作者和广播组织罗马公约》

《保护表演者、音像制品制作者和广播组织罗马公约》（以下简称《罗马公约》），1961年由国际劳工组织与世界知识产权组织及联合国教科文组织共同发起，在罗马缔结了该公约，于1964年生效。

该公约的基本内容涉及：①国民待遇原则，即任何一个成员方均应依照本国法律，给予其他成员方的表演者、录音制品录制者及广播组织以相当于本国同类自然人及法人的待遇。②在录音制品录制者或表演者就录音制品享有专有权方面，实行非自动保护原则。③规定了专有权的内容——表演者权、录音制品录制者权、广播组织权。④保护期，三种不同邻接权的保护期是以20年为最低限，按三者的情况分别规定的。⑤对邻接权的权利限制。公约中规定了使用邻接权所保护的演出、录音制品及广播节目时，可以不经权利所有人同意、也无须付酬的4种特殊情况。⑥管理机关，公约由联合国的教科文组织、国际劳工组织及世界知识产权组织共同管理，日常事务由该公约的政府间委员会及其秘书处办理。⑦"闭合式"公约。版权领域的闭合式公约以参加《伯尔尼公约》或《世界版权公约》为前提条件。公约的第22条与第24条规定，只有参加了两个版权基本公约中的一个，才允许参加《罗马公约》。

(四)《佛罗伦萨协议》和《内罗毕草案》

有关文化产品贸易的其他国际协定还有为了促进相互理解及国际文化对话,联合国教科文组织倡议通过了《佛罗伦萨协议》。这是一个关于教育、科学和文化物资进口的法律文件,本着自由流通的原则,该协议旨在促进国际的相互理解及国际文化对话。到 2000 年,有 94 个国家通过了这一国际性法律文件。协议同意废除如下进口商品的关税:图书、艺术品、教育、科研和文化所需的视听材料;科研设备、盲人用品及其原料。这一文件还声明应当为公共图书馆购买图书发放可兑换货币与进口许可证。《佛罗伦萨协议》最初于 1950 年制定,1976 年采纳《内罗毕草案》加以修订。《内罗毕草案》把自由流通的原则扩展到了其他类别的文化产品,特别是当时采用新技术开发出来的产品,如视听材料。虽然《佛罗伦萨协议》及《内罗毕草案》明确支持文化商品市场的自由开放,但是该协议和草案都有保留条款,允许各国不进口那些可能对本国文化产业发展构成损害的文化商品。

(五)《世界知识产权保护组织版权公约》和《世界知识产权保护组织表演和唱片公约》

为了解决国际互联网环境下应用数字技术而产生的版权保护的新问题,以便充分地弥补原有《伯尔尼公约》和《罗马公约》的不足,1996 年 12 月 2 日至 20 日,世界知识产权组织在日内瓦召开的关于版权与邻接权保护的外交会议上通过了《世界知识产权组织版权条约》(*World Intellectual Property Organization Copyright Treaty*,WTC)和《世界知识产权组织表演和录音制品条约》(*WIPO Performances and Phonograms Treaty*,WPPT),两个公约是信息技术的飞速发展而促生的,被认为是数字技术和电子环境下版权保护的"互联网条约"。公约强调要"出于以尽可能有效和一致的方式"发展和维护作者的版权、表演者和录音制品制作者权利;承认有必要制定新的国际规则和对某些现有规则的进行解释的必要性;再次,承认信息与通信技术的发展和融合对文学艺术作品的创作和使用及对表演和录音制品的制作和使用的深刻影响;承认保持作者、表演者和录音制品制作者的权利与广大公众利益之间平衡的必要性。其中《世界知识产权组织版权条约》适用于网络环境下的所有文学艺术作品，包括计算机程序和有独创性的数据汇编。这两个条约将网络环境下的权利保护提高到一个崭新的、更高的阶段，对各国的版权与邻接权保护提出更高的要求和产生更深远的影响。

（六）多边投资协议草案

1995年，经济合作与发展组织开始谈判新的《多边投资协议》（*Multilateral Agreement on Investment*，MAI）。它的目的是把世界经济贸易组织的反控制议程运用于投资领域，创制一套全球性规则来代替原来混杂在一起的1600多份《双边投资条约》（*Bilateral Investment Treaties*，BITS）。MAI向所有经合组织成员开放，非经合组织成员国也可以申请加入。然而，由于谈判各方之间的高度紧张及国际舆论的强大压力致使1998年4月谈判各方休会半年，投资多边协议最终未果。虽未能成功，但是它使人们意识到文化问题是一个极其敏感的领域。

第二节 中国相关文化政策及文化贸易规则制定

改革开放 40 年来，中国发生了翻天覆地的变化，中国文化的对外传播更是遇到了前所未有的发展契机。近些年，我国在制定文化发展促进政策上也进行了一些尝试，尤其是自十七届六中全会将文化发展提升到国家战略高度之后，各地政府纷纷投入财政资金或制定政策以扶持当地文化产业的发展。中国需要全方位地利用加入世界贸易组织后国内、国际两种资源和两个市场，文化产业要充分利用世界贸易组织的规则在全球范围内合理地配置资源，多渠道培养国际文化贸易人才；要根据中国经济发展和文化产业发展的战略需要，主动参与国际文化分工和国际文化利益格局的重建，使中国文化产品和文化服务在全球市场上获得应有的竞争力，从而在世界文化多样性和文化产业全球化的进程中获取更多和更大的战略利益，包括国际文化贸易在内的广义的中外文化交流，将由此进入一个更加广阔的发展天地。

一、遵循国际规则：对接国际

2000 年 11 月，在中美就中国加入世界贸易组织举行的最后阶段谈判中，中国在文化产品与服务市场准入上做出部分承诺，并写进了 2001 年 12 月 11 日中国正式加入世界贸易组织的文件中，这些承诺主要涉及音像制品、电影、书报刊领域，这意味着中国将面临一个充满挑战与希望的文化产业新时代。由此，中国幼稚、弱小的文化产业与成熟、强大的国际文化产业资本之间的第一次正面交锋的帷幕已经拉开，中国本土的民族文化产业也真正迎来一个完善自我、发展壮大并走向世界的重要契机。

对于文化产业而言，在中国加入世界贸易组织议定书中，中国在文化产业方面所做的开放承诺基本上是按照不开放上游内容生产领域，有条件地开放下游文化市场领域的原则进行。

二、灵活有效利用"文化例外"等原则

1994年，在乌拉圭回合欧洲与美国的谈判中，美国将集成电路和文化产品进入欧洲市场列为重点。欧洲一致反对美国文化产品无条件进入欧洲市场。

法国等国家提出"文化例外"，经过总共16轮艰苦谈判，欧洲最后以向美国开放280亿美元的农产品市场为代价，与美国达成协议，在谈判结果中既不讲"文化例外"主张，也不讲"无条件准入"。在文化市场准入问题上，欧盟各国团结一致，强调文化产品的特殊性，不能无限制地自由流通，拒绝了美国提出的取消进口配额和限制的要求，在一定程度上限制了美国文化产品进入欧洲市场，为欧洲各国民族文化的发展创造了较为有利的环境。在法国的积极推动下，欧洲还建立了由欧洲委员会成员国组成的民族与文化多样化组织，这一机构在促进欧洲实现文化、教育、新闻和文化遗产多样化中发挥了积极作用。

中国在文化产业的开放方面保持了较为务实而谨慎的态度。对照世贸组织的分类目录，不难发现，中国并没有完全按照有关划分类别来开放文化产业，而是根据国情将可以开放的领域单列出来做出承诺，开放的领域是有限的，开放的幅度是可控的。

中国加入WTO之后，在文化产业方面做出了开放承诺，具体承诺包括如下内容。

音像：自加入时起，在不损害中国审查音像制品内容的权利的情况下，允许外国服务提供者与中国合资伙伴设立合作企业（中外合作企业的合同条款必须符合中国有关法律、法规及其他规定），从事除电影外的音像制品的分销。

电影：自加入时起，在不损害与中国关于电影管理的法规的一致性的情况下，中国将允许以分账形式进口电影用于影院放映，此类进口的数量应为每年20部（现在已增加至每年34部）。自加入时起，将允许外国服务提供者建设或改造电影院，外资不得超过49%（根据原国家广播电影电视总局于2003年颁布的《外商投资电影院暂行规定》，自2004年1月1日起，允许香港、澳门地区服务提供者在内地以合资、合作形式建设、改造及经营电影院。允许香港、澳门地区服务提供

者拥有多数股权，但不得超过 75%）。

图书：加入后 1 年内，允许外国服务提供者从事图书、报纸和杂志的零售（根据原国家新闻出版总署和商务部于 2003 年联合颁布的《外商投资图书、报纸、期刊分销企业管理办法》，自 2003 年 5 月 1 日起，中国图书、报纸、期刊零售市场开放）；加入后 3 年内，允许外国服务提供者从事图书、报纸和杂志的批发（根据上述管理办法，自 2004 年 12 月 1 日，中国图书、报纸、期刊批发市场开放）。

有保留的开放不是违反国际规则，而是合理灵活地利用文化例外主张，在对外开放的环境下保护本国文化发展。

三、强大自己制定规则

中国的文化企业不强大，不但是在世界市场所占份额小，更是在制定国际文化贸易规则时无发言权。加入世界贸易组织有利于中国参与制定国际贸易规则，提升国际地位，但更重要的是强大自身的文化产业。

强大本国文化企业，可以通过文化产业的国际合作进行。中国文化企业与外国公司共同开发新产品、新项目和新技术，以共享国际市场。例如派格太合公司作为中国内地最大的电视节目制作公司和大型演出承包公司之一，主动与韩国导演姜帝圭合作，凭借一部电影就赚下 7 亿元人民币的票房，其中有 5 亿元的纯利润。派格太合公司的策略是制作一部 2000 万元投资的影片，派格和韩国各出 1000 万元，在各自的国家放映。这样对派格来说，成本降低了 50%，但利润可能是翻倍的，还可通过韩国进入更广阔的亚洲市场，获得"1+1=4"的收益。正如派格太合公司的负责人所说："立足亚洲，用亚洲的人，拍亚洲的电影，给亚洲人看，本土的品牌做强大了，自然就会引起国际的注意，自然就国际化了。"这也体现在近几年电影业频频出现的合拍片现象上。不像过去找几个海外演员与内地演员合拍一部电影最终因为磨合不够好而不伦不类，如今的合拍片不仅是演员进行国际合作，在创作及生产团队上也展开国际合作。

强大本国文化产业也可以进行对外直接投资。对外直接投资是指文化企业直接在境外投资设立分公司或者分支机构，进行本土化经营。使用这种战略方式进行外向国际化的公司需要对资金投向的国家或地区的市场进行深入的了解，并且适应该国或地区的法律、法规、风俗习惯、经营规则和竞争条件。中国的文化企业起步晚、发展不成熟，到目前为止还没有出现真正意义上的对外直接投资的跨国文化企业，目前采取这种方式代表性的企业有STR（国际）集团公司。

文化体制是决定文化产业长期获取经济绩效的基本因素，文化管理体制和运行机制的改革是发展文化产业、提高文化贸易竞争力的根本。过去过分强调文化经营单位的事业性质及其公益性，而忽略了文化的产业性质，给文化产业发展带来了思想障碍。近年来，文化管理体制和运行机制进行了必要的改革，进一步转变政府职能，实现政府从"办"文化向"管"文化转变，由直接管理向间接管理转变。建立多元化的投资融资体制，拓宽融资渠道。积极推进文化产业的投融资体制改革，建立与市场经济相适应、与国际惯例接轨的新型投融资体制，为文化产业部门加快改革发展提供金融支持。利用文化产业基金、国家和地方财政对文化产业的投资、资本市场融资及各种民间资本参与的手段，形成多元化资金筹措机制，增加文化产业的资本投入。

进一步深化文化对外贸易体制的改革。在经济、文化全球化和中国加入世界贸易组织的背景下，一方面要进一步完善对外文化贸易政策，对出口文化产品和文化服务给予优惠，在金融、保险、外汇、税收、人才、法律、信息服务、出入境管理等方面为文化企业开拓国际市场、扩大市场份额、提高国际竞争力提供服务并创造必要的条件。另一方面要建立新的适应世界贸易组织规则要求的国家文化对外贸易制度，充分借鉴中国对外贸易体制改革取得的成功经验和已经实施的灵活、宽松、自由的对外贸易政策，放宽文化产品和文化服务的出口审批权，简化出口手续。在版权贸易和电影的进出口方面，进一步放宽政策，放松管制和下放相应的权限。

中国的国际化之路的一大瓶颈是国际化人才的缺乏，文化产业亦如此。一般情况下，海外的跨国管理和经营，既需要熟悉当地的市场，了解消费者的消费心理和消费习惯，又要有相应的管理能力和政策制定才干，凭借软实力的文化产业更是如此。中国这方面的人才本就缺乏，一大部分留在了待遇更好、运营机制更完善的跨国公司，少有优秀的国外人才进入中国企业。中国文化贸易才刚刚起步，随着文化产业的发展，人才问题始终是短板。培养既懂得国际贸易规则，又懂得管理、会经营的跨文化对外文化贸易人才，借助高等院校力量，创新培养模式，产学研互动培养；同时在文化企业中，有针对性地对从业人员进行培训。

只有自身强大，才有资格在国际上发声，制定更有利于本国文化产业发展的国际文化贸易规则。

经典案例

华江文化——点亮奥运盛会中国智造风采

一、蜕变：从"中国制造"到"中国创造"

北京华江文化发展有限公司（以下简称"华江文化"）是一家国际性的文化创意产业公司，专门致力于品牌授权衍生品特许经营。核心业务领域涉及体育、旅游、高端定制服务等。华江文化是全球唯一获得连续三届奥运会授权的企业。目前，企业已在伦敦、新加坡、中国香港、美国、巴西、韩国设立分公司，为全球品牌提供授权特许商品解决方案。自2003年在北京注册成立以来，华江文化完成了从"中国制造"向"中国创造"的蜕变，成为中国文化创意"走出去"的一颗耀眼的明星。

奥林匹克特许经营业务是华江体育品牌业务的核心内容之一。华江文化是全球最大的奥林匹克特许商，是唯一获得北京2008年奥运会、伦敦2012年奥运会、里约2016年奥运会连续三届夏季奥运会，新加坡、南京两届夏季青年奥运会，索契、平昌两届冬奥会特许权的企业，也是中国、美国两大体育强国国家奥委会特许商，国际奥委会直接授权的特许商。华江文化将体育运动精神与特许产品相结合，通过特许运营模式，让体育竞技的精神得到延伸，使体育品牌的文化价值得到传承。

文化旅游方面，华江文化是北京礼物的运营商。华江文化以清晰的市场定位、深入挖掘城市景区文化，开发充满创意的产品，使传统和现代有机结合；注重原创，塑造了独具华江风格的旅游商品形象。同时，华江文化还长期服务于100多个政府机构、国有大企业和世界 500 强企业，为他们提供综合设计服务，定制高端文化产品、国家、城市形象纪念品、礼品。举世瞩目的 2014 年北京 APEC 会议中，从北京城市钥匙到参会人报到领取的会议包"六件套"；从各类徽章，到会议用品及纪念品；从水立方欢迎晚宴的国宴用品，到雁栖湖午宴部分餐具，都出自华江文化的手笔，体现了华江文化铸造精品，将中华文化基因与现代生活融合的设计理念。

成立十几年来，华江文化不断充实和壮大，致力于创意文化产品的研发，积极地从"中国制造"向"中国创造"迈进，依靠华江人的智慧、技能，借助于高科技手段，弘扬中华传统文化，通过知识产权的开发和运用，产出高附加值产品，创造企业财富。从体育到旅游，从民族艺术到大师作品，为客户提供全方位的定制服务，精益求精，获得国内外市场的一致认可，成为中国文化创意走出去的领军企业，在国际市场开拓、全球营销推广、品牌全球化等方面颇有建树。

二、绽放：开辟奥运特许经营发展之路

（一）华江文化的奥林匹克情缘

华江文化的前身是一个普通的徽章生产企业，1994 年获得 1996 年哈尔滨亚冬会纪念品独家特许经营权，此后开始与奥运结下不解之缘。从 1996 年亚特兰大奥运会到 2004 年雅典奥运会，华江文化都只是在后台做着对接徽章特许经营商的生产、加工任务。直到北京申办 2008 年奥运会成功的消息传来，华江文化才正式宣告成立，并从后台走到前台。随后，华江文化与北京奥组委签约，成为北京奥运会的徽章特许经营商，北京奥运会让华江文化从一个基础的生产商变为了特许经营商，这为华江文化的发展奠定了一个很高的起点。

正是因为有这样的渊源，华江文化在 2007 年再次着手 2012 年伦敦奥运会的特许经营计划，于 2008 年 3 月就与伦敦奥组委签约获得特许经营权，在北京奥运会闭幕当天，便开始了伦敦市场的开发工作。其为伦敦奥运会专门设计的徽章等商品，2010 年在伦敦实现销售 166 万英镑。根据伦敦奥组委销售数据统计，徽章的销售量位居第一，销售额仅次于 ADIDAS，位居第二。华江文化还签约了美国奥委会 2013—2016 年多品类特许经营权和巴西里约 2016 年奥运会特许权，成为奥林匹克历史上唯一连续取得三届夏季奥运会、两届冬季奥运会和两届青年奥运

会特许经营权的企业。连续参与三届奥运会的经验，让华江文化从开始做单一的徽章到如今涉及 26 个种类的商品，如金属摆件、毛绒玩具等，取得了很大发展。

华江致力于将每一种特许商品都赋予更多文化、内涵与精神；同时，对奥林匹克的品牌做正面的传播，以达到商业目的和品牌诉求。相比于前两届奥运会，华江文化在里约迎来新突破，获得了徽章、吉祥物毛绒玩具和瓷器等工艺品的三大类独家特许经销权，将生产里约奥运会的吉祥物、徽章等总共约 40% 的特许商品。在短短 5 个月的时间内，公司就将巴西里约奥运吉祥物从平面变为立体，从概念变为了实物。到 2018 年 7 月，已有 250 万个定制吉祥物玩偶从中国飞向里约。

华江文化抓住奥林匹克特许授权的机会，从最初的生产型企业到现在的自主创新，从中国走向国际舞台，成为文化创意产业走出去的先锋。从雅典到北京，从北京到伦敦、里约，在人类光荣与梦想的体育精神激励中，华江文化团队的产品创意融合东方元素与西方审美，在百年奥运特许经营的领域创造了一个又一个传奇。在与奥运的彼此成就中，华江文化成长为奥运特许经营市场的引领者，在奥运会历史上打造了中国智造的鲜亮名片。

（二）以海外文化投资带动对外文化贸易发展

华江文化以获取奥林匹克权利为契机，在奥运会举办地设立子公司，运营奥运会特许项目；在项目结束后，依托已经掌握的市场资源和运营经验，在当地继续开展创意设计、文化产品定制销售等业务。2008 年至 2014 年，北京华江文化发展有限公司作为母公司，共投资了 6 家海外子公司，且均为华江文化全资设立。所有对外投资均经国家商务部及外汇管理中心审批设立（见表 8-1）。

表 8-1　华江文化子公司设立情况

序号	公司性质	中文全称	设立时间
1	子公司	华江英国有限公司	2008 年 3 月 31 日
2	子公司	华江新加坡有限责任公司	2009 年 7 月 20 日
3	子公司	华江文化（美国）股份有限公司	2012 年 10 月 20 日
4	子公司	华江文化设计（香港）有限公司	2012 年 1 月 4 日
5	子公司	华江巴西进出口有限公司	2013 年 7 月 3 日
6	子公司	华江文化韩国有限公司	2014 年 10 月 15 日

华江英国公司、新加坡公司已经分别成功运营了伦敦 2012 年奥运会、新加坡 2010 年青奥会项目；华江美国公司长期运营美国奥委会特许项目；华江巴西公司运营的巴西里约 2016 年奥运会项目，获得了徽章、毛绒、工艺品等独家特许授权，将在今年到达高潮；华江韩国公司将运营平昌 2018 年冬奥会项目。华江香港公司是针对华江文化的北京礼物、海外奥运会等项目的大量设计需求，依托香港地区的中英文国际化设计人才资源成立的设计公司，同时也承担着一部分海外贸易平台的作用。

奥运会举世瞩目，知名度、关注度很高，所以华江文化在当地的分公司能站在较高的层面，进入当地文化创意的主流市场，将中国的创意、设计、制造优势整合输出到当地市场。华江文化在海外的项目获取的多为独家权利，成为奥运会举办国运营的独家企业，打破了以往这些产品仅为中国制造的情况，而是从产品的创意、设计、生产等各环节全面掌控，并在当地国家进行销售渠道开拓、管理、宣传推广等。通过华江文化的推动，又能将这些产品再引入中国市场销售，扩大整体市场规模。

通过奥运会，华江文化找到当地最优秀的第三方合作伙伴，如物流、公关推广、设计、销售渠道，通过合作，使对方逐渐接受中国企业。奥运结束后，华江文化通过积累的国外渠道，再逐步渗透，销售具有中国文化元素的商品，虽然自有产品销量占比尚不足 10%，但是已经慢慢开始见到效果。华江文化通过这样迂回的方法，带动着具有中国文化元素商品的出口。

（三）将文化内涵融入产品创新设计

利用鸟巢建筑剩余钢材开发奥运纪念品，是华江文化的一大创举，它带来的文化价值、商业价值、环保理念的完美结合，使其成为一个经典案例。北京奥运会 3∶1 微缩版火炬是华江文化做过的所有纪念品里最花心思、最"麻烦"的一样。当时要开发一种与众不同的奥运火炬纪念品的想法刚一提出，就遭到了国际奥委会的质疑：奥运火炬和金牌是火炬手和运动员专属的，是不可复制的，历届奥运会从来没有过这样的先例。但华江文化的团队没有死心，用奥运鸟巢建筑剩余的废旧钢材，经过 1 年多的反复试验，终于制作成功一根精美绝伦、与原版火炬几乎一模一样的微缩版火炬。这根小巧的火炬只有 29 厘米长，象征 2008 年第 29 届奥运会在北京举行，而火炬的钢材则取自奥运鸟巢的剩余钢材。"鸟巢钢"概念是对北京奥运会"绿色奥运·科技奥运·人文奥运"三大理念的完美诠释,也获得了北京奥组委和国际奥委会的高度评价。融入奥运文化内涵的创新产品也一下子引起了市场的收藏热潮,价值500万元的钢材通过创意和设计变成了5亿元。不仅如此,独特的创意也让奥组委对华江文化另眼相看,让华江文化提高了世界知名度。

(四)创新运营模式,协同产品供应链

经过多年磨合,华江文化基本形成了"大后台,小前台"的运营模式,即在总部搭建比较完善的支持平台,包括新项目拓展、整体公司品牌的运营、研发设计、采购、供应链管理、财务、行政、法务、人力资源等。每一个项目所在地的前端公司负责当地品牌方的联络、市场销售开拓以及产品研发信息反馈,大部分外部采购采用与第三方外包合作的方式,包括法务、财务、人力资源、公关、物流等,减少前端体量,前端只抓住最精华和最重要的部分。同时,华江文化整合了100多家各行业领域内的顶尖供应商以应对不同客户对产品的个性化需求。并且,其中大部分合作供应商本身也具备丰富的与国内外顶尖企业,如可口可乐、佳乐仕、陶氏化学、中国银行、国家电网及各类严苛客户需求合作的经验。华江文化从供应链维度与各行业内顶尖供应商从联合开发、工艺创新、库存管理和物流合作等方面进行了深度联合。将供应商资源整合为公司供应链平台和战略资源的一部分,极大丰富并加强了全供应链的管控能力和深度。

(五)奥运特许商品销售插上互联网的翅膀

2016年3月,"里约之路——里约2016年奥运会特许商品新品发布会暨互联网销售启动仪式"在国家体育场鸟巢文化中心隆重举行。由华江文化围绕《里约2016年奥运会纪念邮票大版张》开发的系列特许商品金银版邮票套装正式亮相。从这一刻开始,中国的体育迷、收藏爱好者以及普通民众可以足不出户,只需登录京东商城、天猫商城的华江文化官方旗舰店就可以购买由奥组委官方授权的正版里约奥运会特许商品。除此之外,华江文化旗舰店已经上线了包括里约奥运会挂件、创意摆件、毛绒玩具公仔、钥匙扣、杯套、徽章、存钱罐、杯垫、名片夹、摆台、项链、笔座、便签本、相框等一系列各式各样设计独特的官方正版奥运特许商品。华江文化经奥组委授权开设奥运特许商品旗舰店开通网络销售,不仅符合奥运特许商品拓展销售渠道的需求,也是奥运特许商品在国内与互联网渠道的

第一次亲密接触,更是中国奥委会奥运特许商品首次进行网络销售。

三、借鉴:华江文化"走出去"的有效经验

(一)文化创意是企业核心竞争力

文化创意是华江文化发展的核心竞争力。北京奥运会让华江文化一战成名,北京奥运会还没结束时,华江文化就已开始争夺 2012 年伦敦奥运会徽章类特许经销商的战役。最终,华江文化用一个极具挑战的创意——设计 2012 款徽章打动了伦敦奥组委,拿到了徽章独家特许经销权。在伦敦奥运会中,华江文化还推出了伦敦 33 区地标徽章,其创意之初是在伦敦每个区选一个标志性建筑,用徽章的形式展现出来,组成一个伦敦地图。设计开始时,在每个区选择哪个建筑上引发了不同意见,于是奥组委在官方网站上进行了全民投票表决推举标志性建筑,此项活动引发了伦敦市民的高度关注,成为伦敦奥组委网站开通以来访问量最大的活动,以致产品还未上市,就引起了民众的广泛关注,多款产品上市后获得好评,并在短时间内销售一空。华江文化再次用文化创意赢得了市场,得到了英国这个十分注重文化创意的国家的认可。同时,在伦敦,一个普通的大本钟图案的钥匙环作为旅游商品可能只能卖 1 英镑,但作为奥运会特许商品可能会卖到 6 英镑,因为它们被赋予了更多的设计、创意,甚至奥林匹克精神。尽管生产成本相同,背后的文化意义却提升了产品价值,而华江文化正是由此获利。

(二)让创新精神成为企业发展原动力

华江在严格遵守奥林匹克规则的前提下,利用自己的智慧,形成了华江自己独有的品牌文化和品牌发展途径,通过 10 余年的时间,已经成为世界奥林匹克大家庭中的重要企业,享有很高的知名度,也成为奥林匹克特许经营领域里的重量级品牌。创造了奥运历史上的很多第一:唯一一家在 2008 年北京奥运会拥有特许生产商、特许零售商、场馆运营商三重权利的特许企业;第一次有奥运特许商品被选进博物馆进行收藏,《运动系列》《56 个民族》《百家姓》先后被国家博物馆和首都博物馆收藏;第一次把奥运会主场馆的建筑废料用于纪念品开发,"鸟巢钢"概念成为经典;第一次被国际奥委会批准,制作发行了夏季奥运会第一把火炬模型,开创了火炬复制特许商品的先河;第一次发行艺术大师的奥林匹克特许艺

品——奥林匹克运动雕塑；伦敦奥运会特许产品落地中国市场，是第一次在主办国之外，大规模全类别的开发奥运特许产品；中国奥委会第一次跨奥运会周期地签署特许经营协议；第一次将奥林匹克的邮票、钱币、徽章组合成一套特许商品，并获得巨大成功。这些"第一次"彰显出的创新精神，是文化企业赢得国内国际市场的重要法宝。

（三）做强文化产业链，增强整合资源能力

当前中国企业发展缺乏产业链心态，从生产制造开始，到产品推广、物流销售，最大的问题就是无法形成一条产业链。而华江文化的定位是优秀资源的整合者。华江文化在前端整合设计资源，在中间整合供应链资源，华江体内不会有一家工厂，全部采用第三方合作模式跟国内 200 多家行业内顶尖供应商有战略合作伙伴关系，后端整合的是渠道和营销资源，华江团队抓住的是品牌、公关、创意以及整合。华江文化会将客户的要求在理解品牌与服务对象的基础上，整合最好的研发团队，确定设计方案后分解制作工艺，针对不同的工艺再整合相关行业内最适合的单位或个人来实施制作。在制作上，华江文化虽然不直接生产，但是知道每个环节最好的生产商是谁。华江文化是"集大成"，重视产业链中的每个合作企业，用自己的设计和创意，把每个环节和行业内散落的许多"珍珠"整合起来，帮助每个企业提升，共同打造出中国的精品，"串"出一串更美丽的项链，提高中国制造的附加值。

（四）充分理解国际商业规则与程序

华江文化在英国做设计项目的经验表明，除了创意，更具挑战的是在英国健全成熟的法律体系下不触及知识产权问题。华江英国公司的总经理 Roger 坦言："中国企业生产相当强，但是在商业运营国际化的背景下，企业在融入当地规则的过程中还是有挑战的。" Roger 介绍，当一款徽章设计完成后，要检查知识产权问题，有非常多的数据库，每个数据库都要走一遍。没问题再把这个设计发给伦敦奥组委，奥组委再根据自己的规则与数据库走一遍。然后再发到国际奥委会，再看一遍，有需要改的地方，再发给华江文化重新开始走原来整个流程。整个过程往来次数一多，就需要相当长的时间，甚至一款设计要 4~5 个月的时间。其实设计花费的时间非常少，但是在修改复核的过程中要相当长的时间。欧美市场跟中

国不同，其整个后台的运营，包括所有的服务，精细化程度要求非常高。这4年的奥运洗礼给华江文化带来的是真正国际化标准的提升，否则在无人逼迫下难以做出如此高成本的改变。

（五）尊重文化差异，形成文化认同

华江文化是一家集研发、设计、生产、销售为一体的国际性文化创意产业公司，致力于品牌授权衍生品的特许经营，近年来由于业务的不断扩大，在许多国家设立了分公司。不同的公司当然会有不同的管理方式，在管理中，华江文化抓住几个要点：第一，不谈政治。西方人对中国的意识形态有不同的看法，所以华江人不谈政治，少谈宗教话题，只谈文化，做好专业，发挥自己的优势。第二，遵纪守法。每个国家都有自己的法律法规，每到一个国家，华江人首先学习当地的法律法规，并严格遵守。第三，追求共赢。共赢是华江发展壮大的不变法则，无论在中国，还是在欧美、拉丁美洲国家，共赢的商业运作模式得到大家的认同，每次合作都成为大家自己的事，共同为一个目标而努力。第四，情感的交流。中国文化博大精深，中国人热情、好客、包容，中国人做事善于把情感与制度并存。华江文化将中国人特有的情感、热情融入管理中。每个人都需要被理解，华江人用心体会员工的辛苦与不易，这种情感可以引起共鸣，也因此企业文化被一点点地渗透进入员工的心里。通过这种工作之外的情感交流和沟通，互相建立起一种信任和友情，促使工作顺利开展，破解了完全西方人那种僵硬、冷冰冰的制度化。

四、未来：华江文化海外运营的困境与建议

多年来，华江文化坚持"走出去"战略，努力打造中国品牌，在国内外赢得广泛赞誉。作为一家民营企业，能够在海外设立公司，长期运营，通过较强的竞争力，在当地市场占有一席之地，十分不易。华江文化也积极响应国家"一带一路"倡议，努力开辟海外市场，但企业在发展仍存在一些实际问题亟待解决。

（一）统一海关文化创意产品归类，为文创企业提供更大便利

当前，海关在文化创意产品进出口方面存在不同的属地海关归类不统一问题。例如，华江文化曾进口一批伦敦奥运会纪念币到中国市场销售，遇到深圳海关和北

京海关的归类不同问题,导致进口手续和关税不一致,以同样方式报关变成了违规。华江文化遇到这个问题之后,也尝试过跟北京海关探讨,但目前我国的海关政策属于属地管辖,属地海关自主决定自身归类标准,全国没有统一,因此,企业面临的通关不一致问题尚无法得到有效解决。为促进我国文化创意产业的更好发展,统一海关文化创意产品归类,便利文化创意产品进出口是亟待突破的问题。

(二)充分考虑文创企业实际,完善税务部门出口退税政策

从税务角度来讲,文化创意产品对外出口退税非常符合国家鼓励与支持政策,但在实际操作过程中,税务对于出口退税企业的认定分为两种,一种是生产性企业,一种是商贸性企业。华江文化生产自己的产品,与代理型商贸企业不同。但税务法规规定,符合出口退税的生产企业必须拥有自己的工厂、厂房、设备。但华江采用比较先进的管理模式,全部实行第三方外包工厂,因此无法被认定为生产性企业,导致公司在退税方面处于尴尬境地,无法顺利申报出口退税。尽管公司目前采取由香港地区注册的公司向国内工厂直接采购,实现退税的方式,但退税和出口额无法在北京华江文化公司的报表里看到,增加了公司管理运营的复杂程度,也增加了一定成本。因此,推动国内税务部门根据文化创意产业特点推出符合文创企业实际的税收优惠政策,才能破解当前文创企业面临的税收困境。

(三)完善国家对文化企业开展海外投资的政策鼓励

当前,国家政策鼓励的主要还是在中国经营,出口货物或服务到海外的企业,因为其费用还是发生在中国公司账上,生意也是在中国公司账上体现,支持起来反而很容易。对于中国企业在海外投资设立公司,在海外当地运营的情况,因为费用和经营业绩发生在当地,无法有效认定,反而没有适应的补贴政策;其实在当地运营,参与当地市场竞争,才是真正地走出去,在国际上形成影响力,企业投入的也更多,所以从政策角度应该给予更大的支持才合理。唯一是对外投资金额一定比例的两地政策,这个政策力度非常之小。因此,可以以集团经过审计的合并报表体现的销售额、进出口额、经营管理费用等数据来进行补贴。

(四)加大对文创企业获得长期贷款的贴息支持力度

现行的政策对于企业贷款贴息支持,更倾向于短期贷款,不适应长期贷款。

文创企业作为轻资产企业，反担保不足，本身获取贷款就不易，想获得长期贷款更为艰难。而在企业好不容易得到长期贷款后，在应得到鼓励的贷款贴息政策上又遇到了困难。在申请政府资金补贴贷款贴息时，对于文创产业，政策鼓励倾向的是短期贷款多，如一年贷款，一年获利的项目会很容易得到贴息。而对于长期多年的贷款，则无法得到整体支持。这样的规定，对于真正运营大型项目的企业是不公平的。如果企业一味为了得到贴息，硬把长期贷款拆成短期贷款，会给企业带来巨大的麻烦和额外成本。尽管2018年有些贷款贴息政策进行了变化，对于长期贷款可以多次申报，但又有总额限制，而这个限制额还是大幅低于企业产生的利息总额。进一步完善贷款贴息政策，才能为长期从事大型文化创意项目的企业提供更好的服务。

（五）切实推动金融创新，降低企业海外融资难度

目前，中资政策性银行（如国家进出口银行）有意愿支持中国文化企业"走出去"，但银行原本业务更多是为企业在海外从事大型建设项目提供贷款支持，而缺乏为文化创意企业给予金融服务的具体指标和金融产品。对此问题银行自身虽已察觉，鉴于尚未有配套政策可依，很难突破限定，导致其无法为文化创意企业的海外运营进行贷款，这在一定程度上制约了企业的良性发展。企业无法获得政策性银行优惠贷款，只能在海外通过商业银行贷款，但商业贷款成本往往十分高昂。鼓励中资企业通过中资或外资银行采用国内担保、海外贷款的内保外贷模式，并对内保外贷产生的手续费等进行补贴，创造更多更好的金融工具支持文创企业在海外拓展，切实降低文创企业海外融资难度，才能有效夯实企业"走出去"的资金基础。

第九章 国际文化贸易人才培养与储备

当前，社会对人才的需求更加全面、多元化，为交叉学科复合型人才培养的兴起与发展奠定了基础。国际文化贸易的蓬勃发展推动了市场对于国际文化贸易这一领域复合型人才的广泛需求，国际文化贸易学科是汇集了传媒经济、国际贸易、文化研究、经济学、语言学等多学科领域的一门新兴的交叉学科，其内容及形式的创新性与复杂性使得国际文化贸易的人才培养极具前瞻性和探索性。北京第二外国语学院在国际文化贸易人才培养领域进行了有益探索，坚持以"人"为本，发挥管理者、教授者、学习者等多个角色在科学研究与人才培养链接中的能动作用，为解决这一问题提供了有益借鉴。

第一节　国际文化贸易交叉学科建设探索

交叉学科（Interdisciplinarity）一词最早出现于 1926 年，由美国哥伦比亚大学的心理学家伍德沃思（R.S.Woodworth）公开使用，定义为超过一个学科范围的研究活动。《牛津高阶英汉双解词典》将 Interdisciplinary 解释为"涉及不同的知识或研究领域"，译为"多学科的；跨学科的"。可以看出，跨学科和交叉学科两个概念的内涵存在一定的重合，如果不严格区分，两者可以表述近似的含义，但严格意义上，跨学科和交叉学科存在一定的区别。跨学科往往是以某门学科为主，通过不断扩大该学科外围的研究范围而进行的科学研究；交叉学科则是超越了某个具体学科，采用与现有学科不同的研究视角而设立的一门新型的、独立的学科。[①]

交叉学科的发展是时代的产物。随着时代的发展，对专业知识的综合性的要求越来越高，许多重要的创新同时运用了两个或者两个以上学科的内容。一个已经被普遍接受的共识是：学科交叉点往往就是科学新的生长点、新的科学前沿，这里最有可能产生重大的科学突破，使科学发生革命性的变化；同时，交叉学科是综合性、跨学科的产物，因而有利于解决人类面临的重大复杂科学问题、社会问题和全球性问题。[②] 在近万个独立学科中，一半左右属于交叉学科。目前比较成熟的学科大约有 5550 门，其中交叉学科总数约 2600 门，占全部学科总数的 46.8% 之多，其发展表现出良好势头和巨大潜力。百年诺贝尔奖，有 41.02% 的获奖者属于交叉学科。尤其在 20 世纪最后 25 年，95 项自然科学奖中，交叉学科领

[①] 孙俊新. 国际文化贸易交叉学科建设理论与实践[M]. 北京：中国商务出版社，2013.

[②] 李健树，赵长生. 交叉学科的本科教学中教师引领、学生互动的几点思考与体会：以四川大学"生物高分子及制品"课程为例[J]. 教育教学论坛，2013（7）.

域有 45 项，占获奖总数的 47.4%。[①]

一、学科和课程的交叉学科特点

国际文化贸易专业是适应文化大发展大繁荣和文化企业走出去的需要而产生的一门新兴的交叉学科，汇集了传媒经济、国际贸易、文化研究、经济学、语言学等多学科领域，瞄准国际文化贸易发展的前沿问题和最新动向。北京第二外国语学院的国际文化贸易专业设置了包括国际文化贸易、中国对外文化贸易概论、文化产业经济学、跨国文化投融资、文化市场营销学、文化贸易统计学等主干专业课程，重点培养掌握文化贸易的产业属性、国际文化贸易的理论和实务、国际文化投资的理论和方法等，并熟练运用国际文化营销与策划、市场运作、统计决策等方面的知识与技能，广泛了解国际文化贸易的理论前沿和实践前沿，能在涉外文化部门从事文化外贸、文化投资、文化开发和策划等方面的既懂经济又懂文化的复合型人才。

作为交叉学科，国际文化贸易专业具有以下特点。第一，涉及两门以上的学科及学科之间的复杂关系，如将经济学的概念、方法、技术和理论等同文化产业的特殊属性相结合，从新的视角解决所要指向的问题。第二，所指向的问题具有复杂性与相关学科的前沿性，是单一学科领域所不能单独解决的问题。文化产品和服务具有高度的特殊性，每一件产品之间都具有不可重复性、不可替代性和不可再生性，在其未被生产出来之前，市场对此的需求是难以判断的。这同经济学传统研究的物化产品存在一定的差别，一般的物化产品具有标准性和替代性，大多表现出一定的产品周期。因此投资文化产品需要专业的眼光以合理预期市场的前景，并承担较高的市场风险，这并不是传统经济学可以单独解决的问题。第三，这些复杂问题是为各参与学科所共同关注的，与这些学科具有知识上的内在逻辑关系。从居民日常消费的饮食文化、茶文化，到 21 世纪的汽车文化和网络文化，任何一个产业形态都渗入了一定的文化因素，反映着一定的文化取向，因此对文化行业的研究必须融合多学科的知识。第四，问题的解决依赖于学科之间的整合，具有一定的创新性。国际文化贸易专业并不是简单的几个学科的叠加，而是采用

---

① 冯一潇. "大科学"时代来临诺贝尔奖青睐交叉学科[N]. 科学时报，2010-02-02.

全新的模式，融合现有学科，形成有特色的新的专业。

北京第二外国语学院是国内开设文化贸易专业最早的学校之一，系内教师在文化行业问题的研究上有着丰富的经验。本课程所使用的教材为多位授课老师合力编写的普通高等学校国际文化贸易专业系列教材《跨国文化投融资》，并结合科研前沿做了丰富多样的专题讲解。目前本科年级有两个班平行授课，国际文化贸易硕士点也已经获批。跨国文化投融资就是其面向国际文化贸易专业大三学生开设的一门课程，目标是讲解文化企业的国际投资和国际融资的参与形式、资本控制和内部结构等内容，负责国际文化贸易专业有关资本运作内容的介绍。任课教师均来自文化贸易相关院系。该课程是典型的交叉学科产物，其内容涉及国际投资、国际融资、国际经济合作、传媒经济等多个领域，这就对教学中的交叉学科课程的教学提出了更高的要求，如要求教师熟悉多个领域的专业内容和学科发展，从而能站在交叉学科的前沿引领学生去认知和创新性思考；同时，也要求学生积极主动地去检索相关资料，能互动地参与到整个课程教学的过程中来。只有这样，交叉学科的教学才能获得理想的教学效果，提高学生的科学敏锐力和培养学生的创新性思维。

二、交叉学科授课的特点与思考

通过多年的教学实践，证明本课程的教学互动效果很好，也起到了很好的引领作用，有很多学生对这门交叉学科产生了浓厚的兴趣，并相继进入了文化行业的科研或实践领域。总体而言，交叉学科授课具有以下特点。

第一，综合多学科领域的讲解方式。跨国文化投融资是国际文化贸易专业的重要组成部分，是指在文化行业的跨国界的活动中从事投资和融资的行为。总体而言，本课程是三个一级学科——经济学、艺术学、管理学的交叉点。经济学和管理学的学科跨度不大，但艺术学同经济学和管理学的跨度非常大。同时，作为新兴课程，现有的教材相对有限，这就使得如何能生动形象地讲解和引领学生思考成为良好教学效果的关键。例如，在进行知识产权和文化贸易投融资时，课堂上教师通常会采用由浅入深的启发式教学方法。首先，将音乐会上翻唱他人歌曲的侵权行为的案例提出来供大家思考，以方便同学们从直观上理解知识产权并对知识产权的功能进行思考。其次，用典型案例说明演唱自己的歌曲也可能构成侵权，用这种同直观印象反差强烈的案例启发学生的深入思考，在讨论中进一步明确知识产权保护的对象、内容等细节问题。在案例讨论之后，从知识产权的一般性含义开始讲解，逐步扩展到文化产品知识产权的含义和特征，而为了实现在跨国经济活动中保护知识产权就需要国际组织和条约的帮助，由此过渡到具体国际条文的运用，但讲解的过程中弱化对具体条文内容的讲解，重点关注合约设定的精神。最后，讲解中国的相关法律。在中国加入 WTO 之后，为了履行入世的承诺，中国修改了包括《著作权法》在内的一系列法律，加入了更多的国际公约，不仅为外国企业来华投资提供了法律规范，而且为我国企业在国外的行为提供了法律保障。在这一教学过程中，依托艺术学中文化企业的典型案例，运用管理学的案例教学法，讲解世界经济学中知识产权的相关内容，并十分注重师生之间的互动，鼓励学生通过自主思考发现问题的答案。

第二，学生积极参与的教学互动形式。除了教师的有效引领作用外，学生能否积极参与教学过程的互动也是交叉学科教学能否成功的关键。对于本课程，主要采取了课外检索学术资料作 PPT 报告和分组讨论的形式。如前所述，选取谷歌建立数字图书馆的努力同国内作家对谷歌侵权的诉讼为题，将学生分成了若干个小组，安排每个小组负责准备和主持一个主题的 PPT 报告和讨论。教师会提前一周通知负责组的同学，事先与他们讨论讲述的框架和大纲，要求同学们分工合作。例如，通过一周的准备，同学们查阅了一定数量的文献资料，准备了精美的 PPT 资料和讲解内容。第一个同学做了事件的回顾，包括对谷歌的诉讼、在美国的和解方案及其对其他国家作者的影响；第二个同学专注于中国国内的反应，包括国内同谷歌的谈判和诉讼；第三个同学分析韩国、日本、加拿大和国产数字图书馆发展所遇到的瓶颈，并汇报小组的建议。通过这样一个"准备—讲述"的过程，该组同学系统地掌握了从基本概念到学术研究，再到行业领域的诸多方面，并能逻辑清晰地讲述给全班同学。在同学们的 PPT 讲述过程中，任课教师会组织听报告的同学们进行有益的讨论。例如，在讲解到国际社会对谷歌行为的争议时，现场调查有过网络小说写作经验或者纸质文章发表的学生的人数，并组织讨论：为什么美国法院的判决会影响到中国作家的权益？为什么中国作家对美国作家已经接受的补偿条款却争议颇多？为什么谷歌能够在争议声中将数字图书馆最终做成？通过这些问题的讨论，同学们可以进一步了解作为交叉学科的案例，知识产权对文化产品和服务的影响，整个过程还要求不断调整分析问题的立场，从作家、谷歌公司、作家联盟、社会的角度去设计解决方案，以获得较为理想的效用。这样的讨论也容易引起同学们的兴趣，避免过多过深的理论讲解容易导致的注意力分散。在整个PPT报告和讨论的过程中，任课教师会针对同学们的资料准备情况、PPT讲解情况和讨论情况进行评价和打分，作为成绩考核的重要标准之一。

第三，创造条件结合实践教学。交叉学科除了能在学术前沿激发出更多的创新性火花之外，往往还需要通过学科的交叉设计，在实践中锻炼学生的能力。因此，创造条件结合实践进行教学就成了本门课程重要的组成部分。北京第二外国语学院是国内率先关注国际文化贸易并设立国际文化贸易专业的院校。经过多年的积累，目前已经引起政、产、学、研等相关领域的广泛关注，建立了大量长期合作的平台。从2007年起，北京第二外国语学院与中国国际贸易学会、商务部研究院国际服务贸易研究所以及《国际贸易》杂志社已经共同主办了七届国际服务贸易论坛，其中第七届国际服务贸易论坛被纳入一年一届的国家级、国际性、综合型交易会——中国（北京）国际服务贸易交易会（简称"京交会"）；北京第二外国语学院与文化部外联局、北京市委宣传部等共同成功主办了三届"国际文化贸易论坛"，足迹遍布海内外，形成了真正的国际性论坛，为中国文化企业和机构走出国门提供了良好的平台；同时，许多高端的行业展会也选择在北京举行，比如一系列的动漫年会，这时任课教师就会及时公布展会时间，并鼓励同学们去观展，通过学习和对比国内外企业的设计理念、营销方案、产业链设计，了解现实的经营问题。在上述论坛和展会结束之后，会和同学们在课堂上针对展会上的所见所想进行很多有益的讨论，很好地帮助同学们更进一步地认识这门交叉学科的知识和产业。此外，北京第二外国语学院同演艺企业、图书出版、网络服务等文化企业有常年的合作关系，先后有数十位学生参与到各类企业的实习过程中，因而具备较好的实际条件进行实践教学。不管是志愿者、参观者还是实习生，通过同社会的接触，可以引导学生了解社会，了解国情。现在的大学生大多是在书本知识中成长起来的，对我国的现实知之甚少，而社会的复杂程度远不是仅凭读几本书、听几次讲座、看几条新闻就能了解的，社会实践则为他们打开了一扇窗口。大学生走向社会参加实践，亲身体验，在与文化领域各界人士的接触、了解、交流中受到真切的感染和体验，从活生生的典型事例中受到深刻的教育和启发，使思想得到升华，不仅对知识的掌握更深入，而且求知欲和社会责任感都可以得到加强。

第四，结合教学内容邀请专业人士讲座的教学。结合课堂讲授内容，定期或不定期邀请一些专业人士到课堂进行讲座。大学是人才的培养基地，而讲座能促使同学们更深刻了解书本知识的实际应用，增加学习的积极性和兴趣，繁荣校园文化，活跃学术气氛，鼓励理论研究和学术创新等。而对于人才培养和教育而言，在"通才教育"理念占据教育哲学主导地位的时代，讲座是其中不可忽视的培养和塑造手段。指导性讲座能给大学生以切实的人生指导，引导他们养成健康的生活习惯；学术性讲座是大学生开阔知识视野、发掘学术兴趣和增强学术功底的第二通道，并能广泛涉猎各个学科领域，这对于优化学生的知识结构，提升他们的综合素质具有不可替代的作用。在讲座过程中，学生有机会和来自文化行业各个方面的人接触，能从他们那里听到许多在校园中接触不到的事情，能有机会分享专家、学者们潜心研究的成果，聆听他们的观点和见解，了解他们学术人生的平凡与伟大，或许还会通过某位成功人士的讲座激发出创业的勇气和信心。

第五，合理设计调查问卷。由于交叉学科往往存在大量新兴课程，教学的探索过程一般比较长，需要多次变换思路，调整方案，其最终成果得到普遍的承认更需时日。因此，在做教学规划时，不仅需要对未来的教学进程有总体上的把握，而且需要在实际教学过程中反复询问学生的意见，通过学生的反馈改进教学过程。调查程序的设计中可以参考德尔菲法，通过背对背的问卷调查征询学生的意见。德尔菲法最大的优点是可以减轻学生的思想压力，得到真实的想法，其主要的缺点是过程比较复杂，花费时间较长，不适合进行快速决策。因此，德尔菲法在不需要进行快速决策时，其权威性、匿名性、有控趋同性、定量性等特点能更好地满足需求，因此，更适用于每学期一次的调查，借此逐轮提高教学质量。

第二节 "一带一路"倡议与文化贸易人才培养

当今世界正发生复杂深刻的变化，国际金融危机的深层次影响继续显现，世界经济缓慢复苏、发展分化，国际投资贸易格局和多边投资贸易规则酝酿深刻调整，各国面临的发展问题依然严峻。在此背景下，国家发展和改革委员会、外交部、商务部联合发布了《推动共建丝绸之路经济带和21世纪海上丝绸之路的愿景与行动》。"一带一路"倡议是目前中国最高的国家级顶层战略，聚焦与沿线国家在政策沟通、设施联通、贸易畅通、资金融通、民心相通等领域进行合作。文化贸易作为国际贸易中的重要内容，涉及货物贸易、服务贸易和知识产权，文化贸易由于兼具文化与经济的双重属性，既是"一带一路"倡议的题中之意，又是其他国家间国际合作的凝合剂，应该成为"一带一路"倡议实施的前导链和压舱石。

一、我国文化贸易人才培养现状与实践

中国文化贸易人才培养自21世纪初起步，随着文化贸易理论与实践的需要，经历了十几年的探索与积累，取得了可喜成绩。"聚焦我国文化贸易人才的培养，中国传媒大学与北京第二外国语学院两所高校是先行先试的开拓者和实践者。截至目前，这两所院校是中国大陆仅有的经教育部批准曾试办文化贸易本科专业的高校。"[1] 2012年年底，北京第二外国语学院获教育部批复，拥有了交叉学科国际文化贸易硕士学位授予权，首先实现了培养层次上的突破，成为我国文化贸易人才培养模式创新的先行者与领航者。北京第二外国语学院文化贸易人才培养的历

---

[1] 李小牧，李嘉珊．中国文化贸易人才培养：实践、困境与展望[J]．中国大学教学，2014（11）．

程与探索，基本上反映了我国文化贸易人才培养的现状与实践。

（一）文化贸易学科专业建设尚处于起步阶段，过程曲折反复

北京第二外国语学院自2003年起就在国内同类专业院校中率先开设了国际文化贸易热点问题课程，2007年申报"国际文化贸易"本科专业，并于2007年秋在国际经济与贸易专业下以"国际文化贸易方向"招生。2008年正式获批成立国际文化贸易专业（专业代码020117S，授经济学学位），并于2009年面向全国招生。2012年，在国家专业目录调整中，取消目录外专业，"国际文化贸易"纳入"贸易经济"项下进行人才培养工作。国际文化贸易本科层次人才培养遭遇困境。

文化贸易硕士、博士等高层次人才缺乏，硕士层次人才培养缺乏针对性，仅限于艺术学、新闻传播学等单学科培养。这在很大程度上难以满足国家文化大繁荣、大发展的现实对高素质文化经营管理人才的需要。北京第二外国语学院获得交叉学科国际文化贸易硕士学位后于2014年正式招收培养第一届研究生，填补了这一领域的空白，文化贸易人才培养进入新的阶段。

（二）文化贸易课程体系建设与系列教材建设初见成效

北京第二外国语学院始终致力于从课程体系、师资体系、教材体系三个方面加强教学培养体系建设，确保人才质量。

1. 构建起多样性、实用型、特色化的课程体系

根据企业与社会需求，重点开发实用型课程，创新教学培养课程设置形式，提高课程的合理性与针对性。在吸取传统课程设置经验基础上，结合交叉学科培养的需要与特点，采取模块化课程体系。根据学生入口专业不同，设计入口专业模块课程"固优"，以学科交叉模块"补弱"，统合于国际文化贸易模块扎实本专业基础，通过实训模块、联合培养模块突出课程的应用型、国际化人才培养。模块化课程体系完整，领域分布与占比合理，针对性、灵活性强，很好地契合了文化贸易人才培养的独特需求。

2. 构建高水平、国际化、多渠道的师资体系

充分吸纳政产学研、国内外的资源，组建"政产学研相结合，国内国外相结合"的优秀师资队伍。以"双语化、现代化、跨学科"为目标促进国际文化贸易师资队伍的自我完善；通过丰富的国际合作资源提升师资团队国内外进修与学位

水平；以知识创新为目标，紧密结合社会需要，加强和积极扶持团队师资参与教学研究改革和学术调研、科研活动；以服务社会、满足社会需要为目标，推动教学实践创新与发展。

3. 构建系统化、专业化、品牌化的教材体系

教材建设对于高校人才培养具有举足轻重的作用。在科研成果积淀基础上，教研团队把教学实践、科研实践相结合，与高等教育出版社通力合作，历经 5 年苦心孤诣与凝练，于 2014 年 9 月正式出版了国内首套国际文化贸易系列教材，包括《国际文化贸易》《中国对外文化贸易概论》《文化产业经济学》《跨国文化投融资》《文化市场营销学》《文化贸易统计学》6 部。

（三）合理利用科研实践平台，聚焦高层次、复合型、实践性人才培养

为适应"高层次、复合型、实践性、创新性"的人才需求，北京第二外国语学院始终坚持文化贸易理论实践研究与人才培养密切结合。2010 年，北京第二外国语学院国家文化发展国际战略研究院、国家文化贸易学术研究平台、首都文化贸易研究基地等科研实践平台的相继建立，进一步拓展了文化贸易学生参与科学研究、提升综合能力的机会，逐步确立了机制化、常态化的特色培养模式。以北京第二外国语学院国家文化发展国际战略研究院"雏鹰计划"为例。"雏鹰计划"于 2010 年开始策划，2011 年正式实施，旨在密切专业学习与科研实践相结合，吸纳有能力、有兴趣的学生参与文化贸易研究与实践，依托研究课题、前沿实践进一步发挥科研实践平台作为国家文化发展的外脑平台、全球文化发展战略的信息智库、国际文化贸易的理论研究高地的优势，在更深层次上助力文化贸易人才培养。

1. 以理论实践研究丰富人才培养的"新鲜养料"

鼓励学生投身学术研究，凝练学术水平与科研能力，通过针对性培训学习基本科研活动基本技能，在学术科研活动中将理论知识应用于实践研究，并在这一综合性、高频度的锻炼中得以巩固和提升。深度了解最前沿的文化贸易理论探索与实践案例，通过有针对性的科研实践使所学知识融会贯通，提高培养质量。

雏鹰计划为成员参与文化贸易实践和研究工作提供多种方式，主要分为四大类。第一，参与科研实践平台文化贸易相关研究项目（见表 9-1），协助项目团队的各项工作，在项目团队专家指导下进行基础性研究工作。雏鹰计划成员参与科

研实践平台学术项目近20项，通过项目调研、数据收集、沙龙研讨、报告撰写等锻炼，初步了解和掌握项目研究方式方法，积累研究经验，培养研究能力。参与项目研究报告、案例分析的撰写，在雏鹰计划成员的参与努力下，已出版《中国文化贸易经典案例研究》《世界驰名院团改革与发展研究》《北京京剧百部经典剧情简介标准译本（中英对照）》《首都文化贸易发展报告》（2013、2014、2015）《世界城市的文化贸易结点》等学术著作和报告。

表9-1 雏鹰计划成员参与、自主申报部分科研项目

类型	序号	项目名称	项目来源	项目级别
参与科研实践平台项目	1	国有表演艺术院团体制改革现状与发展路径研究	全国哲学社会科学规划办公室	国家级重大项目
	2	国有表演艺术院团改革及其国际化发展战略研究	国家哲学社会科学规划办	国家级
	3	北京京剧院打造世界驰名院团的战略研究	北京市哲学社会科学规划办	省部级
	4	海外演艺需求市场调查与分析	文化部	地厅级
	5	对外文化贸易国际市场开拓行动计划	商务部	地厅级
	6	世界城市文化创意产业及贸易发展研究	北京市教委	地厅级
	7	各国文化管理规制的比较与借鉴研究	文化部	地厅级
	8	中阿文化贸易历史、现状及发展趋势研究	教育部区域和国别研究培育基地	重点项目
	9	中国对外文化贸易经典案例研究	文化部	横向
	10	2012中国演艺对外贸易统计分析	文化部	横向
	11	天津滨海新区东疆文化保税港建设规划	中共天津市滨海新区宣传部	横向

2. 以科研成果转化激发人才培养的"创新实践"

应用型科研成果转化直接推动文化贸易相关政策与措施出台，同时为产业贸易促进提供对策建议。为学生在学习中实践、在实践中成长提供渠道，吸引有丰富实践经验的文化企业精英参与人才培养过程，实现专业塑造与实践应用的有机结合。

科研实践平台根据研究需要，设计辅助课题项目，面向雏鹰计划成员采招标。雏鹰计划成员自主对接组建研究小组，拟定研究思路与框架，制订研究计划，撰写申报材料进行投标。由招标课题负责人对各研究小组的申报进行评审遴选。对中标团队配备科研"孵化室"，自科研实践平台专家中挑选政府、学界、产业界专家作为指导专家，对项目团队研究过程、成果产出、推广应用等方面进行指导和支持。同时，雏鹰计划成员可申请、申报校级、市级、国家级"大学生科研立项""大学生科研创新团队""暑期实践项目"等学术实践活动。科研实践平台作为支持后盾，提供导师资源，提供申报所需的前期研究成果，组织针对性会议、沙龙对申报策划、文本撰写、答辩准备等全部环节提供支持和帮助。在科研实践平台导师的支持下，成功申报、完成《北京小剧场的生存现状及发展研究》《韩国电视剧产业发展分析研究》等多个项目。

3. 以海外机制合作开拓人才培养的"国际视野"

依托国家文化贸易学术研究平台，以海外合作研究为切入点，通过富有成效的良性合作开启人才联合培养。与英国、美国、澳大利亚等国高校合作的本科联合培养、本硕连读等模式极大地丰富了文化贸易人才培养的类别并惠及各合作院校与机构，使培养模式不断突破创新。与英国、美国、澳大利亚等国高校合作的本科"1+3"联合培养模式得到北京市教育主管部门的大力支持，本硕连读"3+2"等项目惠及平台各成员单位。国家文化贸易学术研究平台注重国际视野开拓与多元文化熏陶，创新人才培养理念，突破传统培养模式，搭建起服务文化贸易人才培养的国际平台。

二、"一带一路"倡议实施带来的机遇与挑战

共建"一带一路"旨在促进经济要素有序自由流动、资源高效配置和市场深度融合，推动沿线各国实现经济政策协调，开展更大范围、更高水平、更深层次的区域合作，共同打造开放、包容、均衡、普惠的区域经济合作架构。"一带一路"作为一项重大国家战略，在提升我国对外开放水平、促进对外贸易方面正发挥巨大作用。而对外文化贸易无疑是贸易结构优化的重要推动力。随着丝路贸易规模的扩大和结构的优化升级，对外文化贸易必定拥有更坚实的发展基础。更为重要的是，在"一带一路"倡议推进过程中，文化当先行。提升中华文化在丝路沿线

国家和地区的影响力、辐射力，对外文化贸易承担着重要的使命，是推动"一带一路"倡议实施的重要路径。因此，"一带一路"倡议为中国对外文化贸易的发展创造了良好的环境，拓宽了发展空间，而对外文化贸易则为"一带一路"倡议的成功实施注入了持续动力。

党的十八大以来，习近平总书记在不同场合不同会议上强调了人才的重要性。他指出，创新是引领发展的第一动力。抓创新就是抓发展，谋创新就是谋未来。适应和引领我国经济发展新常态，创新驱动实质上是人才驱动。"十三五"规划建议提出："深入实施人才优先发展战略，推进人才发展体制改革和政策创新，形成具有国际竞争力的人才制度优势。"2016年3月，北京市人民政府办公厅颁布《关于加快发展对外文化贸易的实施意见》，提出强化人才支撑，健全和完善文化产业对外贸易专业人才的培养、选拔和评价激励机制，着力培养对外文化贸易复合型人才，积极引进各类优秀人才。"一带一路"倡议背景下，文化贸易发展需要与人才资源重要性的双重作用下，对文化贸易人才提出了全方位的更高要求。

（一）对文化贸易人才的层次与水平提出更高要求

文化贸易的繁盛是我国由经济大国迈向经济强国的必要条件。在发展文化贸易的视角下，"一带一路"沿线各国资源禀赋各异，一方面，经济互补性较强，彼此合作潜力和空间很大；另一方面，各国社会文化差异明显，客观上增大了各方互信合作的难度。

高端文化人才是当前文化建设最稀缺的资源，高端人才尤其是领军人才往往具有"连锁效应"和"磁场效应"。当前，科学和文化领域的竞争很大程度上已经由个人之间的竞争让位于人才团队间的竞争，让位于以领军人物带领的优质团队之间的竞争。[1] 在加强各方互联互通的过程中，能否"走进对方的文化围城"成为合作水平与合作程度的重要影响因素，因此既了解"一带一路"沿线国家文化，又懂得国际文化市场贸易规则的高层次、复合型人才尤为重要，成为稀缺性战略人才。

---

[1] 王培林.文化大发展大繁荣，关键在于加快人才队伍建设[N].南方日报，2011-11-21.

（二）对文化贸易人才供给的规模提出更高要求

人才是第一资源，文化贸易的国际竞争，实质上也是人才的竞争。文化产品与服务的对外贸易，必须以对象国和对象市场的使用语言为依规，而当前熟知国际文化贸易规则，具备文化专业功底、国际营销能力、对外交往能力的综合型人才稀缺，致使中国文化企业和文化产品在国际市场普遍弱势，人才成为制约中国文化对外贸易发展的瓶颈。国内文化贸易各行业领域发展提速，朝向国民经济增长的新引擎迈进，文化贸易相关企业和机构对应用型、实践性文化贸易经营人才的需求也呈倍数增长。

同时，国内对外文化贸易相关政策密集出台，如《关于加快发展对外文化贸易的意见》《关于深入推进文化金融合作的意见》《关于推动特色文化产业发展的指导意见》等，侧面反映出相关政府部门、协会组织等机构在加大文化贸易扶持力度、优化文化贸易管理服务方面的努力，其对高层次、复合型的文化贸易管理人才需求大增，对高校的人才培养提出了更高的迫切要求。

（三）对文化贸易人才培养的机制提出更高要求

"一带一路"倡议实施对文化贸易人才层次、水平和规模的需求，从根本上是对人才培养机制提出的挑战。刘延东副总理在讲话中也指出，"十三五"时期必须坚持以提高质量为中心，以服务需求为导向，更加突出培养模式转变，突出体制机制创新，突出结构调整优化，突出调动各方资源参与，突出走向国际、开放发展，统筹推进世界一流大学和一流学科建设，为建设创新型国家和人力资源强国、全面建成小康社会提供坚强的人才支撑。

三、"一带一路"倡议实施中文化贸易人才培养再思考

随着"一带一路"倡议实施的推进，我国与沿线国家的文化贸易及文化交流合作不断发展，文化贸易人才稀缺严重制约了中国文化经由"一带一路"从"走出去"到"走进去"的战略目标。当前文化贸易人才的培养远远不能满足需求，在数量、层次、机制等方面均有待于进一步提升，特别是"一带一路"倡议的实施，在对文化贸易人才培养提出挑战的同时，也带来了发展契机和良

好的机遇。当前形势下，应该致力于培养熟悉文化企业经营管理，掌握国际文化贸易政策规则，适应当前国际文化贸易发展需求的高水平、国际化、综合素质高的复合型、应用型人才，以有效推动外向型文化企业进入国际市场，扩大核心文化产品与服务国际市场份额，从而使我国对外文化贸易实现繁荣、健康、可持续发展。

（一）加强顶层制度设计，以学科专业建设优化文化贸易人才培养结构

加快确立文化贸易人才发展布局，结合"一带一路"倡议在国家学科类型结构调整中明确文化贸易的重要地位，从顶层设计的高度推进文化贸易人才培养战略规划，建立和完善文化贸易研究生、本科生体系，推进人才资源总量稳步增长、质量大幅提升、结构不断优化。立足"一带一路"倡议实施的特殊需求，着眼长远，改革创新，完善机制，造就规模宏大、素质优良的文化贸易人才队伍。

文化贸易学科是在贸易学理论框架基础上，融合经济学、外国语言文学、管理学等众多相对成熟学科而成就的新兴学科。文化贸易基于自身内涵与外延，具有天然的交叉学科特点，相应的文化贸易人才培养也具有鲜明的学科交叉属性。积极响应国务院学位委员会要求，积极引导高等院校参与到文化贸易人才培养实践中，打通各大学科领域界限，打破学科壁垒，突出交叉融合和协同创新，充分利用各学科优势资源，实现互动互补。建立绩效导向的资源配置机制，将各项资源的分配想培养质量高、特色鲜明的高等院校倾斜。

（二）深化教育教学改革，以理念革新培育具有"中国心"的文化贸易人才

文化贸易的发展基于多元文化的相互尊重与交流，"一带一路"沿线国家社会文化各具特色，使用的语言与生活传统也有极大差别。要树立以育人为本的观念，加快构建符合文化贸易实际要求的新的课程体系，改变考试评价制度，开展创新教育，通过挖掘、分析、呈现中国传统文化与当代多元文化魅力，为文化贸易学生营造了崇尚包容、思考、借鉴的文化氛围，使空泛的"文化"的概念变得饱满而鲜活起来，在与世界优秀文化的交流与互动中，以文化的力量教育人、陶冶人、感染人。激发学生对中国文化的自信与热爱，促进学生树立正确的价值观，培养具备民族情怀、尊重多元文化的新时代青年，造就拥有中国灵魂、国际视野的优秀文化贸易人才。

（三）充分发挥学术研究机构在文化贸易人才培养中的独特作用

文化贸易学术研究机构植根于应用性研究需求，将学术研究与政界、业界一线实践紧密联结在一起，并逐步建立起海外合作机制，具有资源汇集的优势属性，可以在人才培养过程中提供多领域的师资力量，提供专业的前沿经验，提供多角度的思维锻炼，以及多元化的实习实践机会。对科研实践平台在人才培养中的充分应用，是为文化贸易人才培养适应当前国际竞争需求，适应我国深化改革经济增长方式和发展战略进行的尝试，也是遵循创新人才成长规律的新路径探索。

（四）加强文化贸易人才培养相关问题的研究，以理论创新推动实践发展

依据文献检索资料显示，"文化贸易人才"在学术论述中最早出现于"我国文化产业创新体系的若干问题"。文化贸易人才培养的学术研究主要集中于四个方面，第一，在文化贸易总体研究中将文化贸易人才培养作为一个方面进行分析；第二，文化贸易核心行业领域专门人才培养研究；第三，文化贸易人才培养存在问题研究；第四，文化贸易人才培养模式研究。文化贸易人才培养的学术研究经历了由点到面，由表及里逐渐递进与提升的过程。从整体来看，对文化贸易人才培养自身的学术研究成果数量有限，与当前文化贸易发展对人才需求培养提出的要求不相符合，一方面缺乏对既有文化贸易人才培养实践的系统性梳理和分析；另一方面在战略层面缺乏对文化贸易人才培养的关切与研究，在研究深度与广度需要进一步提升和加强。

> 经典案例

外语院校交叉学科建设探索

——以北京第二外国语学院为例

一方面,科学突飞猛进、学科日益分化;另一方面,创新的需求与动力又要求不断打破学科壁垒,为学科融合以及培养宽广知识视野的拔尖创新人才创造条件。在上述科学与学科的矛盾运动中,学科交叉趋势尤为明显,已经成为当今知识创新、科学发展的重要时代特征。而作为承担人才培养、科学研究、服务社会以及文化传承功能的高等院校,理应顺应时代发展需要,在交叉学科建设上进行大胆探索和创新。有鉴于此,本文将视线重点集中在我国外语院校,特别是以北京第二外国语学院为例,对学校交叉学科建设实践进行总结分析,同时提出相应的对策措施,以期对学校学科建设和人才培养有所裨益。

一、外语院校学科交叉的资源与发展形势

与其他普通高校相比,我国外语院校有着独特的教育教学资源、别具一格的人才培养模式和鲜明的办学特色。大多数外语院校从成立之初,目标定位明确,学科结构单一,主要围绕外语外事人才培养进行资源配置和投入。然而随着社会经济发展,目前外语院校无论是学科专业还是资源、人才,都发生了重大变化,成为高校交叉学科探索的重要力量。

（一）外语院校普遍的学科结构及资源

作为文科类高校，外语院校以语言学科、专业的发展及相关人才培养为目标和特色，语言类专业、课程占据主体和主导地位，其他学科专业服务于学校学科发展的总体目标及特色的强化，因而学科结构总体呈现出单一性、趋同性、不平衡性的特征，由此在特色彰显的同时造成学科之间融合空间狭小，人才培养以"专"为主，通识与广博的培养理念较弱。

然而，同时需要看到的是，外语院校最为突出的特点就体现在其"涉外"性上，因而学科专业、师资力量、人才培养、校园文化以及学生就业去向等各方面都具有开放性、国际化的特点，从而使学科发展对外部变化、市场需求有着较高的敏感度，学科结构具备较好的弹性和柔性。这一特点从我国外语院校自改革开放以来所发生的诸多变化及取得的可喜成绩中可窥一斑。

目前我国各大外语院校中，北京外国语大学拥有文学和语言学两大传统优势的特色学科，主攻方向为口语，培养出了不少人才，尤其是外交、经贸等方面的"复语型"外语人才。上海外国语大学以培养涉外型、应用型，既具有高级外语水平，又具有专业知识的复合型人才为主。改革开放后又增设了许多新兴专业，培养了一大批熟练掌握两门外语的对外经济贸易人才、涉外管理人才、新闻工作者、翻译工作者、外国语言文学研究人员和高校外语师资。广东外语外贸大学则是华南地区国际化人才培养和外国语言文化、对外经济贸易、国际战略研究的重要基地，开设多达 56 个本科专业，分属文学、经济学、管理学、法学、工学、理学、教育学、艺术学八大学科，实力雄厚，人才培养国际化特色同样明显。而西安外国语大学大力实施专业重组，实现了由单科外语院校向突出外语特色，文、理、经、管、法、艺术诸学科相互交叉渗透的新型外国语大学的转变，实现立体化发展，为学生们成为综合型人才提供了优越的成长环境。

从以上几所外语院校学科专业及人才培养定位来看，学科融合、交叉以及培养复合型人才成为重要的指向。特别需要指出的是，外语院校所拥有的学科资源同样具有开放性和国际化的特征。各外语院校恰恰由于生源、师资、专业发展、社会服务等各方面的"国际化"而在我国改革开放和经济发展中别具一格，备受社会欢迎，从而为学校更大规模地探索和改革创造了有利的环境，奠定了良好的基础。

（二）北京第二外国语学院学科交叉发展形势

北京第二外国语学院（以下简称"二外"）从 1964 年成立到现在已有近 50 年的历史。在近半个世纪的办学实践中，形成了"学用结合，注重实践"的办学特色。外语专业强调"技能领先，注重实训"，狠抓"听、说、读、写、译"基本技能训练；非外语专业依托外语教学资源优势和多元文化环境，坚持"应用导向，强化实践"，走产学研一体化道路。学校明确了"国际导向、专业复合"的培养特色，坚持外语"复语式""外语＋专业""专业＋外语"的国际性应用型人才培养模式。目前，已成为一所以外国语言文学为主体学科、以旅游管理为特色学科，文学、管理学、经济学、法学等多学科门类协调发展的知名特色大学，是中国外语、翻译、旅游、经贸教学与研究的重要基地。

与其他外语院校相比，二外的诸多学科实力并非名列前茅。但是在二外的发展历史上，学校的不同主管单位在二外学科成长史上打下了独特的烙印，曾有过学科大交叉的历史，实践性、应用性特征格外明显。针对目前已发展起来的几大学科，不仅其交叉融合的空间巨大，而且从提升学科实力的可能性来看，交叉融合路径成为必由之路，加之学校已形成的产学研一体化办学模式，要求协同创新，因而学科交叉既有内部基础，也有外部动力，而且对于学校特色发展而言，还显得相当迫切。应该说，在当前学校致力于大发展时期，二外交叉学科正处于极好的发展机遇期。

二、北京第二外国语学院交叉学科建设思路

基于二外目前的发展状况、现有资源以及已形成的优势，笔者提出学校推进交叉学科建设的总体思路，即围绕高校功能深化，强化办学水平和特色，联合整合各方资源，打造交叉平台，做好制度保障。以下将结合高校功能深化重点阐述交叉学科建设。

（一）以复合型人才培养目标实施促进交叉学科建设

目前几乎所有高校都将复合型人才培养作为人才培养的重要目标，反映出学科交叉、知识融合、技术集成的当今社会对人才素质共同、普遍的要求。复合型

人才是多功能人才，在知识复合、能力复合、思维复合等多方面有着良好的潜力和表现，不仅要有宽广的知识面，过硬的知识技能，广泛的兴趣爱好，而且应该具备开阔的国际视野。相比之下，外语院校人才培养在技能、爱好、国际视野等方面有着较为明显的优势，但是在拓宽知识面上存在不足。二外的人才培养有着自身的特色和优势，但是在复合型人才培养方面尚有很大的发展空间。而要促进交叉学科建设，首先要在复合型人才培养上下大力气，以此目标的实施强力推进人才培养模式创新、教育教学方法创新以及校内资源的联合、整合，进而为学科交叉及交叉学科建设提供强大动力。

（二）以科研合作创新促进交叉学科建设

客观来讲，二外在诸多学科上的科研实力与同类院校相比存在很大差距，特别是在语言等学科上至今未有博士点，极大地限制了学校学科的发展。目前能做的就是集中力量，协同协作，以交叉学科建设为突破口，在若干个科研增长点上实施"赶超战略"。要为科研合作创造条件，在制度上给予鼓励和保障，明确主攻方向，汇聚科研资源、科研力量，实现重点突破、全面带动，进而促进交叉学科建设与科研发展的良性互动。

（三）以拓展服务社会领域促进交叉学科建设

二外非常重要的人才培养特色就是"应用导向，强化实践"以及产学研一体化。促进交叉学科建设，在内部发力的同时，还要积极借助外部力量，即要在服务社会、强化产学研一体化办学模式中为交叉学科寻求发展方向，拓展发展空间，以此积极回应社会和市场需求，不断扩大学科在各界的影响力，为交叉学科发展创造良好的外部环境，为相关人才就业创造机会和条件。总的来看，目前二外正在朝着这个方向努力。不同院系之间的科研协作、团队组建，相关科研院所的成立以及在人才培养方面的诸多探索均表明，二外交叉学科建设正面临极好的发展机遇。

三、北京第二外国语学院推进交叉学科发展的措施

（一）进一步推进通识教育，强化人才培养特色

通识教育是当前高等教育发展的一个重要趋势。二外要在现有学科资源的基

础上，精心规划、科学论证和遴选涉及不同学科的、有着重要学科影响和建设潜力的基础类、专业类课程面向全校、特定专业开设。开设的形式要多样，既有课堂，也包括讲座、网络、讨论，时间也可长可短，要注重实效，进一步夯实学生的基础知识和基本技能，拓宽知识面。在此过程中，要注意学科交叉的趋势和走向，有意培育新兴交叉学科，吸引学生进行选学、研讨，不断强化人才培养的复合型、实践性特色及国际视野。

（二）进一步推进科研交叉，鼓励跨院系协作

目前二外拥有不同院系及多个科研院所，涉及语言类、非语言类，包括教育部区域和国别研究基地阿拉伯研究中心、跨文化研究院、国家文化发展国际战略研究院等，而且正在推进国际文化贸易专业研究生培养，这些都是很好的交叉学科建设的条件和基础。要继续推进和整合各方面的科研力量，大力鼓励跨院系协作，在成果认定、职称评定、科研奖励等方面给予倾斜。要在重大科研选题，特别是涉及交叉学科科研选题申报方面，充分发挥学校协调动员的能力，主抓落实，取得成功和突破。

（三）进一步推进产学研协同创新，扩大社会影响力

产学研一体化的办学模式要再上新台阶。要进一步扩大与政府、业界的联系，做好交叉学科社会需求及出路的调研分析、支持体系建设。着力打造若干个具有广泛影响力的典型的产学研实习实践基地及协同创新中心，重点关注交叉学科产学研一体化的发展，配合教育教学模式的改革，要不断加大学生课业实践的支持力度，持续扩大交叉学科的社会影响力。

（四）进一步为交叉学科发展提供组织保障和制度保障

依据学校发展规划制订交叉学科发展计划。围绕计划，在专业设置、教学资源组织上进行适当调整，建设交叉学科发展平台，同时制定相关政策，加大对交叉学科的扶持力度，资源投入上给予倾斜，为交叉学科发展提供坚实的组织保障和制度保障。特别是要借助国际化办学的条件和优势，引入外部资源，拓展交叉学科的国际化生长空间。

第十章 新时代国际文化贸易的研究与发展

当前，随着世界各国综合实力的逐步增强，经济贸易全球化的不断发展，国际整体的经济贸易格局也在不断变化，各国间的经济交流与合作日益紧密，可持续发展的意识日益强烈，文化在综合国力竞争中的地位和作用更加凸显，这为国际文化贸易的发展创造了机遇，各国都积极发展文化贸易，以此获得利润并巩固和提升自己的文化影响力，国际文化贸易已经成为国际贸易中重要的组成部分。但与此同时，国际文化贸易的繁荣发展使得维护国家文化安全任务更加艰巨，这也给各国经济及文化发展带来了挑战。

第一节　新时代国际文化贸易研究现状及成果

一、国际文化贸易问题的提出

提到美国，迪士尼、好莱坞电影早就成为人们心中的经典，美国式的价值观也在潜移默化地影响着人们的生活；提到日本，很多人的童年时代都曾有过诸如《名侦探柯南》《哆啦A梦》这类动漫作品带来的快乐与新奇的印记；提到韩国，韩剧、韩流风靡中国，人们随着剧情或喜或悲，不断丰富着人们的情感体验……无论是娱乐园区、影视剧还是动漫作品，这些文化产品和服务都给生活带来了无限的憧憬和快乐，成为人们日常生活中必不可少的内容。

自改革开放以来，中国经济一直快速发展，贸易额不断提高，"中国制造"遍布全球。2012年，中国对外贸易总额接近4万亿美元，首次超越美国，成为世界上贸易规模最大的国家。这一可喜的成绩固然令人兴奋，但仍应清醒地意识到，这个数据只能说明我国的贸易总量提高了，而不合理的贸易结构仍是一个需要面对的问题，文化贸易总量在中国整体国际贸易额中几乎可以忽略不计。世界各个国家都在思考如何转变自己国家的经济增长方式，寻求新的经济增长点。美国资深经济学家雷·罗森说："我们的经济将向何处发展？什么能够带动我们前进？——是文化。"今天，文化贸易已经成为国际贸易中重要的组成部分，各国都在积极发展文化贸易，以此获得利润并巩固和提升自己的文化影响力，中国也不例外。中国5000年的文明史造就了丰富的文化资源，但文化贸易出口额却极小，并且因长期逆差而引发国内各界的高度关注。

与中国经常账户贸易长期处于顺差状态极为不同的是，中国文化贸易长期逆差严重。中国出口的文化产品中50%以上是游戏设备、文教娱乐和体育器材，"出口电视机，却不出口电视机的内容"。这恰恰说明了目前中国在全球是制造业大国，但却与中国有着最悠久、最丰富历史文化资源的国家地位不相宜。

中国杂技对外演出可以算是中国对外演出贸易的先驱，然而中国的杂技团体年演出收入大致为每个团体300万元人民币，按全国200个杂技团体计算，全国的年演出收入不超过6亿元人民币，约相当于太阳马戏团一个剧目一年演出收入的1/10。而同时，杂技团排演节目成本也不小，不仅是在服装、道具、场地等方面需要金钱的花费，而且培养杂技演职人员就要花费很多时间和精力，演出的收入难以抵偿付出的成本。

图书是文化的重要载体，图书版权贸易从两岸交流到多国贸易，经历了1992—2000年的发展期，从2001年起进入版权贸易的优化期。版权贸易产业环境在国际环境、法律环境、中国加入世界贸易组织、中国政府打击盗版行为、实施"走出去"战略、文化体制改革6个方面发生了重大变化。中国在1995—2009年这15年间累计引进图书版权127394种，累计输出18272种，引进与输出之比约为7∶1。

中国文化贸易出口长期逆差从最具代表性的演出业和图书版权业可见一斑，这意味着中国文化在世界范围内传播的被动以及影响力和效率低下。现实的困境还显现在以下几方面。

第一，文化产业基础薄弱，相关产业关联度严重不足。文化产业是文化贸易发展的关键所在，中国文化产业规模小、水平低，文化市场运营经验不足，加之条块分割严重，进而影响整个产业链的形成。文化产品和服务的开发、设计、制作、营销等环节不能有机协调，产业内部各分支联系松散，缺乏"互动互补"的协调机制，与平行产业的关联度严重不足，从而导致文化产品品种单一，市场化程度低下，整体结构不完整，缺乏文化产业评估等。可以说，真正意义上的文化产业链在中国并未形成。

第二，文化体制缺乏创新。中国文化产业缺乏自主创新机制，长期由政府主导的计划经济体制仍旧在今天的文化产业领域依惯性运行。中国对文化产品的经济属性存在着回避现象，并过度重视文化产品的意识形态属性。文化贸易的发展急需政府引导的市场体制，文化企业是文化产业发展的主体力量，文化管理水平滞后于发展需要，文化体制改革正着力于此，以激发文化企业的市场活力。

第三，国际化经营水平严重滞后。观念上的滞后，导致作为市场参与主体的各文化企业的视野局限，市场主体不成熟，在经营规则、法律制度、财税政策等方面缺少对国际细分市场的充分认识和把握，使得中国文化企业难以真正参与国际市场的竞争。

第四，文化的国际传播效果有限。对外传播要追求国际传播效力。计划经济体制主导的传播方式只讲对外传播，而不追求传播效果，多年以来的对外文化交流使中国能够吸收多国优秀文明成果，也使中国文化在世界范围内得到一定的传播，但未能使中华文化在更大范围内扎根、发芽、开花、结果。

二、发展国际文化贸易与提升中国文化软实力

文化是一个民族的精神和灵魂，社会主义文化建设既是中国综合国力的重要组成部分，又是贯通、保证并推动国家经济、政治、社会等各方面建设的关键环节。这就必然要求构建国家软实力、提升中国文化的国际影响力，而在全球化、市场化日渐溢出经济领域蔓延成为世界各国发展潮流的今天，国际文化贸易亦成为我国推进上述文化强国战略的不二选择。

文化贸易是指国家间文化产品与服务的输入与输出，涉及货物贸易、服务贸易和知识产权，并以其市场的高度垄断性、保护方式的隐蔽性、贸易自由化的例外性、约束条例的相对灵活性以及与其他产业的强烈交融性等特殊性而在国际贸易中独树一帜，也成为当今全球贸易竞争的重点之一。文化软实力是社会主义精神文明建设和文化建设的重要目标，着眼于中国综合国力的提高；文化软实力是软实力的灵魂和经纬，软实力中各种要素的特质无不取决于相应的文化价值观念和智力思维。当前，积极开拓国际文化市场，创新文化贸易模式，增强中华文化国际竞争力和影响力，提升国家文化软实力，已经在国内各界形成共识。

文化如水，具有独特的渗透力，文化产品和服务承载着价值观念和生活方式，与其他贸易相比，其在意识形态等方面会对输入国消费者潜移默化地产生影响。文化产品和服务的输出，可以最大限度地增强进口国对中国文化的了解与认同，提升中国文化形象。文化贸易在获得经济利益的同时，更为关注的是其在外交和文化传播方面的辐射效果，因此，发展文化贸易，加速将文化资源转变为可交易的文化产品和服务，变"送出去"为"卖出去"，通过贸易商品将中国文化形象化、具体化，吸引更多的贸易伙伴和国际朋友，能够让世界更好、更全面地了解中国。可以说，通过发展文化贸易来建设和提升国家文化软实力，是当前不可替代的最

现实手段和最有效途径。

20世纪70年代，日本学者曾提出："创造文化、输出文化并使世界文明喜爱它。"因此，设计制作更多的符合受众偏好的文化产品与服务，培育国内国际文化市场，在世界文化经济生态圈中找到中国文化应有的位置，培育起更多民众对中国文化的认同感，能使中国文化和谐地融入世界多样性文化中，从而达到稳固中国核心价值、增强民族自豪感、强化文化凝聚力的目的。

尽管文化软实力与硬实力相比难以量化，但是文化贸易却可以通过交易额、所占的国际市场份额等指标体现和印证国家文化软实力。文化贸易可以实现直接而巨大的经济效益，麦肯锡咨询公司的分析显示，文化贸易发展的主要推动力和国家经济发展水平的相关度超过90%，2008年全球范围内文化贸易额已超过2000亿美元，其中以书籍、报纸、期刊、音乐和视听媒体为主的文化产品贸易额为560亿美元，增长率为514%，而以视听服务和版权许可费用为主的核心文化服务贸易额达1460亿美元，年复合增长率高达12%。在全球文化贸易飞速发展的大背景下，尤其是在2008年金融危机导致的全球经济衰退的形势下，文化产业依然显现出强大活力，文化产品和服务的高附加值属性使其成为拉动经济增长的新亮点；文化所独有的渗透力和感染力，也使发展中国文化贸易拥有了更为重要的战略意义。实施文化贸易发展战略可以促进产业升级换代，促进经济结构优化调整，促进外贸及经济发展方式的转变。中国以文化贸易的方式实施文化强国战略，将直接彰显国家文化软实力的水平。

在当今世界大发展、大变革的时期，各种思想文化交流、交融、交锋更加频繁，文化在综合国力竞争中的地位和作用更加凸显，维护国家文化安全任务更加艰巨，增强国家文化软实力和中华文化国际影响力的要求更加紧迫。中国是文化资源大国，却是文化贸易出口小国，虽然中国文化贸易长期逆差引发深思，但实现中国文化贸易顺差并不是终极目标。文化贸易不仅是为了让"中国文化走出去"，更重要的是实现中华文化传播效力，通过贸易方式让世界人民喜爱中国文化，并愿意使之成为他们生活方式中的一部分。这才是国际文化贸易的真正意义。

第二节　新时代国际文化贸易研究创新实践

2014年7月，北京第二外国语学院受原文化部外联局委托，牵头组建成立"国家文化贸易学术研究平台"，汇聚国内外35家大学研究机构、70余位专家学者，跨学科、跨院校、跨地域、跨国界共同协作。该平台目前已形成了以国家文化发展国际战略研究院为依托，以国家文化贸易学术研究平台和首都对外文化贸易研究基地为联动的创新型学术服务平台，推动了一大批学术成果的成功转化，在"一带一路"建设进程中为促进中国与沿线国家的文化产业合作与贸易合作，此平台发挥了重要作用。2016年年底，"国家文化贸易学术研究平台"入选首批中国智库检索名录，成为最年轻、最具特色的新型智库之一。

一、深耕"中国—中东欧国家合作"，助推国家"一带一路"倡议

"一带一路"国际合作高峰论坛前夕，习近平主席在会见波兰总理希德沃时强调，"中方主张将'中国—中东欧国家合作'打造成'一带一路'倡议融入欧洲经济圈的重要'接口'、中欧四大伙伴关系落地的优先区域和中欧合作新增长极。"自成立以来，国家文化贸易学术研究平台就深耕"中国—中东欧国家合作"，助推国家整体战略。

2016年6月，由国家文化贸易学术研究平台发起，中国文化部、塞尔维亚文化和媒体部共同主办，北京第二外国语学院国家文化发展国际战略研究院、塞尔维亚文化和媒体部承办的首届中国—中东欧文化创意产业论坛在塞尔维亚首都贝尔格莱德成功举办，论坛围绕"我们共同的未来：创意产业与文化贸易"主题，深入交流和研讨了中国与中东欧国家文化创意产业领域巨大的合作潜力，成果丰硕。来自中国与中东欧16国文化创意产业领域的政产学研各界代表100余人参加

了此次论坛。作为"中国—中东欧国家"机制框架下第一个关注文化创意产业和文化贸易的学术交流活动，本届论坛是中国在16国中的非欧盟国家中第一次举办的"中国—中东欧国家"论坛，也是在塞尔维亚举办的首个"中国—中东欧国家"机制框架下的活动，填补了中国—中东欧国家在文化产业与文化贸易合作领域的空白，具有里程碑意义。

在对海外文化市场、中外文化产业合作进行深入调研的过程中，平台研究团队发现，中东欧国家的文化市场长期以来被忽视了，一旦浇一些水、施一些肥，这块市场将很快成为文化合作的沃土。随即，平台启动了中国—中东欧国家文化产业概览的研究和编撰工作，历时16个月，得到中东欧国家的积极响应和支持。《重新发现：中国—中东欧国家文化产业概览》（汉英对照）上下册于2016年在塞尔维亚举办的首届中国—中东欧国家文化创意产业论坛上发布，引起强烈反响。

2017年5月，"第二届中国—中东欧国家文化创意产业论坛暨第十一届国际服务贸易论坛"在北京举办，本届论坛是中国与中东欧16国文化创意产业领域的一次盛会。"第二届中国—中东欧国家文化创意产业论坛"共吸引了近50位来自中东欧16国政府部门、研究机构、企业行业组织的代表参加，与中方100多位文化企业、行业组织代表及专家学者共聚一堂，围绕"行动起来：'16+1'文化产业合作新起点"主题，不仅就"创意产业让文化遗产活起来"发表了真知灼见，而且就"京津冀与中东欧国家文化贸易创新合作"拿出了行动。例如，中方的中国文化产业协会、演出行业协会等组织机构，以及优秀的创意设计、文化等企业，欧洲国家匈牙利贸易署、拉脱维亚文化部创意设计中心、立陶宛文化产业管理协会等文化机构深度参与其中，根据各自需求对接合作。在此基础上，"'一带一路'沿线主要国家文化市场研究"项目在本届论坛上宣告启动。

国家文化贸易学术研究平台合作宗旨为"共商、共建、共享"原则，与"一带一路"倡议深度契合，致力于发展"包容、合作、共赢"等政策。丝绸之路精神，其行动和举措更从实质上推动着"一带一路"地区沿线各个国家贸易合作更畅通与民心相通。通过两次论坛，国家文化贸易学术研究平台与来自中东欧的10个国家、11个机构签署了合作开展文化贸易研究的备忘录。平台研究团队成员一致认为，在完善双边合作的基础上，更好地推动多边合作进程，使其真正形成"16+1>17"的发展局面。"平台上搭平台，机制上建机制"，这一创新模式得到了中东欧国家的高度认可和赞赏，会议期间，多个国家申请主办文化创意产业论坛。

两届中国—中东欧国家文化创意产业论坛的举办和成效是研究机构以学术外交助推"一带一路"互联互通的缩影,文化部副部长丁伟在论坛上指出,国家文化贸易学术研究平台作为中国对外文化贸易领域唯一的国家级智库,越来越发挥出学术外交的独特作用。

2018年6月,第三届中国—中东欧国家文化创意产业论坛在波兰举办,以"创意复兴"为主题,聚焦创意产业对城市发展的影响,探讨加强中国与中东欧国家文化创意产业的合作和交流。来自中国和中东欧16个国家的近50位专家学者和文化产业代表出席,就创意产业助力城市复兴、设计领域的合作模式、中国和中东欧国家的文化流动以及电影、新媒体、视频游戏和跨地区协作等主题展开讨论。

2019年6月,第四届"中国—中东欧国家文化创意产业论坛"在匈牙利布达佩斯开幕,以"精心设计的未来——态度,技艺和技术"为主题,聚焦数字文化产业,探讨中国—中东欧国家文化领域的发展现状,深化企业与企业间的交流与合作。来自中国和中东欧共17个国家的政府代表、专家学者及文化产业代表近160人出席,就中国和中东欧国家的文化流动、文化创意产业人才培育以及时尚、媒体、设计等主题展开讨论。

中国—中东欧国家文化创意产业系列论坛聚焦中国与中东欧16国在文化创意产业及文化贸易领域的重新发现,双方在文化传统与文化资源上各具特色,具有广阔的交流与合作空间。通过机制化论坛搭建互动紧密的高端平台,将中国与中东欧国家在该领域由合作可能推进到合作落地,论坛在信息资源汇集与畅通合作渠道、文化贸易理论与实践学术研究、产业贸易项目促进等方面成效显著,得到各方的高度肯定。第一届、第二届论坛被写入《中国—中东欧国家2016—2017年文化合作索非亚宣言》以及《中国—中东欧国家合作里加纲要》,并作为重要内容被纳入到"中国—中东欧国家人文交流年"中。第三届、第四届论坛被写入《中国—中东欧国家合作索非亚纲要》。

二、工匠精神:在中国文化"走出去"中发挥独特作用

自2003年起,国际贸易学科自发地开始文化贸易的探索,此后逐渐形成以文化贸易研究为特色,执着于中国文化有效"走出去"研究,14年来专注于文化贸易领域研究,为实施国家文化发展的国际战略默默坚守与执着努力。创新型学术

服务平台为加快发展我国对外文化贸易发挥着独特而不可替代的作用。逐步成为中华文化"走出去"与中国文化贸易的理论的探索者和构建者、实践的学术先行者、政府决策咨询的建议者和推动者、人才培养模式创新的领航者、文化遗产传承与发展的护航者以及产业贸易促进的倡导者和服务者，被教育部人文交流机制办公室领导称为具有"工匠精神"的学术机构。

由于在文化贸易学术领域的长期专注与深入研究，精耕细作产生了一系列有价值的研究成果，塑造了优良的学术品质，学术影响力不断扩大，同时汇聚了越来越多的政产学研各界合作伙伴，逐渐形成学术"走出去"的集团军。由于文化贸易是新命题，所以需要在概念理解、贸易特征、统计差异等方面进行国际学术推广，学术外交的功能随之显现。中国在经济学领域的国际交流中长期处于劣势，而外方缘何如此这般愿意交流？究其原因还是文化贸易这一交叉学科新领域是一片蓝海，容易激发起研究的原动力，同时学术平台发挥"工匠精神"，执着坚守和真诚努力被外方接纳，获得平等交流的机会，也让平台在"走出去"的过程中越发自信。这个命题被越来越多的海外智库所重视，研究优势自然溢出，从双边对接逐步发展为多边学术交流。研究内容是直接推动中华文化"走出去"，同时在潜移默化中带动中华文化"走出去"，这也是公共外交中的重要组成部分。

（一）学术影响力助推国家整体战略，成为中华文化"走出去"实践的智慧先行者

学术思想与学术观念承载着更鲜明的文化价值和思想观念，对其的认同是在文化更高层次的接纳，具有更为深远的影响力，这是文化有效"走出去"的题中之意，也是该领域内学术外交的价值所在。近年来，文化贸易学术服务平台以海外战略合作伙伴为支撑，国际学术合作引领人才联合培养，通过"中外创意产业及文化贸易论坛"品牌活动，逐步成为中华文化"走出去"实践的学术先行者。

机构海外学术活动对象明确，选取"靠谱"合作方，汇聚所在国的研究专家与行业精英，学术思想与观点的影响力通过其影响力得到更大范围的传播；机构海外学术活动注重双向互动，传播自身，倾听经验，双方互鉴。学术机构与海外各方积极切磋，在破冰对话渠道、构建交流机制、争取学术话语权等方面与外方既"斗智斗勇"，又"互学互鉴"，探索出一条科学有效的平等交流之路；机构海外学术活动步步为营，优先务实双边合作，夯实基础，推动多边联合。学术外交需要秉承循序渐进，持之以恒，细水长流，以量变促质变。

学术机构在英国、韩国、澳大利亚、塞尔维亚、新加坡、欧盟等国家和地区积极互动，随着学术影响力的不断扩展，"一带一路"沿线国家文化城市战略、中国文化有效"走出去"等相关政策的明晰度与号召力增强，提升当地民众与机构对中国国家形象的好感度，对我国国家利益在海外的增进起到积极作用，进而在深层次上影响外国政府对本国的政策。

（二）智库学术交流内容聚焦、特点鲜明、学术效果与外交效应突出

1. 新兴领域、原创价值，以思想观点影响世界认知

学术研究的原创性在一定程度上决定了其成果价值，在中国文化"走出去"理论的探索中，紧密结合国际国内形势，敏锐把握学术研究前沿，厘清文化贸易的概念内涵和外延，分析发展文化贸易与提升国家软实力的内在联系，明确"文化投资"是文化"走出去"提质增效的重要方式等。中方学者的思想观点使外方专家对中国文化的认识不再只停留于历史文化悠久，而是进一步关注中国文化发展的内在动力和创新潜力，重新认识中国文化对世界文化发展的贡献力和影响作用。

2. 平等对话、自信表达，以互利议题引导互动走向

世界各国越来越看好中国市场，海外学术领域对中国问题研究兴趣陡增，但往往忽略中国专家学者的研究兴趣和主张。这一点在"中国—澳大利亚创意产业与文化贸易论坛2015"的论坛主题设定上体现得尤为明显，澳方试图以"数字中国"为主题，仅分享吸纳中方专家学者的数据资源与研究成果，回避对本国相关内容的阐述和交流。研究团队建议澳方考虑论坛主题为"数字化创意设计：文化贸易的新内容和新呈现"或"数字的力量：科技助文化腾飞"等，澳方又再次提出"互联网＋文化"的主张，在中方的据理力争下，最终论坛主题确定为"文化＋：数字的力量"。在国际交流中掌握学术话语权，自信表达中方学者的思想观点，获得澳方学者的尊重。在中韩文化产业合作过程中，韩方提出进行文化贸易数据互换，国家平台专家例举目前世界各国的文化产业分类各异，各说各话，无法进行有效比较分析，因此首先应建立中韩互认的文化贸易统计标准，进而影响联合国贸发局统计标准，最后才是统计数据的互换。学术交锋，不相伯仲，掷地有声，展现了中方学者的学术自信。

3. 前沿话题、共同关注，以资源整合促进产业贸易

世界各国文化产业发展是近 20 年来的事情，文化贸易的特殊性引发了各国政府越来越多地关注文化产品与服务的对外贸易，同时，中国巨大的文化市场对不太景气的全球市场而言无疑具有强大的吸引力。无论是早期学术推广，还是现在以"创意产业与文化贸易论坛"的呈现，选择共同关切的前沿话题都会得到积极的回应。搭建产学研联动平台，通过畅通文化企事业单位海外联系渠道，分享企业前沿发展经验、表达自身诉求；同时，发挥学术智库信誉保障功能，为参与各方创造互信基础，促成国际合作项目。

4. 学术关切、精准对接，以发挥优势达成互利共赢

在与外方专家学者的交流互鉴中，既不卑不亢，又尊重关切外方需求，在"中英文化交流年"之际，国家平台作为主办方与英国伦敦大学金史密斯学院以及英国纽卡斯尔大学共同主办"中英创意产业与文化贸易论坛"。关于论坛的热点议题，充分考虑了英国同行的需要，英国戏剧文化深厚，其戏剧产业的良性发展尤为瞩目，英国戏剧界也表现出对中国演艺市场的浓厚兴趣，因此在论坛中设计了专门的戏剧产业发展议题，关切中英双方诉求，搭建学术分享平台。通过梅葆玖先生的主旨演讲"梅兰芳京剧表演艺术对世界戏剧的贡献"引出中英"传统戏剧传承"话题，实现了梅兰芳京剧表演艺术与莎士比亚戏剧的对话，进而通过《战马》项目的中英合作展开了"现代戏剧发展"的讨论。

5. 构建机制、注重实效，以夯实双边巩固多边联合

积极拓展与有关机构的合作，选择合作伙伴专注于研究内容与合作效率，以学术品质与真诚建立双方互信，签署《中外文化贸易学术合作备忘录》，从而实现海外学术合作的机制化。目前，学术服务平台与以韩国文化产业振兴院，英国纽卡斯尔大学，美国芝加哥哥伦比亚学院，澳大利亚昆士兰科技大学、科廷大学，塞尔维亚国家文化发展研究中心为代表的中东欧国家合作方等，共计 15 个国家、16 个国际合作伙伴建立战略合作关系。

学术机构还是文化贸易人才培养模式创新的领航者，推动交叉学科国际文化贸易硕士专业建设，引领国际联合人才培养模式，创新政产学研联动的培养机制，建立文化贸易人才培育新常态。在文化遗产传承与发展方面，与北京京剧院携手共建"京剧传承与发展国际研究中心"，梅葆玖先生任名誉主任，推动北京京剧的市场化和国际化发展，是产业贸易促进的倡导者和服务者。搭建产、学、

研、用各界专家的互动对话平台，为企业疏通渠道，宣介新政策，分享新动态；同时发挥论坛信用保障功能，为国内外文化企业创造相互认知的机会，实现供求有效对接。

三、新型智库学术外交作用凸显：做文化贸易的倡导者和服务者

随着国务院《关于加快发展对外文化贸易的意见》出台，文化贸易越来越受到各方重视。在学术领域，无论是其概念、特征，还是模式、政策，都是新命题。文化贸易这一交叉学科，激起了众多研究者的内在动力。数年来，国家文化贸易学术研究平台结合国际国内形势，敏锐把握学术研究前沿，厘清文化贸易的概念内涵和外延，分析发展文化贸易与提升国家文化软实力的内在联系，论证借助保税区建设国家对外文化贸易基地的可行性等。与此同时，文化贸易的特殊性引起多国密切关注，中国巨大的文化市场无疑对其具有强大的吸引力，有关命题因此也备受海外智库重视。此背景下，中方智库的研究力优势自然溢出，中外智库的合作从双边对接逐步发展为多边学术交流。

学术交流服务于国家文化发展的国际战略，同时也是政府主导的中外文化交流的重要内容。在一次次国际学术交流活动上，中方学者的演讲话题、思想观点使外方专家对中国文化的认识不再停留于传统层面，而是进一步关注中国文化发展的内在动力和创新潜力，重新认识中国文化对世界发展的贡献和影响。通过执着的坚守和真诚的努力，中国学术逐渐被外方接纳；通过平等对话，在交流、分享中掌握学术话语权；通过自信表达中方思想，赢得了外方学者的尊敬。智库机构的学术外交效果正在显现，国家文化贸易学术研究平台及其发起的学术论坛活动就是很好的案例，其研究内容不仅直接推动了中华文化走出去，同时也在开展学术外交活动的过程中，潜移默化地带动中华文化走出去。

"不做书斋里的学术机构，不做纸上谈兵的智库，把学术文章写在中华文化走出去的发展之路上"，这是国家文化贸易学术研究平台的坚持。通过精准对接中外文化产业需求与供给，搭建起中外产学研联动平台，服务于中外文化企业；通过畅通文化机构国际渠道，分享企业前沿发展经验与诉求；同时，发挥学术智库信誉保障功能，为参与各方创造互信基础，促成国际合作项目，以国家文化贸易学术研究平台为代表的学术机构正在成为中外文化产业合作与贸易往来的倡导者和服务者。

经典案例

外语院校交叉学科建设探索

京剧自形成至今已有200多年的历史，形成后得到清朝宫廷的推崇，使京剧在100多年前出现空前的繁荣。京剧行当全面、表演成熟、气势宏美，被称为国粹，具有世界级影响。近年来，京剧向海外传播的势头明显增强。国家京剧院、北京京剧院、上海京剧院、天津京剧院、天津市青年京剧团以及国家大剧院等京剧演出团体成为京剧走向海外的主要推动者。根据有关资料分析，上述团体在海外的演出以北京京剧院占比最高。

一、北京京剧走出国门，商业巡演成绩斐然

（一）北京京剧三大巡演，实现贸易突破
1. "唱响之旅"领跑京剧对外交流与贸易

2011年，北京京剧院启动"唱响之旅"的巡演活动，开始在全球范围内巡演。以"三驾马车""九大头牌""十五经典"为特色，经过一年左右的时间，先后在中国的北京、上海、重庆、武汉、香港、台北，日本的东京、大阪、名古屋，土耳其的伊斯坦布尔，奥地利的维也纳，匈牙利的布达佩斯，捷克的布拉格等9个国家和地区的47个城市，完成了190余场演出，举办近50场讲座、50场展览。本次巡演活动在德国的慕尼黑，意大利的卡塔尼亚、科森扎、阿美利亚等4个城市完成收官演出，最后一场演出于9月28日在地中海畔的古城阿美利亚歌剧院圆满完成。巡演反响超过预期，共演出9场，观众人数近万人，演出收入达125万

元,在德国慕尼黑的两场演出上座率均达到了100%。

"唱响之旅"的每一场演出都得到了国外观众的热烈欢迎,使国外观众深深地感受到了中国京剧的艺术魅力。历时23天的欧洲演出之行为北京京剧院为时一年的"唱响之旅"全球巡演活动画上了圆满的句号。

2. "传承之旅"京剧艺术薪火相传

"唱响之旅"的巨大成功,为接下来的"传承之旅"奠定了良好的市场基础。2012年10月5日,北京京剧院在北京大学百周年纪念讲堂举行2013年"传承之旅"全球巡演首演仪式,让名家更多地唱新创剧目,让年轻演员唱传统剧目,让观众感觉到京剧艺术的薪火相传。"传承之旅"基于"唱响之旅"的成功经验和市场运作,将以"九大头牌""八十精锐""百部经典"为招牌。

"九大头牌"与北京京剧院近20位极具艺术实力的"剧院中坚"、26位崭露头角的"青年领军",40多位朝气蓬勃的"魅力新星"构成的"八十精锐"相互帮衬,组成豪华的演出阵容,全面展示了剧院超强的演出实力,全方位呈现了国粹艺术独具的魅力神韵。如果说"唱响之旅"是"九大头牌"的名家组台演出,"传承之旅"则是由"九大头牌"名家示范、26位青年领军为主力的演出。

此次"传承之旅"活动将首站设在武汉,途经中国台湾、奥地利、意大利等地区和城市,取得了较好的票房成绩。在意大利米兰站,演出在皮克罗剧场开演。此次京剧演出让皮克罗剧场打破了常规的欣赏习惯,叫"好"声、掌声不断,有着深厚歌剧欣赏传统的意大利观众兴致勃勃地观看了中国京剧《白蛇传》,并沉醉于京剧带来的愉悦中。

3. "双甲之约"重现梅派经典

梅兰芳是世界级的艺术大师,与布莱希特、斯坦尼·斯拉夫斯基并称世界三大戏剧表演体系的代表人物,也是把中国京剧推向世界的先行者。他曾于1919年、1924年和1956年三次访问日本,1930年访问美国,1935年和1952年两次访问苏联进行演出,获得盛誉。梅兰芳在日本的第一次商业演出,剧目有《天女散花》《黛玉葬花》《御碑亭》等,约6000名民众为之疯狂。第二次是庆祝灾后的帝国剧场修复,东京警视厅曾经动用了近百名警察维持秩序,日本民众更是一改过去用日语念法拼音称呼中国人,而用北京音称呼梅兰芳的名字,这在日本是非常罕见的。第三次是以文化交流来发展与日本的友好关系,推动两国建交,原本每张价格为1800日元的门票被炒到1万日元一张。

梅兰芳率团赴美访问西雅图、纽约、华盛顿、芝加哥、洛杉矶、圣地亚哥、旧金山和檀香山等城市时，共演出了72场，往返历时近半年。当时恰逢美国经济大萧条，当时票价最高5美元，两星期的票三天一抢而空，黑市票卖到18美元。美国《时代周刊》评价说："梅兰芳用自己的声音与优雅的艺术形象，首次将京剧推广到欧洲、美国，并使其成为一门重大的得到西方认可与迷恋的中国国粹。梅兰芳是20世纪成功地向世界推广中国文化的两位大使之一，另一位是宋美龄。"梅兰芳访美是一个非常重要的文化事件，此前西方人对东方戏曲文化知之甚少，梅兰芳第一次将神奇的东方戏剧展现在西方人面前，西方戏剧家从梅兰芳充满诗情画意的表演中，领悟到中国传统戏曲的魅力，看到了未来世界戏剧的发展方向。

梅兰芳应苏联对外文化协会之邀赴苏演出，引得苏联党政领导人莫洛托夫，李维诺夫，伏罗希洛夫，文学艺术界的高尔基，阿·托尔斯泰及众多戏剧家、歌唱家、舞蹈家争相观摩，让西方最优秀的艺术家见证了中国古典艺术的伟大。

艺术大师梅兰芳在世界范围内的巡演为京剧艺术在国际上赢得了声誉，给世界戏剧以积极影响，在各地掀起了中国戏曲和中国文化的热潮，为促进我国文化的国际交流做出了卓越贡献。2014年是梅兰芳先生诞辰120周年，为纪念梅兰芳先生对中国京剧艺术所做出的伟大贡献，北京京剧院以此为契机，策划举办"纪念梅兰芳大师诞辰120周年重走梅兰芳之路巡演活动"。在传统的中华文化中，农历纪元60年为"一甲子"，120周年是中华农历纪元的两个周期，谓之"双甲子"，具有隆重的纪念意义。因此，该活动又被称为"双甲之约"。凭借梅兰芳先生在国际上的深厚影响以及京剧梅派的经典演绎，"双甲之约"商演将再次给海外观众带来震撼体验和艺术冲击。

（二）"北京京剧"广泛传播，海外影响力提升

北京京剧院"唱响之旅""传承之旅""双甲之约"三项大型商业巡演不仅取得了良好的经济效益，社会效益也同样显著。随着"唱响之旅"和"传承之旅"的完美收官，以及"双甲之约"的顺利启动，北京京剧在海外传播影响力越来越大，社会效益实现多元化。第一，有利于非物质文化遗产的保护、传承和发展。京剧艺术具有杰出、独特的文化价值，作为我国最具代表性的传统戏剧表演艺术，具有鲜明的民族特色和高度的美学成就，是中华民族文化的重要表征和中国人文化认同的重要符号。入选"人类非物质文化遗产代表作名录"，提升其在国际社会的认可度，有利于提升世界人民，尤其是年轻一代对京剧的关注度，进一步重视非物质文化遗产的保护，促进人类文明可持续发展。第二，塑造了"北京京剧"这一真正的京剧品牌，扩大了京剧艺术影响力，促进了京剧的传承与发展，使得中华文化的传播与影响力提升。北京京剧走向世界，在一定程度上为世界人民了解中国传统文化打开了一扇门窗，有利于中国传统文化在世界范围内的传承发展。巡演的成功进行，使得外国观众了解了京剧，为其他中国文化的出口积累了经验和口碑。

二、"北京京剧"走出国门，唱响海外

（一）充分做好剧院自身建设，奠定京剧品牌基础

作为中国规模最大的京剧表演艺术团体，北京京剧院不仅是流派传承特色最为鲜明、艺术底蕴最为深厚、人才梯队最为健全的团体，也是紧跟时代步伐、敢于锐意创新的京剧院团。北京京剧院是保留事业单位性质的国有文艺院团，逐步开启内部深化机制改革，形成自我发展活力之路。建院30多年来，北京京剧院先后经历了三次大的改革。在全国文化体制改革全面推进的形势下，北京京剧院再次抓住发展机遇，在秉承与发扬京剧国粹艺术的过程中，通过品牌化战略链接市场，主动面向市场，积极探索企业化管理模式，为剧院保持传统市场、开拓新市场打开了局面。

2011年，北京京剧院以生产经营为落脚点，强调专业化运作管理，积极开拓市场，除内地演出外，先后赴中国香港和荷兰进行文化交流。建设制度化、规范化的和谐北京京剧院，一定程度上为建立北京京剧品牌奠定了坚实的基础，有利于北京京剧院的良性发展。

（二）产学联合，共同探索贸易之路

1. 共建京剧传承与发展（国际）研究中心

北京京剧院是国家重点京剧院团，在国内戏曲艺术领域有着举足轻重的地位，在国外的名望也颇高。国家文化发展国际战略研究院致力于国家文化发展国际战略的理论与实践研究，具有丰富的学术研究经历，在文化贸易领域研究中有突出的优势。2012年3月26日，国家文化发展国际战略研究院落地北京京剧院，双方

牵手共同组建"京剧传承与发展（国际）研究中心"。研究中心在推进我国文化大发展大繁荣的背景下，合作发挥比较优势。北京京剧院拥有丰富的演艺资源与实践经验，研究院拥有一流的研究团队和较强的研究能力，在文化贸易领域研究中始终处于前沿地位。双方的合作汇集产业一线实践与理论研究资源，以中国传统文化的传承与发展为共同宗旨，放眼国内国际两个市场，创造性地开展相关研究，不断将研究成果转化为现实生产力，在不断提升北京京剧院国际竞争力的同时，更快更好地推进京剧遗产的传承与保护。研究中心的建立是学术机构落地文化企业的创新性实践，是探索校企合作新机制的重要尝试。以研究中心为依托和平台，研究院与北京京剧院进行了层次丰富、形式多样、务实高效的合作，这些合作在国际出口方面的显著成绩为北京京剧的出口贸易提供了理论与实践相结合的支撑，有力推动了"北京京剧"的传承、发展及其国际化。

2. 为京剧译名正本清源，奠定品牌基础

长期以来，京剧的英文翻译为"Beijing Opera（北京歌剧）"，这不仅不能体现出京剧深厚的文化底蕴，也不能很好地呈现出京剧的内涵，一定程度上容易使观众将京剧与西方歌剧混为一谈，不能很好地体现出京剧内涵。国家文化发展国际战略研究院受北京京剧院委托为京剧译名正名为"Jingju"进行学术论证，经过多位京剧艺术家、语言文字专家、翻译专家、文化专家、经济学家反复研讨论证，达成一致意见，认为应将京剧的英文名称音译为"Jingju"。通过正本清源，可以正确传达出京剧作为国粹的文化内涵，在国际传播过程中突出京剧作为中国传统文化中一种独特表演艺术的魅力与影响力。在北京京剧院国际商业巡演中，"Jingju"获得外国观众的普遍认可，逐步树立了品牌，为开拓国际演艺市场奠定基础，这些在一定程度上得益于专家学者们对"Jingju"音译的本色把握。

3. 百部经典中英对照，促进京剧海外推广

为塑造北京京剧品牌，便利北京京剧的对外传播，研究中心以北京京剧院百部经典传统剧目介绍为对象编撰《北京京剧百部经典剧情简介标准译本（中英对照）》。2012年3月至2013年8月，京剧艺术家、京剧理论研究专家、北京第二外国语学院古典文学专家、经济学家、语言文学专家以及来自国际团队的专家共30余人召开专题研讨会，经反复研讨论证修改，历时18个月，译本于2013年9月正式出版，并在第四届国际文化贸易论坛上正式发布。译本一方面保证经典故事简洁讲述，符合当代国内外观众的阅读需求；另一方面通过语言翻译工作的精益

求精，促进北京京剧对外传播。此项目得到英方的4位专家全力支持，从受众需求方面建言献策，从语言阅读角度审订把关。书中选择百余部京剧传统经典，以浅显易懂的中英文双语综合介绍了京剧故事及其背后的中国文化，无论是不懂戏剧的中国人，还是第一次接触京剧的外国人，都能通过这本书很快了解这些经典的京剧故事，领略中国京剧艺术的文化魅力。《北京京剧百部经典剧情简介（标准译本）》的出版发行，必将促进京剧的推广与传承，为推动中外文化交流产生积极的影响。

（三）革新观念，立体全方位推广，彰显京剧魅力

北京京剧院勇于革新观念打破常规，通过呈现"文武双全"的经典剧目，引导海外观众了解和享受京剧特有的观赏与互动方式，立体化全方位地彰显京剧本色。

在推动京剧的海外传播过程中，北京京剧院积极克服"外国观众看不懂文戏"的心理误判，一改演出主打武戏的惯例，率先将全本文戏搬上海外舞台。长期以来，无论是赴海外演出，还是面向海外观众的驻场演出，无一例外地以《三叉口》《大闹天宫》《虹桥赠珠》等武戏为主，即便考虑一些文戏也是以舞蹈身段表演见长的《秋江》等小戏掺到武戏折子戏中。"外国观众看不懂文戏"这样先入为主的观念严重阻碍了京剧文戏的海外传播与贸易。在充分的市场调研基础上，北京京剧院先后将《状元媒》《白蛇传》《赵氏孤儿》《吕布与貂蝉》等经典大戏送上欧洲的舞台。把唱词、念白用中、英文及当地文字打在字幕屏上，开演前请当地有威望、有影响、懂京剧的艺术家或学者对京剧的艺术特色、剧情进行介绍，帮助观众入戏。演出被观众高度认可，看戏过程中观众的情绪随着剧情变化，演出结束后观众被京剧出神入化的表演和演员精湛的技艺所打动，报以长时间的掌声。观众回味着神奇的表演、生动的中国故事，带着满意的神情离开剧场。自认为"外国观众看不懂文戏"的结果是自我封闭、以偏概全，将海外观众对京剧的认识带入误区，最终使京剧的海外传播成为空谈。

中国和西方在观看演出方面有着截然不同的习惯。西方人进剧场衣冠楚楚，演出中聚精会神，不做任何干扰演员表演的事，以表示对演员的尊重。而中国的传统演出项目更讲互动，演员表演出彩观众要叫好、鼓掌表示对演员的肯定和鼓励，以此激发演员的演出激情。北京京剧院的京剧海外推广不仅是把剧目介绍到海外，而更进一步通过京剧的海外推广推进东西方文化的融合，这显得更有意义。

让西方的观众学会用中国观众观看京剧的方式来欣赏京剧，一改在剧场里"规规矩矩"地看为"激情四射"地看，让他们体会中国观众观看京剧的乐趣，不失为推动京剧在海外传播的好方法。在"唱响之旅"欧洲站的巡演中，北京京剧院尝试了这种方法，效果很好。在开演前向观众介绍京剧的观演方式，并且告诉观众如果演出中观众不叫好、不鼓掌，演员会不知所措。演出中，掌声、洋味的叫好声响成了一片，欧洲观众体会到了欣赏京剧的乐趣。除此之外，从了解京剧的服饰、京剧的表演、京剧的音乐、京剧的唱腔、京剧的文学、京剧的演员等方面观众都可以找到乐趣。

（四）商业化运作探索海外市场

"唱响之旅""传承之旅"海外商演的一大亮点在于名家同台和商业化规模的运作。项目启动伊始就秉持市场化、商业化、国际化的道路：坚持开门创排，不囿于门派所限，齐聚当今老中青最优秀的表演艺术家，群英荟萃，共同演绎脍炙人口的精品佳作；坚持面向观众，每一轮演出后及时搜集观众反馈，不断加以修改、完善；坚持面向市场，所有门票全部通过票务市场销售。海外巡演也坚持售票而不赠票，真正做到按市场规律运作、按商业模式经营、按国际惯例推介。事实证明，只有适应市场经济的发展要求，大力推动传统艺术面向市场、开拓市场，走市场化、商业化、产业化之路，用市场的力量推动体制机制创新，用市场的手段进行保护、传承、发展，传统艺术才能不断增强生机、焕发活力，实现可持续发展。只有坚持以市场为导向，遵循市场规律，围绕市场需求开展创作和经营活动，多方面开拓市场，多渠道培育观众，传统艺术才能在满足人民群众精神文化需求中实现自身价值。经过一年的运行，北京京剧"唱响之旅"的影响遍及欧亚两个大洲，"九大头牌"已成为具有相当市场号召力的品牌。只有充分尊重市场规律，以满足海外观众的需求为出发点，结合适应京剧对外贸易的商业化运作模式，持之以恒，北京京剧的海外传播和对外贸易才能取得显著的成效。

（五）京剧演艺人才与经营管理人才储备双管齐下

推动京剧的海外传播和贸易，打造世界驰名院团，人才战略是关键。北京京剧院充分认识到人才的重要性，在京剧创作人才、表演人才、高级经营管理人才的培养中不断探索，建立灵活高效的绩效考核和激励机制，为创造高水准、高品质的北京京剧进行全方位的人才储备，为开拓国内外市场提供了科学合理的人力资源配置。

京剧院高度重视青年人才的培养与发展。精心组织、设计"魅力春天"青年演员擂台赛、青年京剧演员北京擂台邀请赛，作为青年京剧演员锻炼与选拔的重要阵地。通过擂台赛的举办，剧院为青年京剧演员提供了展示与交流的平台，一方面为演员在专业素养如舞台表演实践中提供了锻炼和检验，有利于新人新作的创新和出现，为京剧表演艺术注入了活力；另一方面为选拔和培养新人提供了途径，剧院通过选拔赛推出二十大优秀青年主演，二十大优秀主配演，优秀青年鼓师、琴师若干以及最具市场号召力的优秀青年演员，作为下一阶段重点培养对象。

在经营管理人才方面，京剧院以多种渠道汇集经营管理人才与资源。一方面，在长期的商演实践中，积极发现既懂得京剧演艺又具有经营管理潜质的人才；另一方面，积极引进专业经营管理人才，特别是具有国际视野、交叉学科的文化贸易人才。此外，京剧院在联手学界研究机构过程中，充分发挥第三方机构的战略规划和智库作用，为自身发展及海外贸易进行务实合作研究，探索切实可行的发展路径。

三、推进"北京京剧"唱响海外的具体路径和措施

（一）在开放中保护，在创新中传承

京剧的核心是"内容"，只有有优秀文化内涵的内容才具有持久的生命活力，才能够最终得到广泛的传播。北京京剧院秉承流派特色，被海内外公认为"京剧流派艺术的大本营"。京剧因为有这些内容而丰富，在贸易开放大环境下保留京剧的核心特色，保留京剧派别剧目的原汁原味，以防在与各国文化的交流碰撞中失去中国传统文化的精髓，实现在"开放中保护"京剧。另外，京剧的情节很富有故事性，也是简单易懂的故事。但是，要提高京剧艺术的市场竞争力，还要研究用什么形式讲故事，讲什么内容的故事，在京剧剧本的创作上多下功夫；要提高创作能力，让不同文化背景的人理解，实现在创新中传承京剧。

（二）巧用艺术家的国际影响力

梅兰芳先生在促进我国的国际文化交流方面做出了卓越的贡献。他是我国向

海外传播京剧艺术的先驱。20世纪初期,梅兰芳凭着伟大的民族精神,克服重重困难,以精湛的艺术表演和独具特色的演出方式在世界上掀起了各国人民对于中国戏曲和中国文化的热潮,是中国文化与海外文化的一次对话,让世界人民深刻地认识了中国优秀的传统文化。

梅兰芳先生当年的巡演使国际社会深刻领会到中国传统文化的魅力,在国际上造成了深远的影响。如今由梅葆玖先生带队巡演,集合当今最优秀的梅派传人,精心组织了10台具有代表性的梅派大戏,沿着梅兰芳先生当年的足迹,重走梅兰芳先生的巡演之路,能够再度把历史和现实很好地联系起来,利用梅兰芳先生所形成的文化影响力,吸引众多社会知名人士参与到这次"双甲之约"的巡演项目的策划、组织、运作、观摩当中,再创办一场堪比当年的文化盛事。梅兰芳先生是京剧艺术乃至中国戏曲的名片和标志。利用梅兰芳先生这个名片和标志,集合梅派优秀传人,一起演出经典的梅派传统剧目,必将带来集聚效应,引起观众及各界人士对京剧甚至是中国文化的广泛关注,创造良好的社会和经济效益。

(三)多样化教育宣传促进传播实效

欧洲巡演的完美收官,一定程度上得益于活动的广泛宣传,"唱响之旅"巡演出发前,剧院首先组织中央及北京市属媒体进行了相关报道,对欧洲巡演在北京进行了"预热"。演出团到达欧洲后专门设计制作了活动画册,在演出现场进行免费发放,在演出城市的大街小巷张贴广告、海报及宣传单页,通过当地重点媒体进行连续报道,扩大了北京京剧"唱响之旅"活动在演出当地的社会影响力,提升了票房销售,对欧洲观众了解京剧起到了很好的宣传效果。每到一地都会安排专门时间,请当地有声望的人士介绍京剧。在每场演出前,剧院还专门组织了主持人针对京剧艺术和演出剧情进行深入讲解。一是让欧洲观众了解京剧,起到普及作用;二是让观众对演出剧情先有一个简单的了解,便于看懂、听懂京剧,也尝试着教授欧洲观众如何欣赏京剧,培养欣赏京剧艺术的受众市场。

(四)重视人才梯队的培养

北京京剧院在京剧表演人才培养与选拔方面的工作成效显著,形成了一支业务水平扎实,年龄结构、梯队结构合理的舞台表演队伍。首先,加强对剧目创作人员培养的重视。优秀的剧目是剧院生存和发展的重要根基,京剧传统剧目的复排、改编、特别是新剧目的创作，需要大量具备较高业务素养与市场意识的高质量的创作人员。其次，加强对专业化管理和市场运作人才培养的重视。在面向市场的改革中，国有艺术院团共同面临着缺乏专业化的管理和市场运作人才的境况，对于传统艺术院团这一现象尤为突出。以京剧院团为例，其独特的表演方式和艺术风格对管理人员和市场运作人员提出了更高的要求，既要求他们具有经营管理和市场运作相关的专业知识，又需要具备一定的京剧业务素养，懂行懂戏。只有满足上述要求，才有可能施行有效管理，针对京剧特性寻找适宜的市场和商机，从而完成演艺经纪的使命。最后，加强对国际战略实施与国际市场开发人才培养的重视。京剧"走出去"与北京京剧院打造世界知名院团目标的实现，都离不开外语熟练、熟悉国际演艺市场与贸易规则的复合型人才。此类人才资源的不足将严重制约北京京剧院国际化发展战略的实施，也必然影响京剧作为中国传统文化精粹走出国门的进程。

（五）多学科平台助力京剧圆梦

北京京剧院与国家文化发展国际战略研究院在京剧传承与发展（国际）研究中心这一学术平台汇集了海内外多个学科领域的专家，通过《北京京剧院打造世界驰名院团的战略研究》和《新形势下北京京剧传承与发展的现状、问题与对策研究：基于市场化的视角》两个省部级研究课题带动演艺院团和学术机构的强强联合，能够使理论和实践很好地结合在一起，使理论真正服务于实践，以演出实践来推动理论完善与创新，必然促进京剧的传承与国际化和市场化发展。

主要参考文献

［1］陈杰，蒋梦惟，姚钰珂.文博会盘点：优势产业集中展示文创发展新气象［N］.北京商报，2011-11-16.

［2］程云洁.中国与吉尔吉斯斯坦经贸合作的制约因素分析［J］.新疆财经，2014（2）：58-64.

［3］克莱顿·M.克里斯滕森.远见:用变革理论预测产业未来［M］.王强，译.北京：商务印书馆，2006.

［4］李小牧，李嘉珊.中国文化贸易人才培养：实践、困境与展望［J］.中国大学教学，2014（11）.

［5］李焱，皮亚明，丁长青.综合保税区将给北京带来什么？［J］.投资北京，2009（6）.

［6］李洋.全国首个"文化保税区"下月在京开建［N］.北京日报，2011-10-19.

［7］罗宾.吉尔吉斯斯坦传媒业现状及发展研究［J］.对外传播，2017（9）.

［8］马臻邾.数字媒体发展对戏剧演出创作及传播的影响［J］.艺术教育，2016（7）：139-40.

［9］上海综合保税区启动四大服务平台［J］.港口经济，2011（5）.

［10］王海文.国际文化贸易繁荣背景下的我国文化保税研究［M］.北京：中国商务出版社，2015.

[11]王培林.文化大发展大繁荣,关键在于加快人才队伍建设[N].南方日报,2011-11-21.

[12]王文俊,李军.企业高层管理团队研究评述[J].湖北经济学院学报,2015(5).

[13]薛荣久.国际贸易[M].北京:对外经济贸易大学出版社,2003:1.

[14]依马木阿吉·艾比布拉,孙世伟.吉尔吉斯斯坦经济转型中投资环境及中国对其投资前景分析[J].西安财经学院学报,2014(1):11-14.

[15]张建巍.企业高层管理团队构成与团队凝聚力的调查研究[J].商,2016(33).

[16]中法合创《包拯传奇》连环画版权输出开奇葩[N].新民晚报,2009-10-18.

[17]朱文静,顾江,朱婷.我国文化出口贸易结构变迁与产业结构调整的相互影响[J].经济经纬,2012(6):52-56.

[18]庄玉红.关于我国非盈利组织发展状况的研究[J].中小企业管理与科技(下旬刊),2012(12):121-123.

后记

目前，中国文化产业正由传统发展模式向国际化发展模式转变，并以思想创新、科技创新、机制创新激发市场活力，全面提升产品质量和社会经济效益。随着中国整体国际贸易的快速发展，以及文化领域的繁荣兴盛，文化产品与文化服务贸易备受瞩目。文化贸易的学术研究很像是艺术创作，植根于现实，又高于现实，日益丰富的文化贸易实践助推了文化贸易领域研究的蓬勃发展。紧密结合国家文化发展的国际战略，北京第二外国语学院自2003年起即开启了对文化贸易理论与实践研究，逐步形成一支致力于中国文化"走出去"的优秀教研团队，以文化贸易研究为特色，在中国文化"走出去"中发挥着独特作用。

2010年，文化部文化体制改革工作领导小组办公室与北京第二外国语学院共建国家文化发展国际战略研究院，2014年又受文化部对外文化联络局的委托牵头组建国家文化贸易学术研究平台，形成以国家文化发展国际战略研究院这一实体机构为统领的、独立开放的文化贸易研究服务平台，汇聚国内外大学、研究机构等54家，其中有韩国文化产业振兴院、塞尔维亚国家文化发展研究中心、匈牙利贸易署以及英国、美国、澳大利亚等20家海外合作伙伴。以学术牵头，吸引国内外政产学研各界近百名专家学者搭建沟通交流平台，向影视、演艺、出版等核心领域延展深化，作为综合性学术服务平台为推动文化贸易全面发展发挥着独特而不可替代的作用。

北京第二外国语学院国家文化发展国际战略研究院承担了国家文化贸易学

术研究平台、首都对外文化贸易研究基地和首都对外文化贸易与文化交流协同创新中心的秘书处工作。上述学术机构密切联动，以学术研究与人才培养为抓手，形成推动中华文化"走出去"的学术服务综合体，业已成为中华文化"走出去"理论的探索者与构建者、中华文化"走出去"实践的学术先行者、中华文化"走出去"政府决策咨询的建议者和推动者、中华文化"走出去"人才培养模式创新的领航者、中华文化"走出去"文化遗产传承与发展的护航者以及中华文化"走出去"产业贸易促进的倡导者和服务者，被人文交流机制办公室领导誉为"具有工匠精神的学术机构"。

研究机构以全球文化发展战略的信息智库为定位，展开广视角、多层次的针对性研究，为中国文化发展的国际战略提供信息资源与智力支持。近十几年来，积累了丰富而有价值的研究成果，通过主持国家社科基金重大项目、国家社科基金项目、北京市社科特别委托项目以及商务部、文化部、国家文物局等委托项目研究，多项研究成果被政府部门采纳，直接推动文化贸易相关政策与措施出台，并对出台有关政策的合理性与适用性展开研究。多年来凝结成《国际文化贸易论》《国际文化贸易繁荣背景下的我国文化保税研究》《国际化背景下首都文化贸易竞争力提升研究》等学术著作；编著《中国文化贸易经典案例研究》《各国文化的贸易结点——世界城市与文化贸易》《各国驰名院团发展研究——改革与创新》《中英文化创意产业合作案例研究》《重新发现：中国—中东欧十六国文化创意产业概览》（汉英对照）》等"国家文化发展国际战略研究院学术文库"系列成果；特别是第一部《首都文化贸易发展报告》于2008年正式发布，至今已经连续12年观测和追踪研究首都对外文化贸易发展，正式出版年度报告12部，从《首都文化贸易发展报告（2018）》起，正式进入文化贸易蓝皮书系列。深厚的学术孵化与积淀，为编撰本书奠定了扎实的基础。

2019年3月